人が輝く経営のすごい仕組み

株式会社武蔵野
代表取締役社長
小山昇

JN241306

あさ出版

はじめに

武蔵野を辞めていった人の共通点とは？

私が代表取締役を務める「株式会社武蔵野」（東京都小金井市）は、社員数３００人の中小企業です。

一般的に「中小企業の離職率は高い」と言われる中、武蔵野の定着率は高い水準です。具体的には、**入社３年以内の新卒社員の定着率は93％、勤続10年以上の社員２０５名で過去10年間の退職者はわずか２名**です。

武蔵野の定着率が高い（離職率が低い）理由のひとつは、「退職した社員の共通点を見つけ、退職原因となる要素を改善したこと」です。

退職者が「休日をどのように過ごしていたか」を「ルッカースタジオ」（データ分析を容易にするビジネスインテリジェンスツール。Googleが提供）で分析した結果、次のような傾向が明らかになりました（武蔵野の社員の場合）。

・「休日に外出をせず、自宅にひとりでいる人」ほど、「会社を辞めたい」と言い出す確率が高い。
・休日に、社員同士で出かける機会が多い人ほど、「辞めたい」と言う確率が低い。あるいは、辞めたいと思っても、結果的には踏みとどまる。

この傾向を踏まえて、次のような仮説が考えられます。

・「休日に、社員同士で出かける機会が多い人」
会社に不満があっても、共通の趣味を持つ同僚や先輩に悩みを相談できる。相談した時点で「辞める」ことが確定していなければ、不満の原因を取り除き、離職を思いとどまらせることができる。

・「休日に外出をせず、自宅にひとりでいる人」
誰にも相談できないまま不満を募らせ、転職を決めてしまう。転職先を決めたあとでは、離職を思いとどまらせることは困難です。


この仮説に対する対応策は、コミュニケーションの回数（量）を増やすことです。

武蔵野は、懇親会（社員同士の飲み会、食事会）や面談の回数を多くして、「休日に外出をせず、自宅にひとりでいる人」でも、気兼ねなく自分の気持ち（不満や不安など）を同僚や先輩に伝える場を用意しています。

リラックスした環境でのコミュニケーションを増やすことで、孤立感や不満を減少させることができます。また、自分の悩みや不安を共有できる場が提供されると、社員は精神的に支えられていると感じ、退職を思いとどまる理由になります。


退職者には、ほかにも、次のような共通点がありました。それは、

「武蔵野以外の会社の実態を知らない」

「武蔵野以外の会社を視察・見学した経験がない」

ことです。

他社を視察した経験がない社員は、視野が狭くなりがちで、職場への不満が高まりやすい傾向にあります。

一方、視察経験がある社員は、他社の経営方法や文化を知ることで、自社（武蔵野）の独自性や強みを再認識します。

「視察経験がない社員ほど辞める確率が高い」という事実をもとに、わが社ではベンチマーキング（他社視察）や、他社の社員との合同研修を実施しています。

合同研修では、各社が自社の歴史を発表し合い、その後に全員で投票をするルールです。他社の社員から票を集めたいという思いから、自分たちの会社の歴史について熱心に調べ、理解を深めます。

このプロセスには、社員の離職率を低下させる効果があります。「自社の魅力」や「自社の実績」に気づくことができるからです。

人間心理を無視して人を輝かせることはできない

私は、企業経営において、

「人間心理を無視して人を輝かせることはできない」

と考えています。

目に見えない社員の心理的要素が、会社全体のパフォーマンスに大きな影響を与えます。中小企業の多くが、売上や利益などの数値目標に注視しがちです。ですが、その背後にある「人間心理」を理解し、適切にアプローチすることで、社員のやる気や定着率を飛躍的に向上させることが可能です。

武蔵野の低い離職率も、人間心理に配慮した結果です。

社内コミュニケーションの強化や他社視察、合同研修の実施は、社員が感じる不安ややりがいに注目し、その心理を理解した上で行われています。

人間の心理は目に見えないため、感覚だけで判断するのは難しく、主観に偏りがちです。

「人間心理を理解し、それを経営に活かす」には、見えないものを見えるようにする施策が必要です。

そこで重要なのが、**分析ツールの活用**です。

武蔵野では、さまざまな分析ツールを活用し、**社員の行動パターンや心理的傾向をデータとして可視化**しています。

武蔵野は、「**MARCO POLO**（以下、マルコポーロと表記）」、武蔵野オリジナルの診断ツール「**ミルメ**」、アメリカで生まれた「**エマジェネティックス**」など、複数の分析ツールを駆使して、就活生や既存社員の特性を数値化しています。

人の特性を正確に把握するには、複数の分析ツールを組み合わせることが重要です。これは、健康診断で体の状態を調べる際に、MRI、内視鏡検査、血液検査、超音波検査など、複数の検査方法を用いるのと同じ理由です。

社員の性格や心理状態を総合的に理解するためには、**異なるツールを使い分ける**必要があります。

武蔵野が現在、積極的に活用しているのが、株式会社レイルが提供する「マルコポーロ」という特性検査ツールです（2021年より導入）。

マルコポーロは「人を輝かせるツール」です。マルコポーロを活用することで、

「自社の考え方、価値観に合う人財かわからない」
「離職せずに活躍してくれる人財かわからない」
「その職務に適した人財かわからない」
「社員の特性に合わせた配置のしかたがわからない」

といった人財戦略の課題が解消します。

人を輝かせるには、その人の特性を理解することが大前提

マルコポーロを受検すると（151の質問に回答）、回答者の

・職務適性
・基本的性格特性
・ビジネス的性格特性

・ソーシャルスタイル（コミュニケーションのスタイル）
・仕事への動機

など、個々のパーソナリティ（個性／特性）が数値化されます。この数値を読み解くことで、回答者が

「何を優先しているか、何を軽視しているか」
「何が得意で、何が苦手か」
「何に意欲を感じているか」
「どの役割を与えると輝くか」

が明らかになります。

11ページに掲載したのは、私、小山昇の検査結果です。
マルコポーロが明らかにした小山昇のおもな特性は、次のとおりです。

小山昇のおもな特性

○失敗ウェルカム。困難なことでもあきらめず、挑戦していく。リスクを恐れずにチャレン

ジするため、失敗も多い。

- 一度「やる」と決めたら、ブレーキを踏まずにアクセルを踏み続ける。
- 従来の考えや過去のやり方にとらわれず、新しいものを生み出そうとする。
- 難しい課題を前にすると、ワクワクする。
- 「他者からよく見られたい」「好かれたい」という願望は、ほぼない。
- ストレス耐性が強い。人から批判されても気にならない。他人の評価に左右されない。
- 落ち込むことが少ない。一度落ち込んでも、すぐに回復する。
- やることが増えても、プレッシャーを感じない。
- 体系的にものごとを考えるのが得意。
- 慣れない環境でもすぐに適応できるが、慣れ親しんだ環境のほうが大きな結果が出やすい。

人を輝かせるには、その人の特性を深く理解し、実力を最大限に発揮できる環境を整えることが重要です。そして、「人が輝く環境づくり」において大きな効果をもたらすのが、「マルコポーロ」です。

● 小山昇のマルコポーロ受検結果

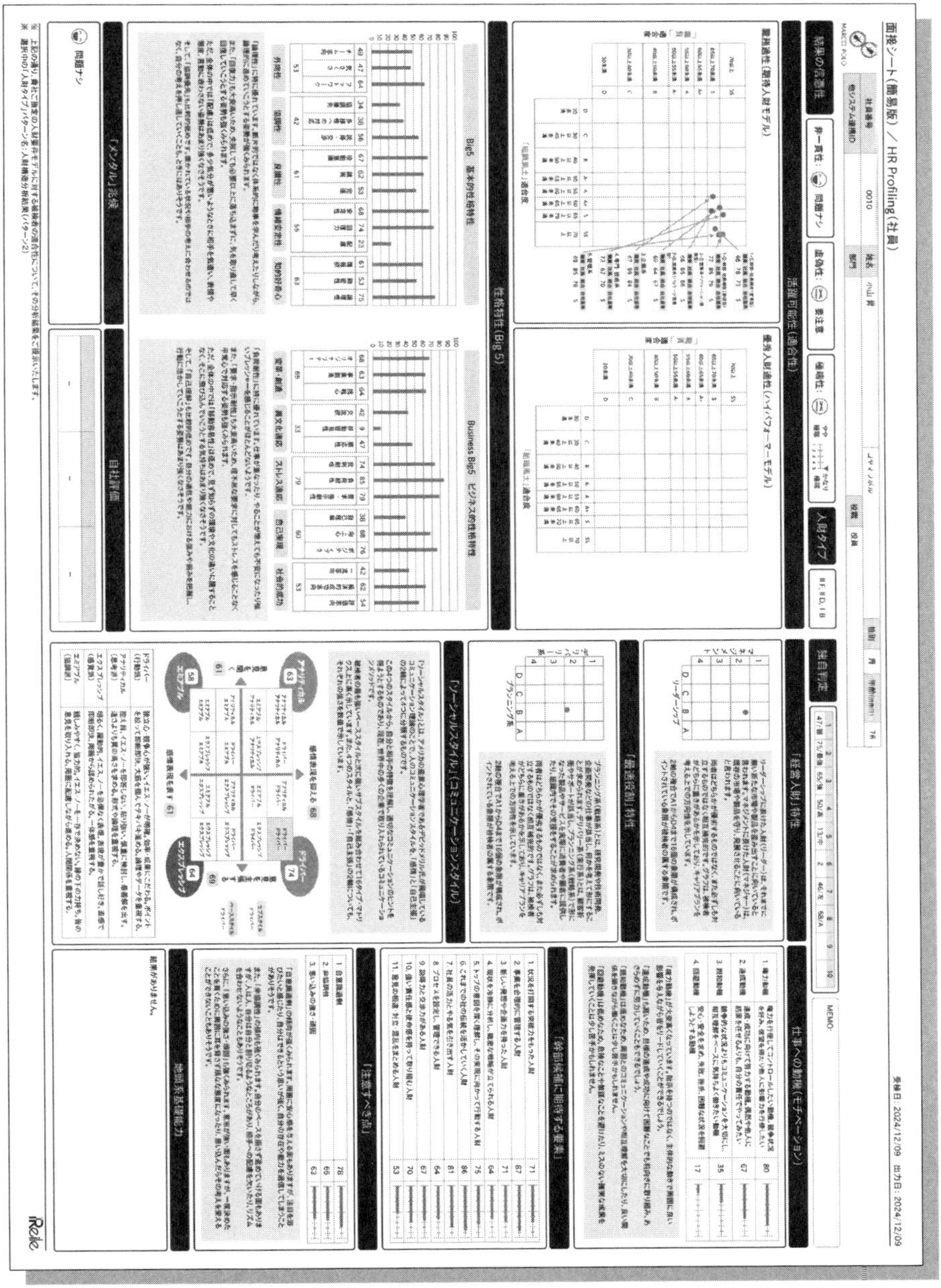

２０２１年６月に、経営サポート事業部営業課長の坂本竜之介（現・部長）が、株式会社シーオーメディカルの瀬出井亮社長を訪問した際、「人に教えたくないことをしている」と聞き、報告をしてきた。それが「マルコポーロ」でした。

私のスケジュールは、常に３カ月先まで埋まっていますが、運よく翌週の午前中に空きがあり、マルコポーロの受診をお願いしました。受検後、面接シートの簡易版を見て、社内への導入を決定した。

本書では、武蔵野のマルコポーロの導入事例を通じて、心理分析ツールの活用方法について解説します。

刊行にあたり、マルコポーロについて情報を提供くださった、株式会社レイルの須古勝志社長、執筆のお手伝いをしてくださった藤吉豊さん、出版の機会をくださったあさ出版の田賀井弘毅さんに御礼申し上げます。

この１冊が、「人が輝く環境づくり」のヒントとなれば、著者としてこれ以上の喜びはありません。

株式会社武蔵野　代表取締役社長　小山昇

PART 1

「事業」「採用」「人財配置」3つの判断が経営を左右する

PART 2

社員の性格特性と仕事への動機を明らかにする

PART 3

人が輝くマルコポーロ活用法

PART 4

マルコポーロ読み解き100本ノック

編集協力：藤吉豊（株式会社文道）
カバー・本文デザイン、図版：ナカミツデザイン
組版：株式会社センターメディア

PART 1

「事業」「採用」「人財配置」3つの判断が経営を左右する

会社経営は不確実な未来に挑むチャレンジである

ビジネスとギャンブルには類似点がある

パチンコや競馬を筆頭に、「ギャンブル」というと、世間的にはイメージがよくありません。しかし私は、

「会社経営は、本質的な部分で、ギャンブルに似ている」

と考えています。

「経営とギャンブルは違う。一緒にするなんて不謹慎だ」という声があるかもしれませんが、これは決して短絡的な発想ではありません。両者には共通点があり、私はどちらも、

「決断力を発揮して、不確実な未来に挑むチャレンジである」

と解釈しています。

「結果予測が難しい」
「不確実な結果に挑む」
「リスク管理が不可欠」
「運や直感、行き当たりばったりでは勝てない」

という点において、会社経営とギャンブルには類似点があります。

経営とギャンブルのおもな類似点

- 両者とも結果を予測しきれないため、リスクをともなう「挑戦」である。
- 状況をよく観察し、適切なタイミングで意思決定を行わないと、失敗する。
- 「一か八か」では勝てない。データ（定量情報と定性情報）や実績などから客観的に予測する必要がある。
- 「仮説→検証」を繰り返すことで、勝率、確度、精度が高くなる。
- 儲けることより「勝つこと」を重視して計画を立てないと、判断を誤る。
- 全勝はありえない。失敗、敗戦の教訓を次に活かすことが大事。
- 「どこに、どのように資金を投じるか」で勝敗が左右される。

社長をする以上、絶対に避けて通れないギャンブル（経営判断）が「3つ」あります。
3つのギャンブルの勝敗いかんで、会社の業績は大きく変わります。

社長の3大ギャンブル（3つの経営判断）

①どの事業をするか（事業内容）
②誰を採用するか（採用）→28ページ
③誰をどこに配属するか（人事／配属）→41ページ

ギャンブル①／どの事業をするか（事業内容）

社長の性格特性に合った事業を選ぶ

私は、「社長の性格特性に合った事業でないと、結果が出にくい」と考えています。柔軟な思考や創造性を持つ社長であれば革新的なビジネスが適しているし、決断力のある社長なら、迅速な対応が必要な業種に向いています。

私の場合、一発勝負型より、リピート型のビジネスモデルが向いています。

○一発勝負型

一度のチャンスで大きな利益を得るビジネスモデルです。

高額な商品や一度きりのサービスに適しています。販売ごとに新しい顧客を探す必要があるため、マーケティングや販売コストが高くなる傾向があります。一発勝負型は一度の販売に注力するため、高いインパクトを持つ商品や新規開拓のスキルが求められます。

○リピート型

定期購入や継続利用を通じて利益を上げるビジネスモデルです。

顧客が長期にわたって利用する商品やサービスを提供します。このビジネスモデルは収益の安定化につながりやすく、既存顧客との関係を深めることができます。

私は一発勝負型を**「鉄砲を売るビジネスモデル」**、リピート型を**「弾を売るビジネスモ**

デル」とたとえています。

「鉄砲」は高額で、一度に手にする利益は大きい。しかし、何度も買い換えるものではないため、同じお客様から利益を積み上げていくのが難しい。鉄砲で利益を上げるには新規顧客を獲得し続ける必要があり、経営が安定しにくい。

一方で、「弾」は消耗品です。鉄砲を買った人は必ず弾を使い、鉄砲を利用し続ける限り補充します。鉄砲よりも単価は安いものの、同じお客様に、同じ商品を、定期的に繰り返し販売できるため、安定的に利益を生むことが可能です。

私の性格特性に適しているのは、リピート型の「弾を売るビジネスモデル」です。

武蔵野の「経営コンサルティング事業（経営サポート）」も、「採用コンサルティング事業（Kimete）」も、「環境衛生事業（ダスキン／クリーン・リフレ）」も、リピート型のビジネスモデルです。

わが社が開催するセミナーは単発ではなく、リピート受講をうながす設計になっています。「経営計画書」は毎年つくり直すものですから、「経営計画実践セミナー」「経営計画書のつくり方 作成支援合宿」といったセミナーを用意しておけば、セミナーが「弾」となってリピート顧客を獲得できます。

また、内定者や新卒者向けのセミナーをカリキュラム化しておけば、新卒採用、定期採用をする企業に、毎年提案することが可能です。

社長は、ビジネスモデルを見誤ってはいけない。**社長の性格特性に適した事業内容を見極めて、リソースを集中させることが重要です。**

新規事業は、成長段階に合わせて人財を変える

社長は、時代やお客様の変化に合わせて、会社をつくり変えるべきであり、そのためには新規事業への取り組みを検討すべきです。

良い時代は長続きしません。良いときに、明日開く花として未来の成長分野で開発を行う。新規事業は創造で、成功確率は50%以下です。

新規事業は、会社の未来を長期的に支えるための重要な戦略です。

既存事業は、仕事の進め方が明確化、マニュアル化されているため、若手社員でも担当

できます。
一方で新規事業は、マニュアルの精度が低く手探り状態で取り組むことが多いため、判断力、決断力の乏しい若手社員には荷が重い。したがって、「スピード感を持って、さまざまな局面で決断をする」ために、わが社の経営計画書（新規事業に関する方針）には、「社長または役員、本部長が担当する。現業部門より優秀な社員を抜擢する」と明記しています。

新規事業は、事業の成長段階に応じて担当する人財を変えていくことが大切です。立ち上げ当初は「攻めタイプの社員」を、事業が軌道に乗ったら、「守りタイプの社員」を投入します。

○攻めタイプ（アクセル型） ※アクセル型についてはＰＡＲＴ２で説明。
予測できない課題にも柔軟に対応しやすい。リスクを恐れずに即断即決できる（守りタイプはリスク回避を優先しがちなので、事業の成長速度が遅くなりかねない）。飛び込み営業もいとわない強いストレス耐性がある。

○守りタイプ（ブレーキ型） ※ブレーキ型についてはＰＡＲＴ２で説明。

リスクを避けて着実に進めるため、事業が安定する。「同じことを繰り返し行うのが得意」な社員に任せることで、リピート型のビジネスが可能になる。

武蔵野はさまざまな分析ツールの結果から社員の特性を把握し、「どの社員に新規事業を担当させるか」を決めています。

これまで多くの新規事業を立ち上げました。ダスキンホームインステッド事業（現・ライフケア）は苦労をしたが、現在は荻窪ステーションが全国1位、府中ステーションが2位に成長しました。赤字の時代に配属した課長の牧野恭大は現在次長、丹智之、高橋克之、竹内英喜、坂本竜之介は部長、佐々木大志、井上岳志、石橋伸介、久保田将敬は本部長です。他事業部で出世して歴史をつくる社員に育った。

斉木修本部長（現・統括本部長）、丹智之課長（現・部長）、石橋伸介課長（現・本部長）、他1名でスタートしたシニアライフコンサルティング事業部は、撤退がいちばん早く13カ月目で7000万円の損失を計上しました。

社長直結の事業部の社員は毎週ミーティングがあり大変です。社員を育てるには、お金を使い手間暇かけて仕事で成果を出させるしかない。

人が採用できないは、採用の基準がないから

ギャンブル②／誰を採用するか（採用）

採否のストライクゾーンを決めて、自社に適した人財を採用する

会社の業績は、採用する人財によって大きく変わります。それなのに、多くの中小企業では、新卒採用（中途採用）の基準があいまいです。応募者が少ない状況では基準を緩めるしかなく、求める人財像が不明確なまま採用活動を行っています。

ただし、基準を設けずに「来るものは拒まず」で採用をすると、採用後のミスマッチが生じやすく、早期離職のリスクが高まります。

定着率を向上させるには、採用基準を明確にして、会社の価値観に合致した人財を確保する必要があります。**採用で失敗すると教育で取り戻せない。**

武蔵野は、経営計画書に「採用に関する方針」を明記し、

「こういう人は採用するけれど、こういう人は採用しない」

とストライクゾーン（採否の範囲、採用基準と採用規定）を示しています。

武蔵野の採用基準の例

○「私（小山）と価値観が合う人」「わが社の文化、社風に馴染める人」を優先して採用する。

……組織を強くする上で大切なのは、「社員の価値観をそろえる」ことです。「価値観をそろえる」とは、

「社員が社長の（会社の）指示通りに動くようにする」

「社長と社員が同じ判断基準で行動できるようにする」

「社員が会社の文化や社風、方針に共感できるようにする」

「社長と社員、社員同士が同じ目標に向かって協力し合えるようにする」

ことです。価値観がそろっていれば、組織力で勝負できます。

○既存社員との能力差が少ない人を優先して採用する。

……仮に、武蔵野のレベルが100点満点の「75」だとすれば、採用する人財のレベルは「55～80」の範囲に留めています。学歴や成績は、参考程度にしか評価しません。

○SNSやネット上での問題投稿がある人は採用しない。

……**「ネット探偵」**（次ページ参照）という「人物健全度調査」サービスを利用して、採用候補者のネット上のログを分析。履歴書や面接では見えない一面を可視化します。採用候補者のオンライン行動から、健全な人物かどうかを見極めます。候補者の投稿にネガティブな要素があった場合、採用を見送ります（調査は本人の許可を得た上で実施。各種法令を順守）。

○「マルコポーロ」や「ミルメ」（161ページ参照）を実施し、パフォーマンスの基準値（武蔵野が望む人物像の基準値）の範囲外の人は採用しない。

● ネット上の問題行動を確認できる「ネット探偵」

ネット探偵 調査報告書

応募No.　コードNo.

氏名《ふりがな》	根礼木《ねれき》　太郎《たろう》	実施日	2022.11.12
生年月日	1996.07.31	現住所	東京都杉並区北荻窪８－１４－１
最終学歴	凸凹大学経済学部	最終職歴	株式会社○△技研

該当SNSアカウント

	フォロワー	信憑性		フォロワー	信憑性
https://www.facebook.com/nereki	320	90%	https://www.instagram.com/nereki	98	90%
https://twitter.com/nereki	180	90%	https://www.youtube.com/channel/nereki	10	90%

ネガティブな要素　数値が高いほど、ネガティブな要素が高いと判定されます

入社後・退職後の書き込みリスク	攻撃性	0	要注意
	自己顕示欲	0	
	影響力	0	
履歴書のギャップ	社会性	0	
	ネットリテラシー	5	危険

ポジティブな要素

友人との付き合い、協調性などが見られる。新しい情報に敏感である。

注意すべき投稿　調査の中で特に注目すべき投稿を挙げています

	対象URL	NG判定種別
1	https://www.tenshokukuchikomisite/review/12974409.html	a
2	https://twitter.com/netrireki/status/15784b0034098534	f
3	https://twitter.com/netrireki/status/1569440994908667	g
4	https://twitter.com/netrireki/status/1585469030022798	◎
5	https://twitter.com/netrireki/status/1534098002229866	×

所感

社会的事件などに関して強く批判する傾向がみられる。概ね常識からは逸脱していないが、周囲の意見で助長されるところも見受けられるので、環境によっては危険とみなす。

総合判定　A

お客様確認欄

お客様メモ（100文字以内）

他の候補者を見てから検討する

□ 調査報告書をアーカイブする　□ 再確認する

kimete　運営会社 株式会社武蔵野　〒184-0011 東京都小金井市東町4-33-8
TEL：042-380-6340　FAX：0120-28-6340

保　存

……武蔵野で活躍している人財と辞めていった人財には、それぞれ、共通点があります。分析ツールの結果などから、「こういう特性の人は活躍の可能性が高く、反対に、こういう特性の人は離職しやすい」といった傾向がわかっているので、「現在、武蔵野で活躍している社員と似た特性を持つ人」を中心に採用しています。

○3年以内に転職を考えている人の採用はしない。

……長期的に働く意欲のある人財を採用することで、早期退職のリスクを減らせます。また、価値観や文化の継承が進みやすくなります。

新卒採用だけでなく「中途採用」にも基準を設けています。

中途社員の採用基準

○明確な転職の軸を持たずに、「仕事が嫌、会社が嫌、人間関係が嫌」という理由で転職を繰り返す人は、同様の理由で辞めていく可能性があるため、採用しない。

○第2新卒や社員経験の少ない人を優先する。

○ライバル会社にいた経験者は社長の許可を取る。
○6カ月間は研修期間（契約社員）とし、成績がよい人、もしくは半年ごとの評価にて社長面接を行い社員登用する。
○武蔵野を退職して5年以内の人を再雇用する。

中途採用は、応募者の**「前職チェック」**（リファレンスチェック）を実施しています。前職チェックは、応募者の前職での勤務状況や人となりについて、前職の関係者にヒアリングする調査です。応募者が申告した過去の職務経歴や実績、人柄、働きぶりが実際のものと一致しているかを確認しています。応募者に無断で行うことはなく、同意を得た上で実施しています。

中途採用は、おもに、「欠員補充」「戦略的な補充（新規事業など）」「組織に変化を与える」といった目的があります。基本的に、新卒も中途も分け隔てなく働けるのが武蔵野の特徴です。「すべての社員にチャンスを与え、成績によって差をつける。学歴による差別はしない」のが基本方針です。中途社員も新卒社員も、まったく同じ条件で働くことができる。だから公平です。

武蔵野が新卒採用に成功している理由

時代の変化に合わせて会社をつくり変える

多くの中小企業が人財不足で頭を抱えています。しかし武蔵野は、コンスタントに新卒を採用し、その上、高い定着率を誇っています。

毎年、新戦力を安定的に増やすことができるのは、「新卒が採用できるように」、そして「人が辞めないように」会社をつくり変えているからです。

「採用」というギャンブルに勝つためには、従来の会社のやり方を社員に押し付けるのではなく、就活生や新卒社員のトレンドの変化に合わせて、会社を変えることが重要です。

新卒社員の定着率が向上した5つの理由

○定着理由①　「価値観が合う人財」を採用している

新卒採用のノウハウが蓄積されてきた結果、ここ数年、価値観が合う人財の採用に成功しています。

社長と価値観が合っている新卒社員は、

「会社の方向性に関心や情熱を持ちやすい」

「会社の文化や業務方針に自然と適応できる」

「社長の考え方や会社の目標に共感しやすい」

などの理由で、長期的に働く意欲が高まります。

○定着理由②　内定者研修に力を入れている

内定者を対象に、「環境整備研修」「ビジネスマナー研修」「実行計画書作成研修」「セールス研修」「内定者実践塾」「インターンシップ（社長のかばん持ち）」「給料体系勉強会」「ルーキーズアカデミー」など、さまざまな勉強会を実施しています。

内定段階から、武蔵野の「現実・現場・現物（人物）」を知ることで、入社前と入社後のギャップをなくすことができます（内定辞退率は5％です）。

「武蔵野は、どういう会社か」「小山昇は、どういう経営者か」「武蔵野には、どのような人がいるのか」を理解した上で、それでも「武蔵野に入社したい」と望んだ人財を採用しているため、定着しやすくなります。

○定着理由③　新入社員のトレンドに合わせて会社をつくり変える

武蔵野は、さまざまな心理分析ツールや適性テストを用いて、若者のトレンド（考え方の傾向）の変化を追っています。そしてテスト結果を参考に、「新卒社員（若手社員）が輝ける会社」につくり変えています。

〈若者のトレンドの変化〉

・変化1／ストレス耐性が弱い

かつてのように、「上司が厳しく接して、社員の奮起をうながす」ことはできません。

「小さなタスクから始め、徐々に難易度を上げて成功体験を積ませる」

「心理的安全性を高める」

「プレッシャーが直接かかるポジションを避け、徐々に責任を持たせる」など、段階的にストレス耐性を高めていきます。

ストレス耐性が弱い人は、失敗のリスクを怖がる傾向にあるため、失敗を必要以上に追及せず、むしろ、「たくさん失敗した社員」を評価しています。たくさん失敗したのは、「チャレンジした証拠」だからです。わが社は、「会社に一番多くの迷惑をかけた新卒社員」ほど、優秀社員として育っています。

・変化2／「休日の多さ」を優先する

残業や休日出勤が多いと新卒社員は辞めてしまうため、「残業時間の削減」「有給休暇の取得率の向上」「連続休暇制度の実施」に取り組んでいます。

・変化3／チーム意識が強い

若手社員は、「力を合わせて、みんなで一緒に目標を達成したい」と考える傾向が強いため、個別教育よりもグループ教育のほうが成長します。

◎グループ教育のメリット
・同期社員の結束が強くなる。
・会社の全体像を理解できるようになる。
・本配属後、仕事に慣れるスピードが速くなる。

新卒社員は、入社後の3カ月半、能力、特性の近い新卒同士でチームをつくり、研修を行います。

ダスキン事業部、経営サポート事業部、クリーン・リフレ事業部、内勤（総務）など全部門を数回体験し、その後、チームごとに組織プロフィール（顧客、競争、経営資源などを整理して、経営課題を分析するツール）を作成します。

・変化4／主役よりも脇役を好む
マルコポーロの診断結果から、若手社員の多くに、
「他者を優先する姿勢」
「縁の下の力持ちとしての役割を好む傾向」

「周囲を応援することに喜びを感じる価値観」が強く見られます（ＰＡＲＴ２「ソーシャルスタイル」の項目にて詳述）。実際に「小山社長を応援すること」を目標に掲げる新卒社員もいました。

こうした社員の特性を最大限に引き出すためには、社長が「社員から応援される存在」になる必要があります。そのためには、「社長と社員が価値観を共有する」「社員から共感される明確な方向性を示す」ことが重要です。

○定着理由④　先輩、上司、社長とコミュニケーションを取る機会を増やしている

内定者や新卒社員を対象にした懇親会を定期的に開催し、入社前後の不安を解消するための場を提供しています。社長が出席する懇親会は、会社の方針や価値観を共有する機会です。

コミュニケーションは、「回数」を重ねることで深まります。コミュニケーションの場を増やすことで社員同士の絆が強まり、会社への帰属意識が向上します。

○定着理由⑤　毎年、基本給を上げている

２０２４年10月より、最低賃金が全国平均で50円引き上げられました。この大幅な引き上げにともない、多くの中小企業が賃金引き上げに取り組んでいます。

昨今の物価高騰を考えると、賃金引き上げによって、

「既存社員のモチベーションや満足度が向上する（その結果、離職率が下がる）」

「新卒採用の応募者数が増える」

ことが期待できます。

武蔵野は、毎年、基本給を上げています。新卒の基本給は３年連続１万円の昇給を実現しました。既存社員は１年間の成績にもとづいて面談を行い、昇給金額は人によって変動します。課長職は、１年間の評価がA評価だった場合、基本給が１万円以上アップします。

就活生の志望動機はさまざまですが、就活生の多くが「入社の決め手」として重視しているものがあります。「給料、残業、福利厚生」といった「条件」です。

基本給を上げることで給与条件が魅力的になり、採用の際に有利に働きます。

入社は条件、退社は人間関係です。

分析ツールを運用し、社員の特性を踏まえて人財配置する

ギャンブル③／誰をどこに配属するか（人事／配属）

積極的な「社内転職」が会社を強くする

「誰をどこに配属するか」「誰に何をやらせるか」「誰をリーダーにするか」「誰と誰を組ませるか」によって、組織力は変わります。

武蔵野は現在、「人事異動」の代わりに、**「社内転職」**と表現することが多くなりました。

これは、部署の異動がスキルアップ（キャリアアップ）につながることや、別の事業部に移った際、まるで転職したかのように新鮮に感じられるためです。

適正配置（社内転職）のポイントは、次の「5つ」です。

①成績優秀者を高速配転させる

「伸び悩んでいる社員」を動かすのではなく、「成績優秀者」を頻繁に動かします。

仕事ができる人は、同じことを長く続けさせると成長実感が得られなくなり、飽きてしまいます。

彼らのモチベーションを下げないためには、新しい仕事を与えたほうがいい。武蔵野の本部長以上は、全員「10回以上」の異動経験があります。

また、成績優秀者を異動させると、上位のポジションが空くため、若手社員のモチベーションが向上します。異動によって空いたポジションに挑戦できるようになり、新しい役割や責任を引き受ける機会が増えます。

専務の矢島茂人は入社後、10年間で9回も異動させました。

②人に合わせて組織をつくるのではなく、組織に合わせて人を配置する

人財に合わせて組織をつくるのではなく、最初に「理想の組織像」を明確にし、必要な人財を逆算して配置しています。

【ダメな例】
・人に合わせて組織をつくる……部長が3人いるから、3つの事業部をつくる。

【良い例】
・組織に合わせて人を配置する……売上目標を達成するためには、4つの事業部が必要である。現在、部長は3人しかいないので、課長から部長へ昇進させるなど、新たな部長を育成する。

最初に「理想の組織図」を思い描き、「理想の組織を実現するには、どのような人財が必要か」を考え、人を配置する。こうすることで人が育ち、組織を大きく変えることができます。武蔵野61年間の歴史で、最年少で本部長に昇進したのは、弱冠32歳の庄司恵里香です。

③同じレベルの社員を組み合わせる

上司が優秀すぎると、部下は意欲と自信を失います。

「あの上司のようにはできない」

「あの上司の指示はレベルが高すぎて、自分には無理」

とあきらめてしまうからです。

同じように、部下の実力が上司より高すぎても、部下のモチベーションは上がりにくい。実力の劣る上司には、実力の勝る部下をマネジメントできないからです。

チーム編成は、

「同じレベル同士で組む」

「能力差の少ない人同士で組む」


のが鉄則です。


わが社のチーム編成は、競馬、相撲といったスポーツと同じです。

相撲には番付があります。横綱と序二段が同じ土俵で相撲を取ったら、序二段はいっこうに勝てない。でも、序二段同士なら、勝てるかもしれない。だから頑張ります。

競馬も実力の近い馬同士が戦うレースです。GⅠ、GⅡ、GⅢ、リステッド、オープン特別、3勝クラス、2勝クラス、1勝クラス、新馬・未勝利まで、馬の年齢と収得賞金の額によってクラス（＝条件）が分けられています。

上司と部下の実力差がありすぎると、組織は弱くなります。組織内に大きな実力差をつくらず、社員の実力をそろえるのが、正しい組織のつくり方です。

人を輝かせるには、「均一な組織」「能力差のない組織」が理想です。

④社員の特性を踏まえて配置する

オーケストラには、バイオリン、フルート、トランペット、ティンパニなど、さまざまな楽器があります。それぞれの楽器には異なる特徴と音色があり、指揮者は各楽器の特性を最大限に引き出しながら、全体の演奏が調和するように指揮を執ります。

社長の役割は、指揮者に似ています。会社を強くするためには、「どの社員が、どのような強みを持っているか」「どの社員を、どのように活かせば全体が機能するか」を理解することが重要です。

ただし、楽器と違って、人間は内面や感情を持つため、見た目だけでその特性を見抜くのは難しい。そこで、さまざまな分析ツールを用いて客観的に評価することが重要です。

「一所懸命仕事をしているのに結果が残せない」「同じレベルの社員と競わせているのに、力を発揮できない」としたら、

「不得意な仕事をさせている」

ことも原因のひとつです。

「新しいことに取り組むのは得意だけれど計算は苦手」「営業センスは抜群だけれど、決められたことを守るのが苦手」「人前で話をするのは得意だけれど、部下の面倒を見るのは苦手」など、人には得意・不得意があります。社員の特性を無視して、「苦手なことでも、できるようになれ」と仕事を押し付けたところで、成長は望めません。

私は、「不得意なことでも努力し続ければ、やがてできるようになる」と楽観視していません。短所を補正し長所を活かすやり方ではなく、長所を最大化する。「得意なこと」を伸ばしたほうが、会社のためにも、本人のためにもなります。

社内転職を実施するときは、社員の特性を踏まえた上で動かすことが大切です。

わが社では、社員の特性、傾向、得意・不得意、メンタルヘルスの状態などを可視化す

るため、分析ツールを導入しています。

分析ツールを運用することで、

・相手の特性に合わせたコミュニケーションができる
・社員の持ち味に配慮した人財配置ができる
・部署ごと、業務ごとに必要な人財配置ができる

ようになります。

⑤既存事業は、部下が5名以上になったら分割する

既存事業は、直属の部下が5名以上になると、部署を分割します。理由は、人数が増えると、管理するのが難しくなるためです。部下が増えると、一人ひとりに対する指導やサポートが難しくなるため、部下の人数を一定の範囲内に抑えることが重要です。

また、基本的に「役職者（上司）と直属の部下をセットで同じ部署に異動させる」ことはありません。**「派閥をつくらない」「しがらみのない新しいコミュニティをつくる」**ためです。

従来のピラミッド型ではなく、ダイヤモンド型組織をつくる

武蔵野に、一般社員より役職者が多い理由

一般的な中小企業の組織構造は、「ピラミッド型」です。

トップに社長が位置し、その下に部長、課長、係長、そして一般社員が控えます。一般社員の数がもっとも多く、階層が上がるにつれて役職者の数が少なくなるのが特徴です。

一方、武蔵野は**「ダイヤモンド型」**の組織です。

中間管理層である係長や課長の人数が、一般社員よりも多いのが特徴です。

わが社は、職責に応じて、グループを設けています。グループは次の「8つ」に分かれています。

● 組織構造をダイヤモンド型にして人が辞めない環境をつくる

ピラミッド型組織

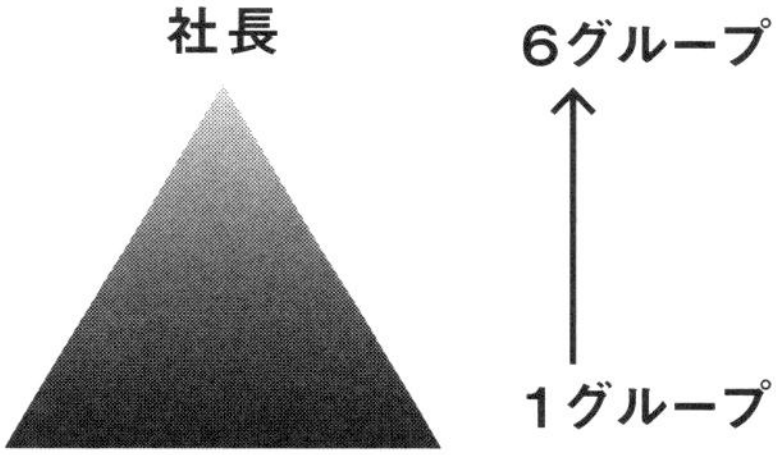

一般社員がもっとも多く、階層が上がるにつれ、
役職者が少なくなる

ダイヤモンド型組織

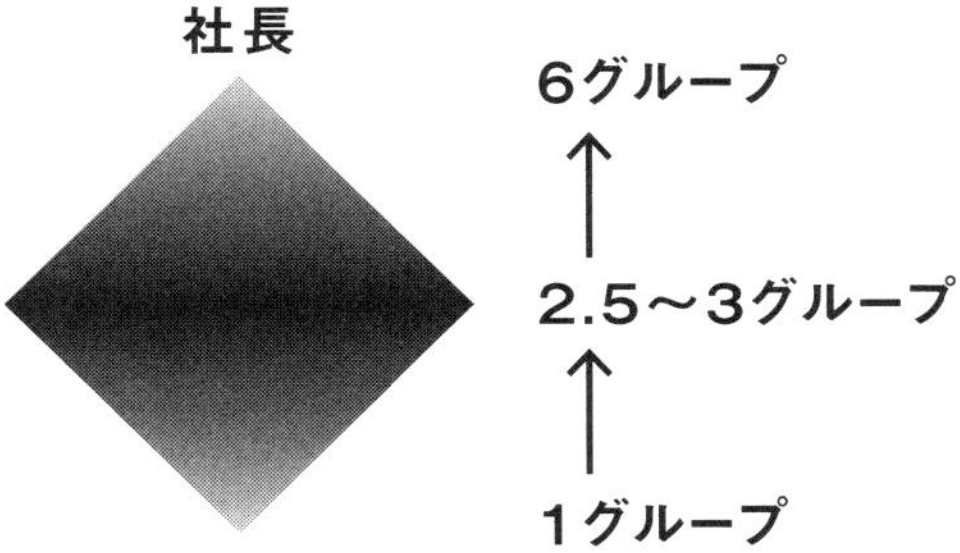

中間管理層が一般社員よりも多い

⬇

肩書きが得やすくなり、意欲が高まり、定着率が上がる

・1グループ／一般社員
・2グループ／主任
・2.5グループ／係長
・3グループ／課長
・3.5グループ／次長
・4グループ／部長
・5グループ／本部長
・6グループ／統括本部長・役員

武蔵野は、若手社員の多くが、早い段階で役職を得ることができます。

具体的には、新卒で入社した社員が「主任」（2グループ）に昇格しやすいしくみがあり、さらに主任になった社員は、3年以内に一定の評価（A評価）を3回獲得すれば、「係長」（2.5グループ）になれます。係長から「課長」（3グループ）への昇進も比較的スムーズで、A評価2回で昇進可能です。

肩書きを得る機会を増やすことで、社員の定着率も高まり、辞めにくい環境をつくり出しています。

最大の欠点は人件費が増加することです。ですが、人が辞めないメリットのほうが大きい。体験、経験が多く、スキルの高い社員が多数存在することは**会社の宝**です。

ダイヤモンド型組織のメリット

○マネジメントする部下の人数を減らすことができる

管理職を多くすれば、ひとりの管理職が持つ部下の数が少なくなるため、その分、目が届きやすくなります。ひとりの課長が持つ部下は、「5人」が基本です。

○社員の意欲が高まる

どれだけ頑張って結果を出しても、「一般社員のまま」では、意欲を失います。名刺に肩書きがつくことで、周囲の評価が変わり、それが本人の意欲向上につながります。

○立場や役職が人を育てる

武蔵野は、入社2年目で課長に昇進することも可能です。2年目社員のマネジメント力はさほど高くありませんが、想定済みです。私は、「マネジメント能力があるから課長に昇進させる」のではなく、「課長という役職を与えることで、マネジメント能力が身についていく」と考えています。

若さは、抜擢しない理由にはなりません。抜擢してやらせてみる。仮に結果が出なくても、失敗の経験は必ず力に変わります。

逆に専門的なスキルは高いが、部下を持ちたがらない社員には、部下なし管理職のポジションもあります。

○お客様満足度が向上する

クレームが発生してお客様に謝りに行く場合、一般社員が謝罪に出向くのと、管理職が出向くのとでは、お客様の納得度が違います。

直感や経験則だけでは会社経営というギャンブルには勝てない

会社の業績を左右する「事業内容」「採用」「人事/配置」の3つの判断は、直感や経験だけに頼るべきではありません。時代の変化に合わせ、一消費者行動が複雑化している」「若者（就活生や新卒社員）のトレンドが変化している」ため、直感や経験則だけでは、判断を見誤ります。そこで武蔵野は、さまざまな分析ツールを導入して、客観的に人財戦略を進めています。

○事業内容……社会情勢により、社長や経営幹部の特性を分析した上で、その特性に適したビジネスモデルを構築する。

○採用……応募者の特性が、武蔵野の基準（ストライクゾーン）の範囲内にあるかどうかを分析ツールで判断する。

○人事／配置……分析ツールで社員の特性を明らかにし、「得意を伸ばせる」ように社内転職を実施する。上司と部下の処理能力を数値化して、上司と部下のレベルの差が開きすぎない組み合わせを考える。

組織と人財の課題解消のために、現在、武蔵野が積極的に活用しているのが、**「マルコポーロ」**です。

幹部のマルコポーロ研修は必修項目で、「読み解きレベルアップ」、上司・部下面談に必要な「2連の読み解きレベルアップ」は、課長・係長まで始めています。

配属先を決める「共通の理解」は役員の必修項目です。

マルコポーロを活用することで、

「活躍可能性の高い人財の採用」

「業績を上げるための人財配置」

「社員の特性に合った指導（コミュニケーション）」

が可能になります。

PART2以降では、「マルコポーロ」の特徴と利用技術について説明します。

PART 2

社員の性格特性と仕事への動機を明らかにする

マルコポーロは「採用」「教育」「人財配置」のミスを解消するツール

マルコポーロを使って、回答者の特性を精度高く捉《とら》える

わが社は「人の輝き方」と「組織での活躍可能性」を可視化するため、「マルコポーロ」と呼ばれる特性検査ツールを導入しています。

◎マルコポーロ

心理統計学や科学的な分析手法を応用して、組織が直面する「採用のミス」「教育のミス」「人財配置のミス」を解決する特性検査ツール。151の質問に回答することで、基本的性格特性、ビジネスにおける性格特性、コミュニケーションのスタイル、メンタルヘルスなどの傾向がわかる。

マルコポーロは、人格の土台となる「ヒューマンコア（深層心理）」を数値化します。ヒューマンコアを測定することで、能力の評価にとどまらず、一組織の文化や目標に合った人財かどうか」を理解できます。

◎ヒューマンコア（深層心理）
個人の性格や動機、価値観など、表面的なスキルや経験では測りきれない「より深いレベルでの特性」のこと。人の行動や意思決定の根源的な土台。コア＝中心・核。

マルコポーロには、おもに11の特徴があります。

マルコポーロのおもな特徴

- 特徴①……回答者の嘘を見抜ける（結果の信憑性／59ページ）
- 特徴②……「自社に合った人財か」がわかる（職務適性／64ページ）
- 特徴③……日常的な性格特性が可視化できる（基本的性格特性／68ページ）
- 特徴④……ビジネスにおける性格特性が可視化できる（ビジネス的性格特性／76ペー

ジ）

○特徴⑤……メンタル（心の状態）がわかる（メンタル兆候／83ページ）

○特徴⑥……リーダータイプか、マネジャータイプかがわかる（経営人財特性／86ページ）

○特徴⑦……デリバリー系か、プランニング系かがわかる（最適役割特性／94ページ）

○特徴⑧……「闇にも光にもなるすごいパワー」がわかる（ダーク・パワー／98ページ）

○特徴⑨……ものごとに対する「敏感さ」がわかる（センシティブ・パワー／１０５ページ）

○特徴⑩……仕事に対する「動機」がわかる（仕事への動機／１０９ページ）

○特徴⑪……コミュニケーションのスタイルがわかる（ソーシャルスタイル／１１７ページ）

順に解説します。

特徴①回答者の嘘を見抜ける（結果の信憑性）

「一貫性」のない人財を採用してはいけない

「回答者の嘘を見抜く」とは、

「回答操作をしているか、していないか」

「回答の信憑性が高いか、低いか」

を判定することです。

一般的な適性検査では、「自分をよく見せよう」として、回答の操作をする可能性があります。

「他人の意見に耳を傾けることができますか？」

という設問があったとき、回答者の多くは、次のように考えます。

「この設問には、『いいえ』と答えてはいけない。『いいえ』と答えたら、自分の意見を押し通す自己中心的な人と思われるだろう。他者の意見を無視する社員は、職場での信頼や評価が低いに違いない。会社が求めているのは、協調性のある人財だ」

そして、「会社から期待されているのは、どちらの回答か」を察して、回答を操作します。マルコポーロには、こうした恣意性（意図的に自分に有利な回答を選ぶこと）を最小限に抑える工夫がされているため、結果の信憑性を確認できます。

「3つの視点」で信憑性を評価する

結果の信憑性は、「非一貫性」「虚偽性」「極端性」の3つの項目で判定します。

◎非一貫性（全3段階／「問題ナシ」「少し注意」「要注意」で表示）

マルコポーロは、ひとつの質問に対して対照質問を入れて、回答の矛盾度を測定します。対照質問とは、「異なる言い回しをしているが、同じ内容を尋ねている質問」のことです。

【対照質問の例】
・「同じようなタイプの人と一緒にいることが多い」
・「いつも同じような人たちと交流している」

回答の方向性が一致していなければ、「一貫性がない」と判断できます。

武蔵野の新卒採用では、非一貫性が「少し注意」（＝信憑性が薄い）「要注意」（＝信憑性がまったくない）の人は不採用にしています。

「不誠実な回答をしている」

「検査にまじめに取り組んでいない」

と解釈できるからです。

一貫性に乏しい人は誠実さに欠けるため、

「信頼を損なう行動を取りやすい」

「矛盾した行動を取り、チームワークに悪影響を及ぼす」

など、組織に混乱を引き起こす可能性があります。

◎虚偽性（全3段階／「問題ナシ」「少し注意」「要注意」で表示）

「今まで嘘をついたことがない」「毎日、新聞を読んでいる」「ごみが落ちていたら、必ず拾う」など、完全には肯定できない設問を投げかけて、「意図的に自分をよく見せようとしていないか」「虚偽の自分を演じていないか」を判断します。「少し注意」の人は再受検にしています。

◎極端性（全6段階／「問題ナシ」に加え「やや極端」～「かなり極端」を5段階で表示）

「そう思う」「ややそう思う」「どちらともいえない」「あまりそう思わない」「そう思わない」の5段階の選択肢の中で、両極（そう思う／そう思わない）を一定以上選択した場合、

「過大評価傾向」

「過小評価傾向」

「過大と過小、両方の可能性」

が考えられます。ただし「極端性」は、その人の傾向にすぎないため、採用における合否の判断材料にはしていません。

● 結果の信憑性は「非一貫性」の結果を見る

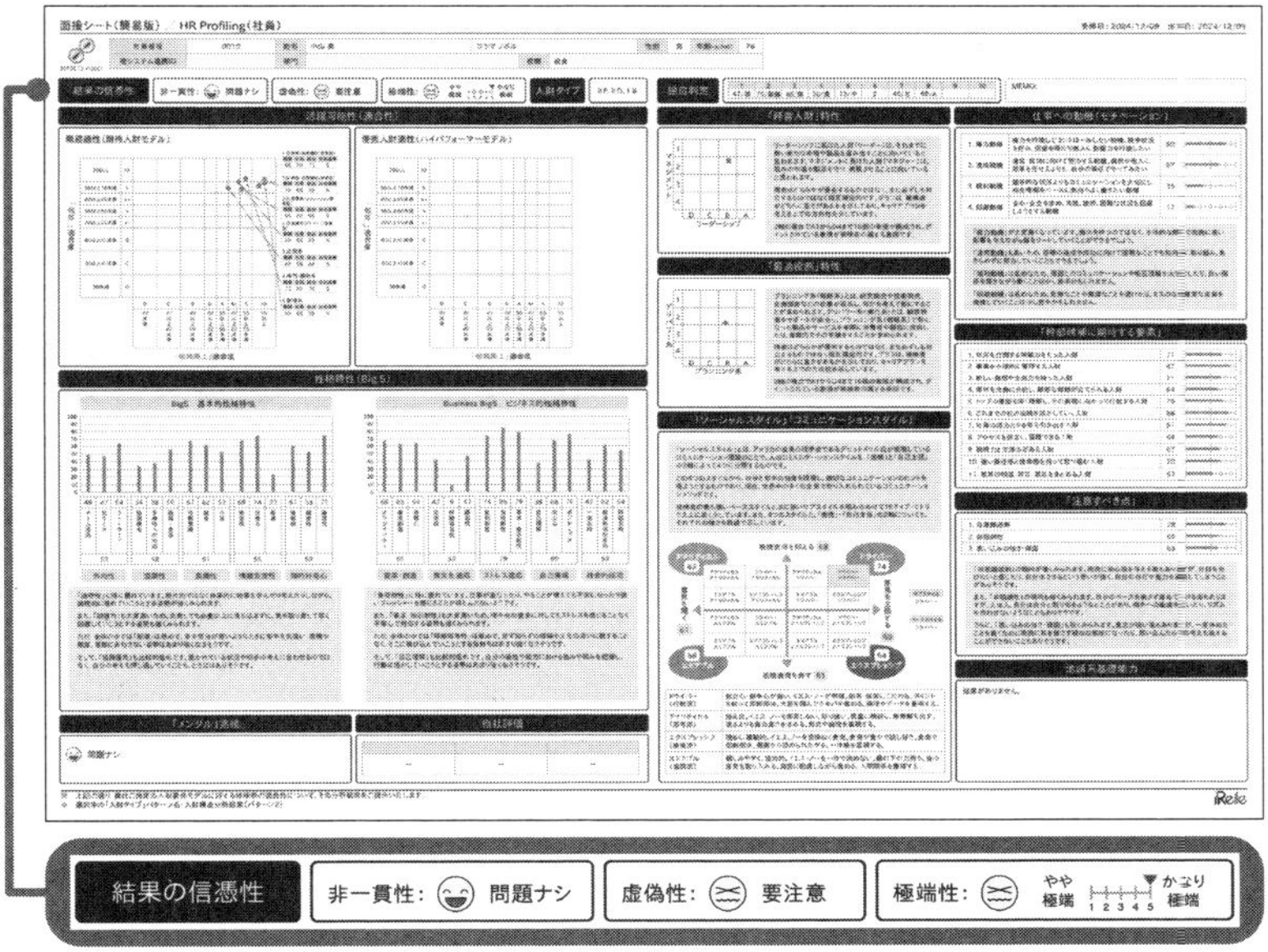

非一貫性

- 問題ナシ ➡ 合　格　誠実に回答をした人と判断
- 少し注意 ➡ 不合格　ちゃんと問題を読まないなど、いい加減な姿勢で回答をした、不誠実な回答をした人と判断
- 要注意 ➡ 不合格

虚偽性

- 少し注意 ➡ 再受検　たいていは問題ナシに変わる

【極端性】は傾向ととらえ、合否の材料とはしない

特徴②「自社に合った人財か」がわかる（職務適性）

自社で活躍する人財と回答者の一致率を測定する

一般的に優秀な人財と、自社で輝く人財は必ずしもイコールではありません。なぜなら、「企業によって、求められるスキルや価値観は異なる」「個人の能力が高くても、自社の文化に馴染めないとパフォーマンスを発揮できない」からです。

マルコポーロは、「本当に自社に合う人財か、否か」を見極めるために、「その人財が自社に入社した場合、期待に応えられるかどうか」（新卒採用向け）「その人財にどのような職責や役割を与えると活躍できるか」（既存社員向け）を分析する機能が装備されています。

活躍している社員の特徴、または既存社員の実際の評価から、自社独自の**「期待人財モデル」**をセットします。

期待人財モデルは、自社が求める人財像を具体的に定義した人物像です。回答者の回答が期待人財モデルに「近い」と活躍が期待でき、「遠い」と活躍は期待薄です。

武蔵野は、7つの期待人財モデルを設定し、回答者の診断結果と自社の期待人財モデルの一致率を可視化しています。

1／①：幹部・社長補佐（変革型）
1／②：幹部・社長補佐（参謀型）
2／①：営業系（ソリューション提案型）
2／②：営業系（パッケージ営業型）
3：企画系
4：専門・技術系
5：管理系

職務適性の分布図では、縦軸に「職質」適合度、横軸に「組織風土」適合度を数値化しています。

○「職質」適合度……自社組織において、仕事で成果を出せる要件（条件や基準）をどれだけ満たしているか。

○「組織風土」適合度……組織の価値観や考え方の中で、違和感なくやっていけるか。

分布図の「右上」に行くほど活躍可能性が高く、「左下」に行くほど、活躍可能性が低いと判断できます（あくまでも、「自社で活躍できるか、できないか」の判定です）。プロット（分布図の点）が左下に集中している場合、回答者が就活生なら、「期待人財モデルと離れている」「活躍できそうな職種、ポジションが自社にはない」ことが判断できるため、不採用です。既存社員であれば、「現在の職種、職責に合っていない」「離職の可能性が高い」ため、配置転換や価値観教育を実施して、活躍可能性を高めていく必要があります。

●「活躍可能性（適合性）」の「職務適性」の結果を見る

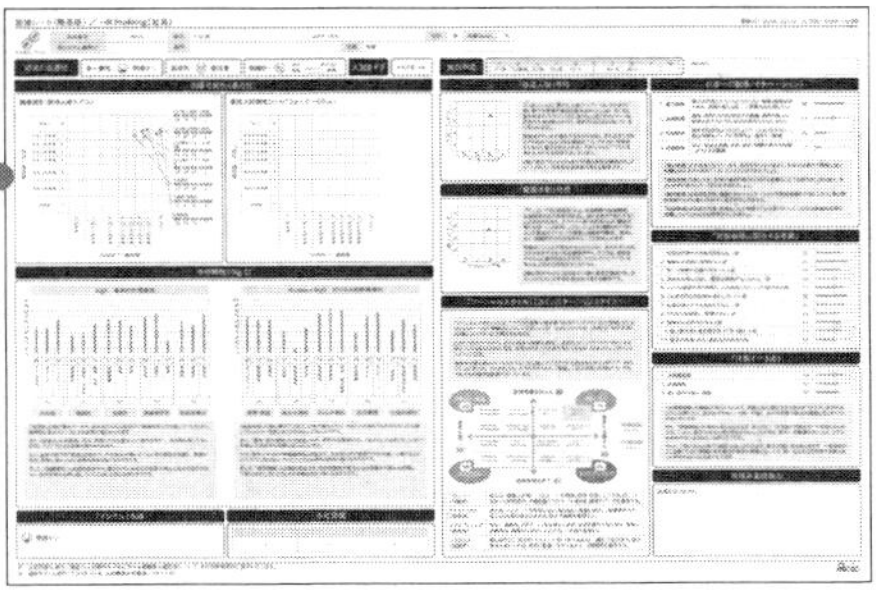

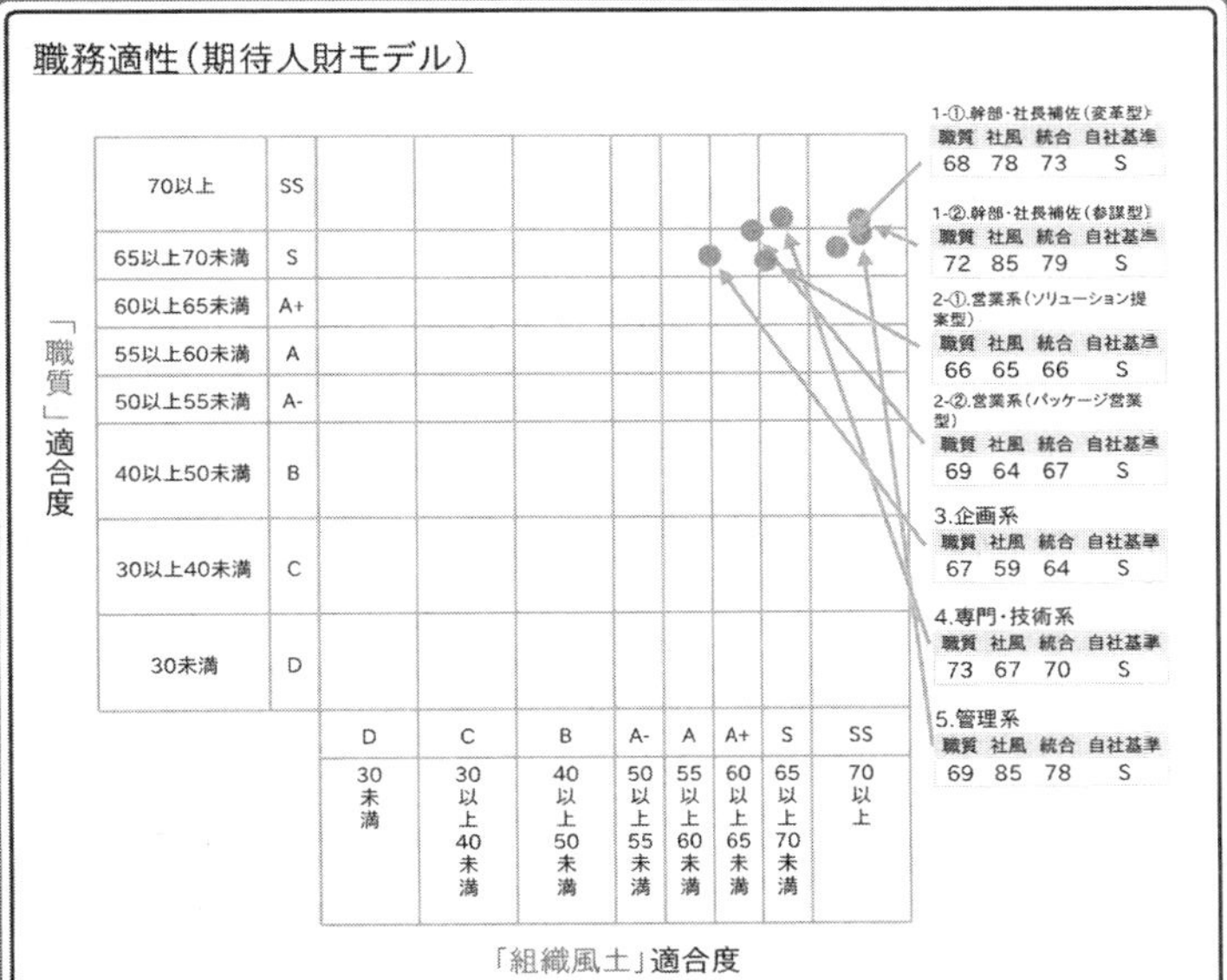

自社のどの仕事／ポジションで活躍できるかがわかる

特徴③回答者の日常的な性格特性が可視化できる（基本的性格特性）

回答者が「何を重視し、何を軽視しているのか」を理解する

マルコポーロは、回答者の**基本的性格特性**を「15の因子（要素のこと）」からグラフ化します。数値の高低は波形（棒グラフの高低）で表示されます。

グラフの見方　※次項目の「ビジネス的性格特性」も同様

- **数値が40以上の因子……その人が重視していること、強くこだわっていること。**
- **数値が40未満の因子……その人が軽視していること、苦手なこと。**

各因子が示す「姿勢（特性）」と、「行動の傾向」は次のとおりです。

行動の傾向の「○」は一般的に望ましい傾向、「▲」はストレス状態にあるときに出やすい傾向です。

15因子の説明

◎外向性……外界と関わっていこうとする姿勢。

[外向性を構成する因子]

・チーム志向……ひとりで何かするよりも、仲間とするほうを好む姿勢。

・気さくさ……知らない人とでも気軽につき合える姿勢。

・フットワーク……状況に対応する行動を素早く起こせる姿勢。

[外向性が高い人の行動傾向]

○……さまざまなことに関心を持ち、自ら関わっていこうとする。

▲……自分の範疇《はんちゅう》以外のことにも干渉しようとする。

［外向性が低い人の行動傾向］
○……求められていないことや余計なことには口を挟まない。
▲……周囲への関心が低く、自ら関わろうとしない。

◎協調性……他者との関係性を構築する姿勢。

［協調性を構成する因子］
・協調優先……自分の考えを通すよりも協調を優先する姿勢。
・多様性への対応……同じような人とばかりでなく、さまざまな人とつき合うことができる姿勢。
・説得・交渉……人を説得したり、交渉したりすることを得意とする姿勢。

［協調性が高い人の行動傾向］
○……他者と同調していこうとする姿勢を持つ。
▲……孤立を恐れ、単独での動きを嫌う。

［協調性が低い人の行動傾向］

○……ひとりでも黙々と進めることができる。

▲……一緒に進めようという意識が弱く、同調できない。

◎良識性……良心や道徳心を持って誠実に他者や事柄と向き合う姿勢。

［良識性を構成する因子］

・役割意識……役割を果たすことが大切だと考える姿勢。

・誠実……自分が仮に損をするとしても社会や法のルールを破らない姿勢。

・完遂……一度手がけたことは粘り強く進め、中途半端にしない姿勢。

［良識性が高い人の行動傾向］

○……正しいことを誠実に行おうとする姿勢がある。

▲……状況に応じた対応ができず、「べき論」に陥りがち。

［良識性が低い人の行動傾向］
○……理想にこだわりすぎることなく、状況に応じた対応が取れる。
▲……やるべきことに対し真摯《しんし》に向き合わない。誠実さに欠ける。

◎情緒安定性……感情に左右されず、不快なことでも冷静に受け止める姿勢。

［情緒安定性を構成する因子］
・安定性……すぐに落ち込んだりイライラしたりしない姿勢。
・回復力……一度落ち込んでも回復が早い姿勢。
・配慮……気分が悪いときでも相手への態度には表れない姿勢。

［情緒安定性が高い人の行動傾向］
○……感情に左右されることなく、どのような状況であっても冷静。
▲……人情味に欠け、冷たい対応になりがち。

［情緒安定性が低い人の行動傾向］

○……情熱を感じさせ、周囲のムードメーカーになりやすい。今の感情がわかりやすい。

▲……喜怒哀楽が激しく、対応や判断が感情に流されやすい。

◎知的好奇心……知識の獲得に対する開放的な姿勢。

［知的好奇心を構成する因子］

・情報欲……わからないことがあると「知りたい」と思う姿勢。

・緻密性……情報収集を周到に進める姿勢。

・論理性……断片的でなく、体系的にものごとを考える姿勢。

［知的好奇心が高い人の行動傾向］

○……知りたいことや疑問に対し、探究する姿勢を持つ。

▲……本来の目的を忘れ、興味のあることについ流されてしまう。

［知的好奇心が低い人の行動傾向］

○……やるべきことに対し、しっかりと対応できる。

▲……好奇心が薄く、知らないことに対し興味が持てない。

基本的性格特性は「Ｂｉｇ５」とも呼ばれ、それぞれ単体で読み解くのではなく複合的に読み解くことが大切です。

フットワークが87と高く、緻密性や協調優先が25と低いときは、「ものごとに対してスピーディに取りかかるが、準備を軽視し相手と合意形成するよりもひとりで突っ走っていくタイプ」と複合的に読み解くことで、その人の特性をより細かく理解することができます。

ヒューマンコア（深層心理）は緩やかに変容することが確認されており、仕事の内容や職場環境との適合性が主な要因として考えられます。

数値が上がる場合は適合、下がる場合は不適合の傾向があり、不適合の場合は退職の予兆とも考えられます。現にわが社でもその傾向があります。

わが社は、年に一度、全従業員にマルコポーロを受検させ前回との差を確認し、不適合が見られる場合は、異動や上司を変えるなどの対策を講じている。

●「基本的性格」で重視・軽視していることを見る

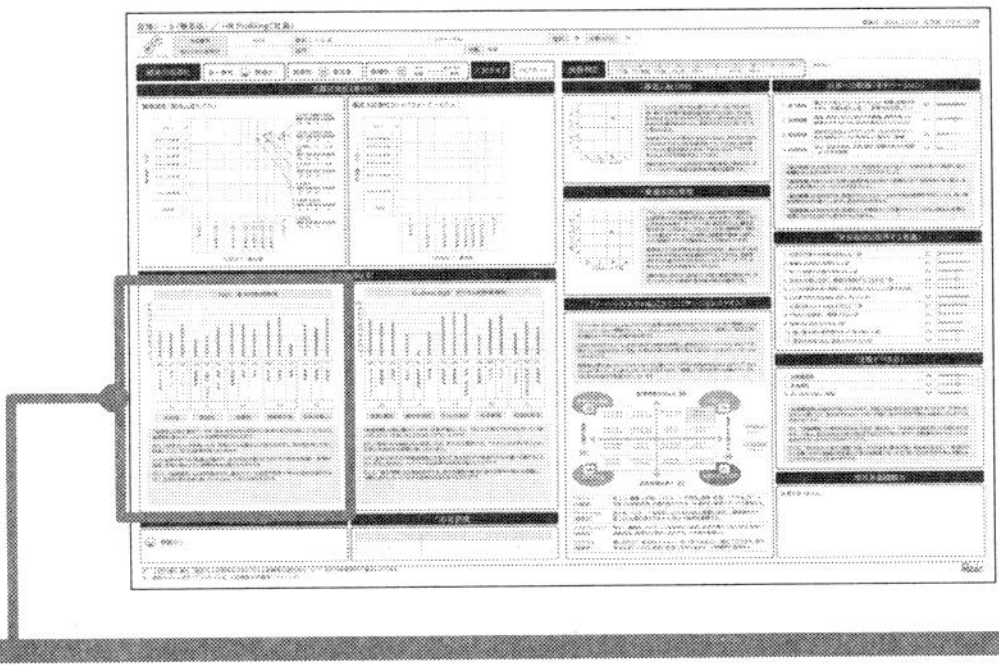

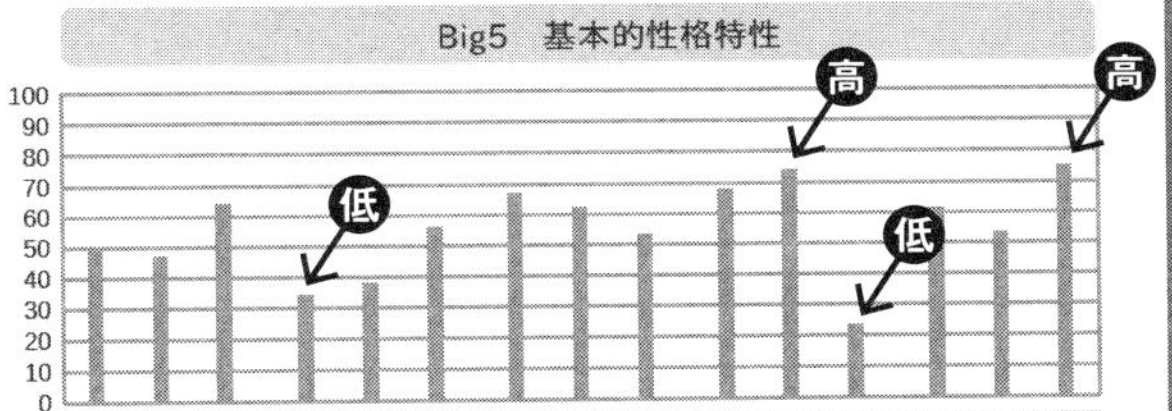

因子	下位特性	得点	下位特性	得点	下位特性	得点	因子得点
外向性	チーム志向	49	気さくさ	47	フットワーク	64	53
協調性	協調優先	34	多様性への対応	38	説得・交渉	56	42
良識性	役割意識	67	誠実	62	完遂	53	61
情緒安定性	安定性	68	回復力	74	配慮	23	55
知的好奇心	情報欲	61	緻密性	53	論理性	75	63

「論理性」に特に優れています。断片的ではなく体系的に物事を学んだり考えたりしながら、論理的に進めていこうとする姿勢が強くみられます。

また、「回復力」も大変高いため、失敗しても必要以上に落ち込まずに、気を取り直して早く回復していこうとする姿勢も強くみられます。

ただ、全体の中では「配慮」は低めで、多少気分が悪いようなときに相手を気遣い、表情や態度、言動に表わさない姿勢はあまり強くなさそうです。

そして、「協調優先」も比較的低めです。置かれている状況や相手の考えに合わせるのではなく、自分の考えを押し通していくことも、ときにはありそうです。

特に高い因子、低い因子に注目する

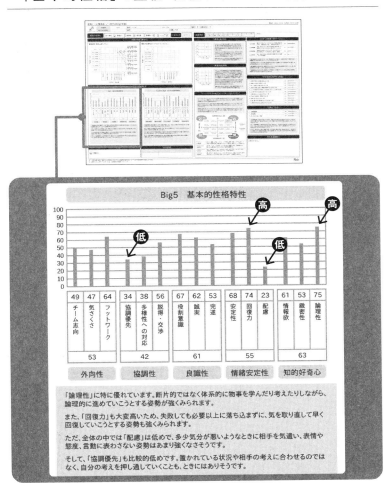

特徴④ ビジネスにおける性格特性が可視化できる（ビジネス的性格特性）

仕事における性格や行動の特性を理解する

ビジネス的性格特性は、ビジネスシーンに絞った上で、回答者の姿勢と行動の傾向を示したものです（「Business Big5」とも呼びます）。

15因子の説明

◎変革・創造……従来の考え方にとらわれず、新しいものを生み出そうとする姿勢。

［変革・創造を構成する因子］

・オリジナリティ……人と違っていることを誇らしく感じる姿勢。

・事業創造……新しいビジネスや事業を創りたいと考える姿勢。
・挑戦心……難しい課題を前にするとワクワクして挑戦したくなる姿勢。

［変革・創造が高い人の行動傾向］
○……過去にとらわれることなく、新しいことを受け入れ、生み出そうとする。
▲……過去の経緯を軽視し、従来のやり方を否定する。

［変革・創造が低い人の行動傾向］
○……伝統を重んじ、厳密に従おうとする。
▲……変化を嫌い、従来のやり方にしがみつく。保守的。

◎異文化適応……慣れ親しんだ環境以外でも順応し、自身の能力を発揮する姿勢。

［異文化適応を構成する因子］
・交流欲……外国人（価値観の異なる相手）と交流することに抵抗を感じない姿勢。

・移動容易性……海外や慣れ親しんでいない土地に住むことに抵抗を感じない姿勢。
・順応性……慣れない環境でもすぐに馴染むことができる姿勢。

［異文化適応が高い人の行動傾向］
○……環境や文化の変化に順応し、どこでも普段どおりの成果が発揮できる。
▲……ポリシーに一貫性がなく、環境に流されやすい。

［異文化適応が低い人の行動傾向］
○……基本に忠実で、定型業務・ルーチンワークが得意。
▲……慣れ親しんだ環境ややり方でないと成果が出せない。

◎ストレス適応……ストレスの発生前後の未然防止や、事後処理を図る姿勢。

［ストレス適応を構成する因子］
・批判耐性……人から批判されたり、きつい言い方をされても気にならない姿勢。

・負荷耐性……やることが増えても、不安になったり、強いプレッシャーを感じたりしない姿勢。
・要求・指示耐性……理不尽な要求に対してストレスを感じることなく仕事を進める姿勢。

［ストレス適応が高い人の行動傾向］
○……外部からの刺激に強い。ストレスを受け止めることができる。
▲……感受性が鈍く、事の重大さを認識できない。楽観的。

［ストレス適応が低い人の行動傾向］
○……感受性が強く、ストレスに起因することに対し真摯に受け取る。
▲……ストレスに弱く、落ち込みやすい。繊細。

◎**自己実現……他者でなく、自分にとってのやりがいを追求する姿勢。**

［自己実現を構成する因子］

・自己理解……自分の適性や能力における強みと弱みを把握している姿勢。
・向上心……「自分の能力を高められる仕事に就いていたい」と考える姿勢。
・ポジティブさ……「自分の未来は今より幸せになっている」と考える姿勢。

［自己実現が高い人の行動傾向］

○……自ら働く意味を見つけ、能動的な姿勢を持つ。

▲……自己実現が目的となりすぎ、全体への配慮を欠く。

［自己実現が低い人の行動傾向］

○……自分のやりがいよりも、やるべきことを大切にできる。

▲……自ら目的を持たず他者に従うなど、仕事は受け身になる。

◎社会的成功……社会的に認められた状態の獲得を目指す姿勢。

［社会的成功を構成する因子］

●「ビジネス的性格特性」はビジネスシーンに特化

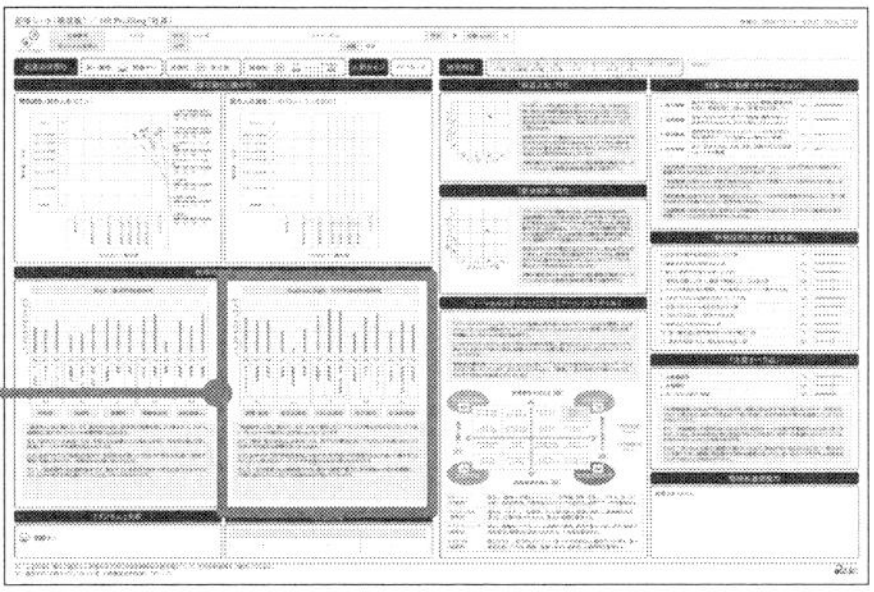

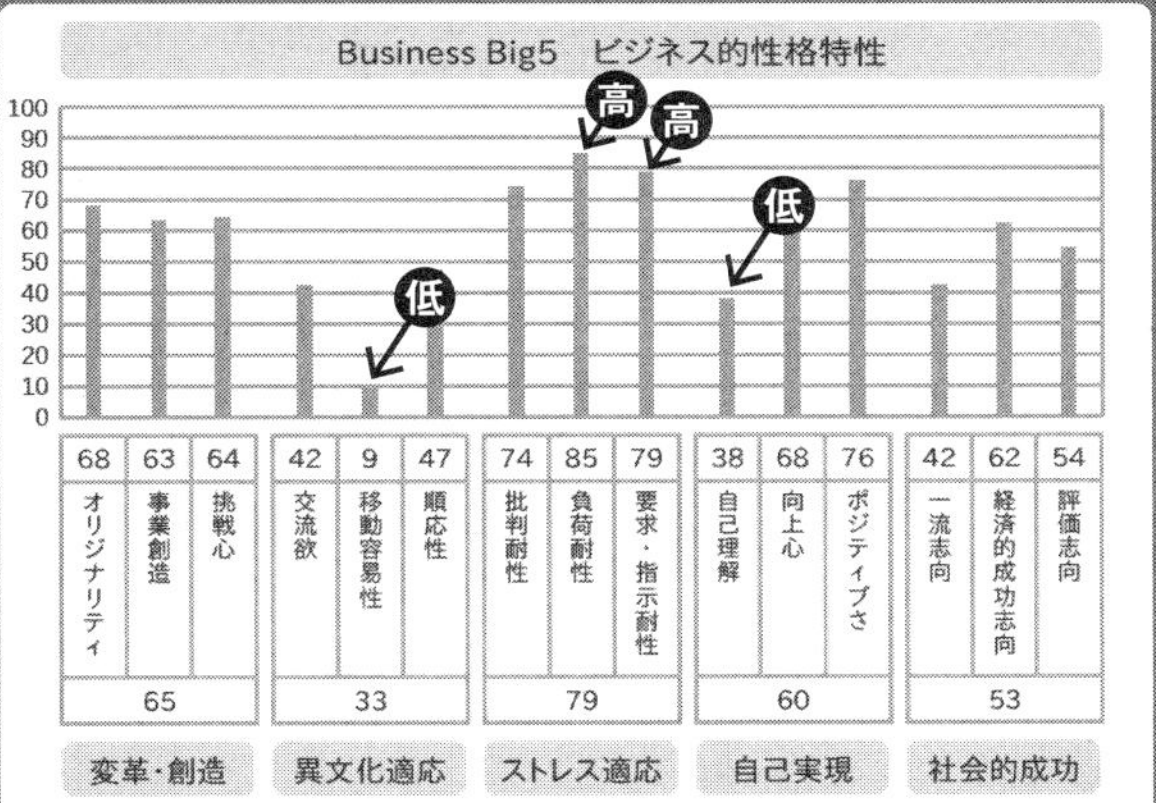

「負荷耐性」に特に優れています。仕事が重なったり、やることが増えても不安になったり強いプレッシャーを感じることがほとんどないようです。

また、「要求・指示耐性」も大変高いため、理不尽な要求に対してもストレスを感じることなく平常心で対応する姿勢も強くみられます。

ただ、全体の中では「移動容易性」は低めで、見ず知らずの環境や文化の違いに臆することなく、そこに飛び込んでいこうとする気持ちはあまり強くなさそうです。

そして、「自己理解」も比較的低めです。自分の適性や能力における強みや弱みを把握し、行動に活かしていこうとする姿勢はあまり強くなさそうです。

仕事における性格や行動の特性がわかる

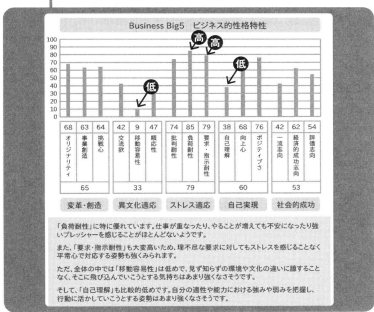

・一流志向……どんなに苦労しても、社会に通用する一流の人財になりたいと考える姿勢。
・経済的成功志向……収入など経済的な成功を収めたいと考える姿勢。
・評価志向……顧客からの評価などの賞賛を受けたいと考える姿勢。

［社会的成功が高い人の行動傾向］
○……一流、経済、評価のいずれかもしくはすべてにこだわり、高みを目指す。
▲……金銭欲・出世欲に走る傾向があり、肩書きに弱い。

［社会的成功が低い人の行動傾向］
○……私欲を求めすぎない。肩書きにとらわれず中身で判断する。
▲……そこそこで妥協する。マナーが身に付きにくい。

性格特性の性格や動機の波形は変わらないが、その時々で数値は変化する。私は、数値の高いところと低いところに目をつけて、高い数値をほめます。また、新卒採用の担当者には、「説得・交渉」の数値が35以上を配属し、内定者が増加している。

特徴⑤ メンタル（心の状態）がわかる（メンタル兆候）

回答者のメンタルの状態を確認する

マルコポーロは、回答者が抑うつ状態に陥っていないかを判定する**「メンタルフラグ」**の機能（メンタル兆候）があります。抑うつ状態とは、「気分が落ち込んで、何もする気になれない状態」「やる気や意欲が低下している状態」のことです。

健康な人でも、さまざまな理由で抑うつ気味になることがあります。ですが、多くの場合は生活に大きな支障をきたすことはなく、次第に気持ちが上向きになってきます。

抑うつの程度が強く、期間が長く続く場合は、「やる気が起きない」→「自分は役立たずである」→「自分がいなくなっても誰も困らない」→「死んでしまいたい」と、絶望感や無価値感にさいなまれる可能性があります。

メンタルフラグ

○メンタルフラグ0……問題ナシ／抑うつの兆候はない。
○メンタルフラグ1……やや弱い／抑うつの兆候が見られる。改善の余地がある。
○メンタルフラグ2……弱い／抑うつ状態と判断できる。正常な状態には戻りにくい。

メンタルフラグ1は、一時的な落ち込みである可能性が高い

武蔵野の新卒採用では、
・メンタルフラグ2の回答者……他の情報を踏まえて合否を検討。
・メンタルフラグ1の回答者……**「HCi-AS」**を受検。
という方針です。

HCi-ASは、短時間でストレス耐性を診断できる適性検査です。ストレス耐性の強弱だけでなく、「どのシチュエーションでストレスを感じやすいか」「ストレスが顕在化するとどうなるか」も検査できます。HCi-ASの「メンタルヘルス」の項目で、「将来的に組織内での不適応行動に至る可能性」を確認し、可能性が「軽度」であれば、「メンタ

●「メンタルフラグ」の結果を見る

「メンタル」	弱い	抑うつ性など、メンタル面での潜在的な兆候を見ています。「やや弱い・弱い」場合には、繊細でホスピタリティが豊かである反面、環境や状況に過度に反応してしまう可能性があります。

問題ナシ	➡	懸念なし
弱い(フラグ2)	➡	要検討
やや弱い(フラグ1)	➡	HCi-ASを受検する

ルヘルスについては、「問題ナシ」と判断しています。

メンタルフラグ1は、「選考で悩んでいる」「プライベートで嫌なことがあった」など、一時的な落ち込みの場合が多いため、その後「問題ナシ」に変わることがあります。

武蔵野は、長年にわたりＨＣｉ－ＡＳの開発元である株式会社ヒューマンキャピタル研究所にお世話になり、使用を続けた結果「１　是非採用したい人」より「５　再面接の上検討する（＋）」の人が活躍できることに気づいた。適性検査は、導入後、自社での活躍レベルを検証すると、業績向上に寄与すると学びました。

特徴⑥ リーダータイプか、マネジャータイプかがわかる（経営人財特性）

「標準的な経営人財特性」と照らし合わせて特性を判断する

前述した「職務適性」は、自社の期待人財モデルと回答者の一致率を測るものです。

一方、**「経営人財」特性**は、「標準的な経営人財特性」の観点から、経営人財としての可能性を可視化します。経営人財特性の分布図は、マネジメントとリーダーシップの2軸に整理して、その人が「マネジメントとリーダーシップのどちらに重きを置いているか（どちらの適性が強いか）」を示しています。

- **縦軸／マネジメント適性……マネジメントに秀でた人財（マネジャー）は、既存の市場や製品を守り、発展させることに適している。**

○横軸／リーダーシップ適性……リーダーシップに秀でた人財は、新たな市場や製品、新規事業を生み出すことに適している。

マネジメント適性とリーダーシップ適性は、対立するものではなく、相互補完の関係です。縦軸と横軸の複合で「A1からD4まで」、16個のエリアに分類して特性を見極めます。

一般的には、

「A1」「A2」「A3」

「B1」「B2」「B3」

「C1」「C2」

のエリアに属していると、「経営人財（経営幹部）として適している」と判断できます。

それ以外のエリアは、いずれかに重きを置きすぎているか、いずれも低いため、

「リーダーやマネジャーとしての適性は低い」

「上に立つより、組織を支えるほうが向いている」

と解釈できます。

経営人財に適したエリア

「A１」……ベンチャー創業社長のような優秀さがある。ただし優秀すぎるため、指示に従わない可能性がある。

「A２」……新規事業の創出が得意。

「A３」……新規事業の創出が得意。「A２」よりもリーダーシップを優先しすぎるため、やや無謀さが目立つときも。

「B１」……新規事業よりも現業マネジメントを優先する（新規事業の創出よりも、リーダーのフォローが適している）。

「B２」……マネジメント適性とリーダーシップ適性のバランスがよく、中小企業における経営幹部の適性がある。大手企業では「生意気」だと見なされることもある。

「B３」……現業マネジメントは苦手。

「C１」……新規事業の創出は苦手で、進行管理が得意。融通がきかない一面も。

「C２」……新規事業の創出は苦手で、進行管理が得意。「C１」に比べて受け身的。

武蔵野は、経営幹部層の多くが「B２」に分布されていて、一般社員（現場で活躍する

●「経営人財」特性で経営幹部としての可能性を可視化する

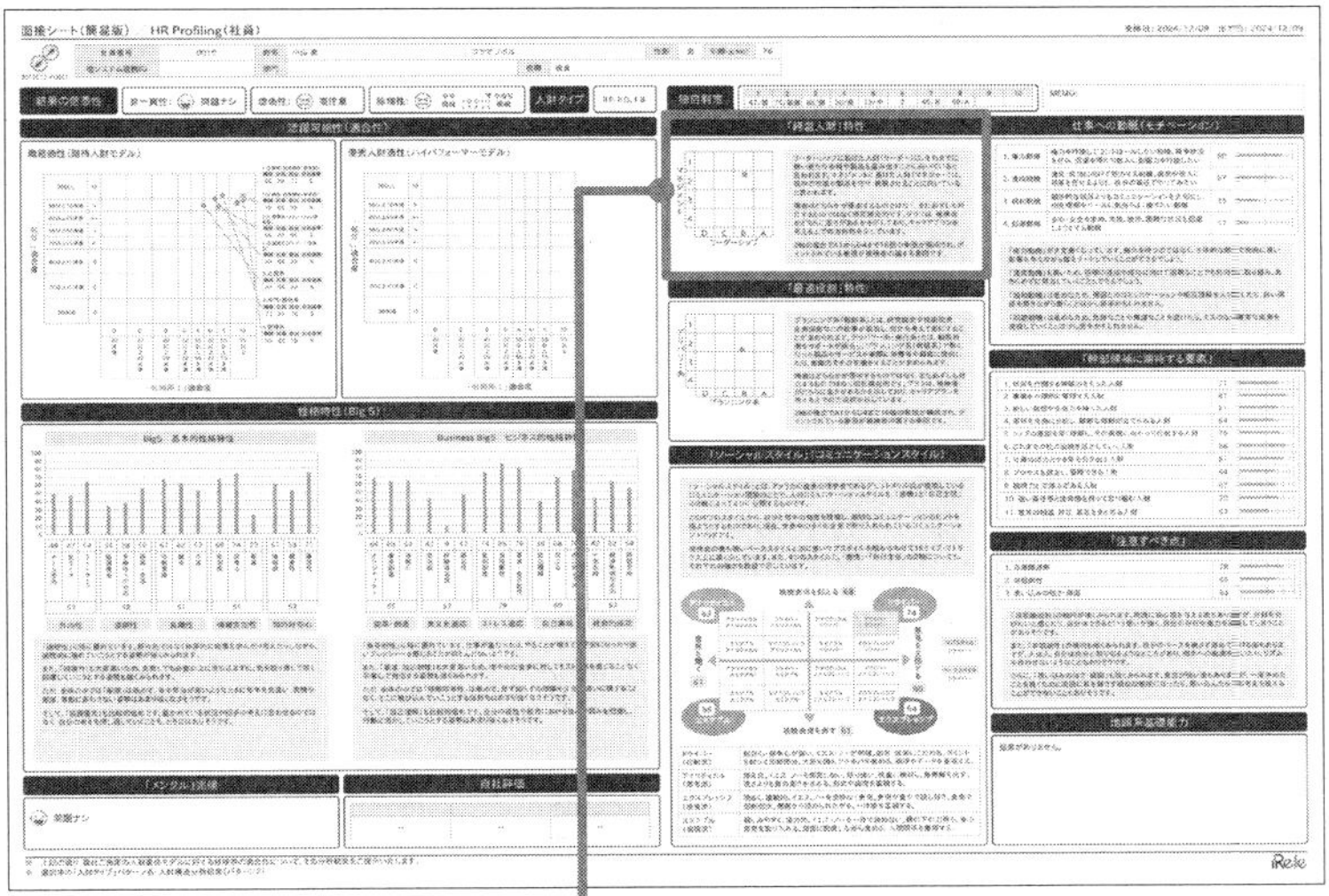

「経営人財」特性

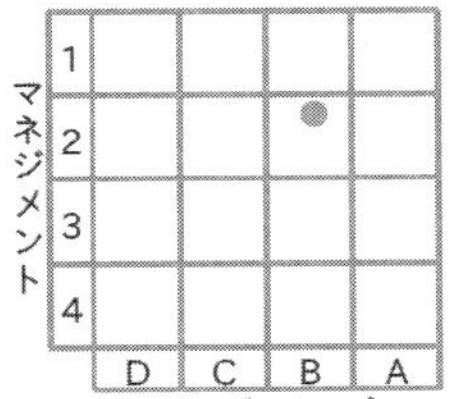

リーダーシップに長けた人財（リーダー）は、それまでに無い新たな市場や製品を産み出すことに向いていると言われます。マネジメントに長けた人財（マネジャー）は、既存の市場や製品を守り、発展させることに向いていると言われます。

両者はどちらかが優劣するものではなく、また必ずしも対立するものではなく相互補完的です。グラフは、被検者がどちらに重きがあるかを示しており、キャリアプランを考える上での方向性を示しています。

2軸の複合でA1からD4まで16個の象限が構成され、ポイントされている象限が被検者の属する象限です。

A1～3、B1～3、C1～2が適性の可能性あり。
リーダータイプか、マネジャータイプかがわかる

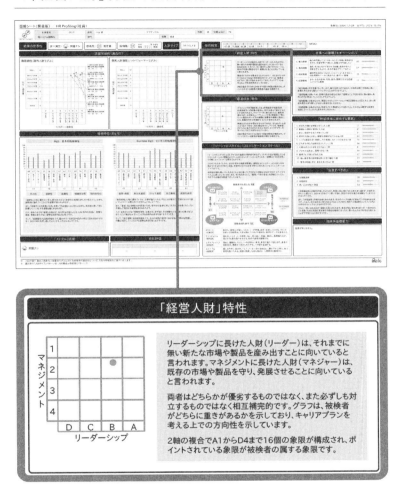

主戦力）の多くは「Ｃ３」に分布されています。

「Ｃ３」は、「上部」と「下部」で特性が違います。

・Ｃ３上部……自分が先頭に立つより「参謀」としての適性がある。

・Ｃ３下部……現場でコツコツ積み上げる仕事に適性がある。

経営人財特性を見れば、夫婦の関係性も明らかになる

武蔵野は、社内結婚がとても多い会社です。在籍社員数３００人で１１２人が社内結婚です（直近10年間で離婚２組）。社内結婚の場合、夫と妻の双方が武蔵野のルールや文化を把握しているため、お互いの価値観がそろい、家庭円満のもとになります。家庭の状態がよくなれば、仕事へのモチベーションもパフォーマンスも上がります。

夫と妻（両者が武蔵野の現役社員）の「経営人財特性」を同じ分布図にプロットしたところ、興味深い「２つの事実」が明らかになりました。

・夫と妻が同じエリア（あるいは近いエリア）にプロットされていた
↓価値観や考え方が近いため、お互いを理解できる。

・「妻が右上、夫が左下」のケースが多かった
↓妻や母として新たな責任を担うことで、人間的な成長をうながしている。

武蔵野の場合、妻が主導権を握っていたほうが、仕事も家庭も充実する傾向にある。

左下にある夫が主導権を握ろうとすると、対立しやすい。


「左下の夫」の成果が上がっていないときは、「上司↓妻↓夫」と、妻を介して夫のモチベーションを高めることもできます。「夫が何に対して苦戦しているのか」「改善すべき点はどこか」を妻に伝えて、夫がポジティブに受け取れるような形で共有してもらいます。

「妻は、夫の性格や状況をもっともよく理解しているため、夫が受け入れやすい形で伝えることができる」

「職場の上下関係とは異なるリラックスした環境で話し合える」

「妻からの励ましやサポートのほうが、夫にストレスを与えにくい」

などの理由で、上司の直接的な指導よりも効果が期待できます。

また、「幹部候補に期待する要素」では、次の11の数値が表示され、「幹部社員として行動する際、何に重きを置くか」がわかります。

1 状況を打開する突破力を持った人財
2 事業を合理的に管理する人財
3 新しい発想や企画力を持った人財
4 現状を冷静に分析し、緻密な戦略が立てられる人財
5 トップの意図を深く理解し、その実現に向かって行動する人財
6 これまでの自社の伝統を活かしていく人財
7 社員の活力とやる気を引き出す人財
8 プロセスを設定し、管理できる人財
9 説得力と交渉力がある人財
10 強い責任感と使命感を持って取り組む人財
11 意見の相違・対立・混乱をまとめる人財

●「幹部候補に期待する要素」で何に重きを置くかを見る

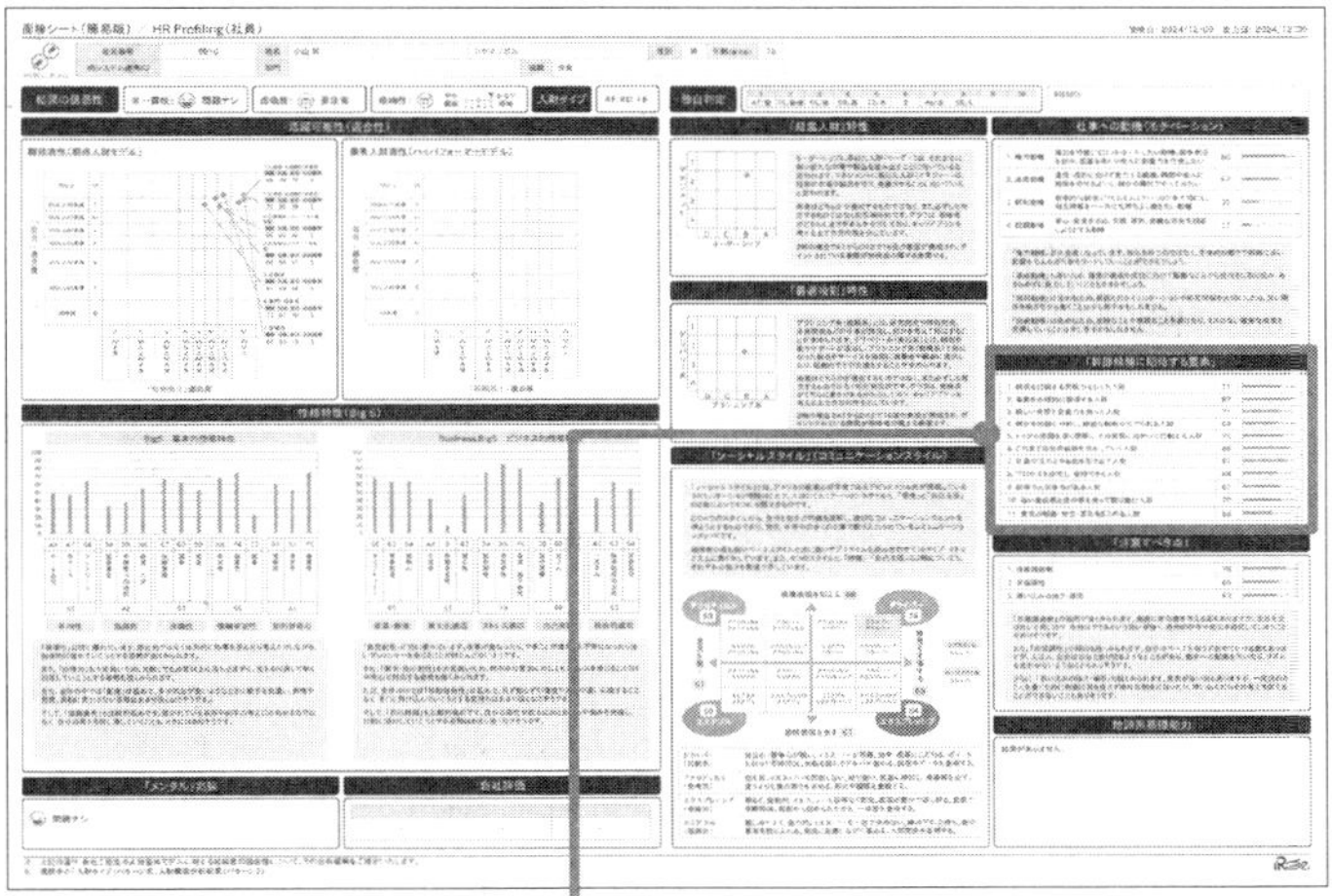

「幹部候補に期待する要素」

1. 状況を打開する突破力をもった人財	71	
2. 事業を合理的に管理する人財	87	
3. 新しい発想や企画力を持った人財	71	
4. 現状を冷静に分析し、緻密な戦略が立てられる人財	64	
5. トップの意図を深く理解し、その実現に向かって行動する人財	75	
6. これまでの自社の伝統を活かしていく人財	86	
7. 社員の活力とやる気を引き出す人財	81	
8. プロセスを設定し、管理できる人財	64	
9. 説得力と交渉力がある人財	67	
10. 強い責任感と使命感を持って取り組む人財	70	
11. 意見の相違・対立・混乱をまとめる人財	53	

**高い数値に注目すると幹部として
どのように行動するかがわかる**

特徴⑦ デリバリー系か、プランニング系かがわかる（最適役割特性）

実行と戦略、どちらに重きを置いているか

「最適役割」特性は、デリバリー（実行系）とプランニング（戦略系）の2軸に整理して、その人がデリバリーとプランニングのどちらに重きを置いているか（どちらの適性が強いか）を示しています。

- 縦軸／デリバリー適性……お客様との交渉やサポートを行い、計画に基づいた商品やサービスを実際に提供したり、そのための活動を支援することに長けている。
- 横軸／プランニング適性……新しい製品やサービスを生み出すための研究や、企画を立

て、それを実現するための仕事に適している。

デリバリー適性とマネジメント適性も前述の経営人財特性同様に相互補完の関係であり、キャリアプランを考える上での方向性を示しています。

部長の井口直は、B3に位置し、プランニングを得意とするタイプです。営業部門の責任者を担当させたときは、業績不振により残念ながら更迭の憂き目にあいました。その後、内勤部門へ異動。転機は、新しいシステムを導入するプロジェクトの部門責任者に抜擢された時でした。井口の綿密な計画と実行力により、プロジェクトは大きな成功を収め、S評価を獲得。その実績が認められ、見事に部長へと返り咲きました。

上司と部下の位置関係が重要である

武蔵野は、組織をつくるときには経営人財特性や、最適役割特性の位置関係を見ながら上司部下の組み合わせを検討しています。

組み合わせは、上司と部下が近い位置関係にあるほうが組織として良い関係性となることが多い（次ページ図上）。

上司と部下で離れすぎている場合、たとえば上司が大きく上に位置し、部下が下に位置していると、思考レベルが違いすぎていて、話が通じないケースがあります（次ページ図中）。

上司が左下に位置して、部下が右上に位置する場合、部下が上司を下に見て馬鹿にしてしまい、組織がうまくまとまらなかったケースもありました（次ページ図下）。

上司部下の関係を見るときは、**印刷したマルコポーロのデータを透明なクリアファイルに入れてみる**とわかりやすいです。上司の点の位置する部分にマーカーで印をつけ、配属させたい部下のデータを差し込めば、位置関係が一目でわかります。候補者を複数人見るときは、この方法が一番早くて直感的に把握ができる。ハイテクとアナログの融合です。

● 上司部下の「最適役割」特性の位置関係を確認する

上司部下の位置が
近いとうまくいきやすい

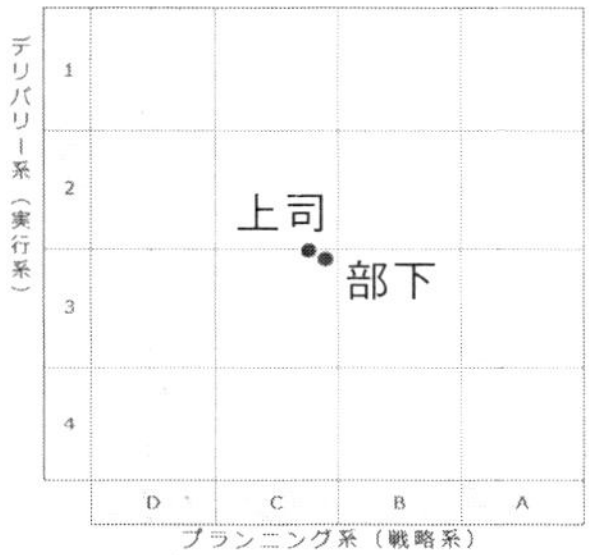

上司部下の位置が
上下に離れていると
話が通じにくい

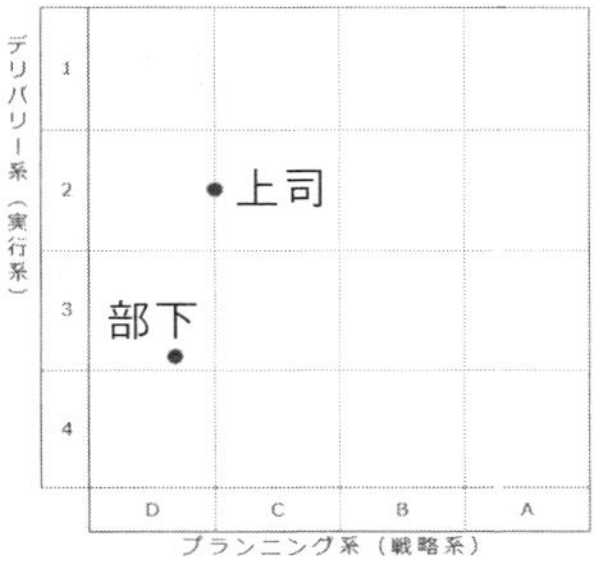

部下が上司よりも
上にいると
組織がまとまりにくい

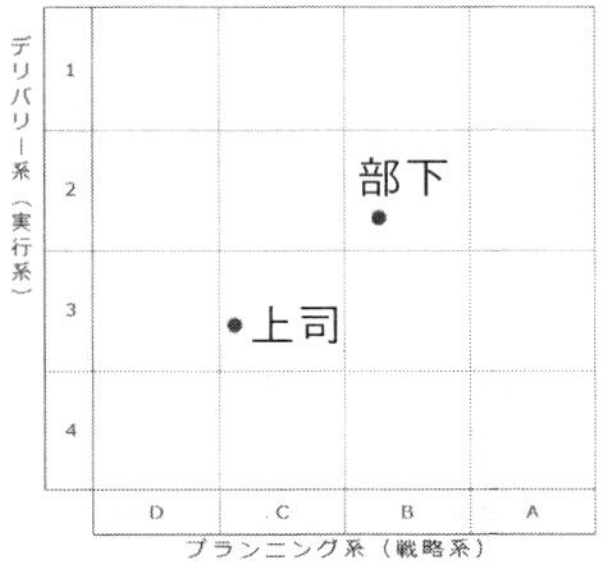

印刷したデータを重ねると直感的に理解できる

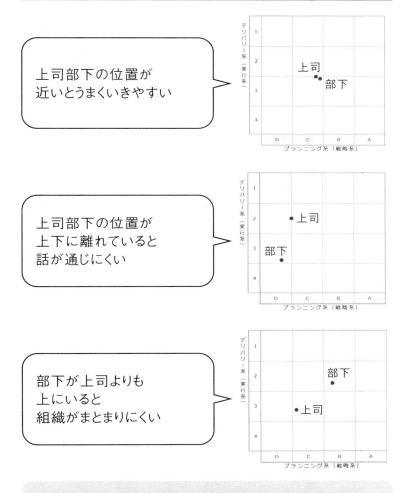

特徴⑧「闇にも光にもなるすごいパワー」がわかる（ダーク・パワー）

ダーク・パワーは、必ずしも「邪悪な力」ではない

反社会的行動を起こしやすい人には、「ダーク・トライアド」と呼ばれる3つの人格特性が関係していることが知られています。

ダーク・トライアドの3つの人格特性

- マキャベリアニズム（策略家）：策略性が高い人。自分が有利な立場に立つためには争いをいとわない。
- サイコパシー（徹底者）：他人への共感性が低い人。他者の感情や環境の変化にうろたえることがない。衝動的な行動を取る傾向がある。

○ナルシシズム（自信家）：自己愛が強い人。「自分は他人とは違う」と信じ、自分らしさにこだわる。

トライアドとは「3つの特徴の組み合わせ」、ダークは、一般的に「暗い」「闇」「邪悪な」という意味で訳されます。「マキャベリアニズム」「サイコパシー」「ナルシシズム」が反社会的な行動のパワーになることから、「ダーク」という言葉が使われています。

ですが、この3つの特性は、向社会的な行動のパワーにもなることがわかっています。向社会的な行動とは、「他人に利益をもたらす行動」のことです。

マルコポーロでは、ダーク・トライアドを、

「ダーク・パワー」

と呼んでいます。

ダーク・パワーの判定基準

- **70以上：最強**
- **55以上：強**

・55未満：弱

ダーク・パワーは、必ずしも、反社会的な行動に直結するわけではありません。ダーク・パワーが強い人の中には、高業績者も含まれています。

ダーク・パワーは使い方次第で、闇の力にも、光の力にもなります。

適切な環境（その人に合った職場、職責）や教育（価値観教育）を与えることで、ダーク・パワーを建設的な行動につなげることが可能です。マキャベリアニズムが強い人は、他者に影響を与える能力が高いため、「目標達成に向けたチームの士気を高める」ことができます（私の2023年時のマキャベリアニズムは「62」、ナルシシズムは「75」）。

ダーク・パワーがマイナスに働いた場合とプラスに働いた場合の行動傾向

◎マキャベリアニズム（策略家）

(-) 嘘をついてでも他者を蹴落とそうとしたり、捏造《ねつぞう》をしてまで他者を支配しようとする。人に指図されるのを嫌う。ルールを軽視しやすい。勝ちにこだわって、自分が有利に立てるためには何でもする。自由を奪われたときや、自分が不利な立場に立ったときにマイナス面が出やすい。
(二)自己の影響力を強めることに意欲的。リーダーとして戦略の推進に貢献したり、チームを牽引できる。

マルコポーロを導入した当時の社員たちを入社順に並べてマキャベリアニズムを見ると、70(退職)、85(管理職)、83(管理職)、77(退職)、72(退職)、76(退職)、81(退職)、73(管理職)でした。在職者は、部下の人数を減らしたら、生き生きと仕事をしています。

マルコポーロ導入時は、ノウハウがなかったので対応できなかった。

マキャベリアニズムが強い社員は、ある程度の裁量と目標を与えるとプラスに働きやすくなります。

◎サイコパシー(徹底者)
(二)他人の感情を無視して、他者を平気で傷つけるときがある。また、場をわきまえずに、不機嫌になるときがある。経営者と幹部、上司と部下がいずれも「サイコパシーが強(最強)」の場合、意見が対立しやすい。

（＋）緊迫した状況やプレッシャーの高い仕事にも、冷静に対処できる。

サイコパシーが強い社員は「否定されること」に抵抗を覚えるため、相手のよい部分や努力を認めた上で改善点を伝えると、プラスに働きやすくなります。

マルコポーロを導入した当時の社員を入社順に並べてサイコパシーを見ると、88、83、80、91、87、76、74、73（女性）、70（女性）。全員管理職で在籍しています。一方、入社年数が若い人で78、71、88、78、76、71、85が全員退職しています。

武蔵野は、サイコパシーが強く、「個人で仕事をやらせるとピカイチの成績を残すが、部下に厳しすぎる社員」を「部下のいない管理職」（部長の肩書きを持っていながら部下がいない、など）に据《す》えて、「個人プレーヤー」としての活躍をうながしています。

◎ナルシシズム（自信家）

（－）周囲からのフィードバックを無視して、自分の考えのみで暴走するときがある。反対意見を述べる人を排除するときがある。職場で孤立しやすい。

（＋）自分の可能性を強く信じているので、他人にはできないような難しいことでも実現す

●「ダーク・パワー」は使い方次第で闇の力にも光の力にもなる

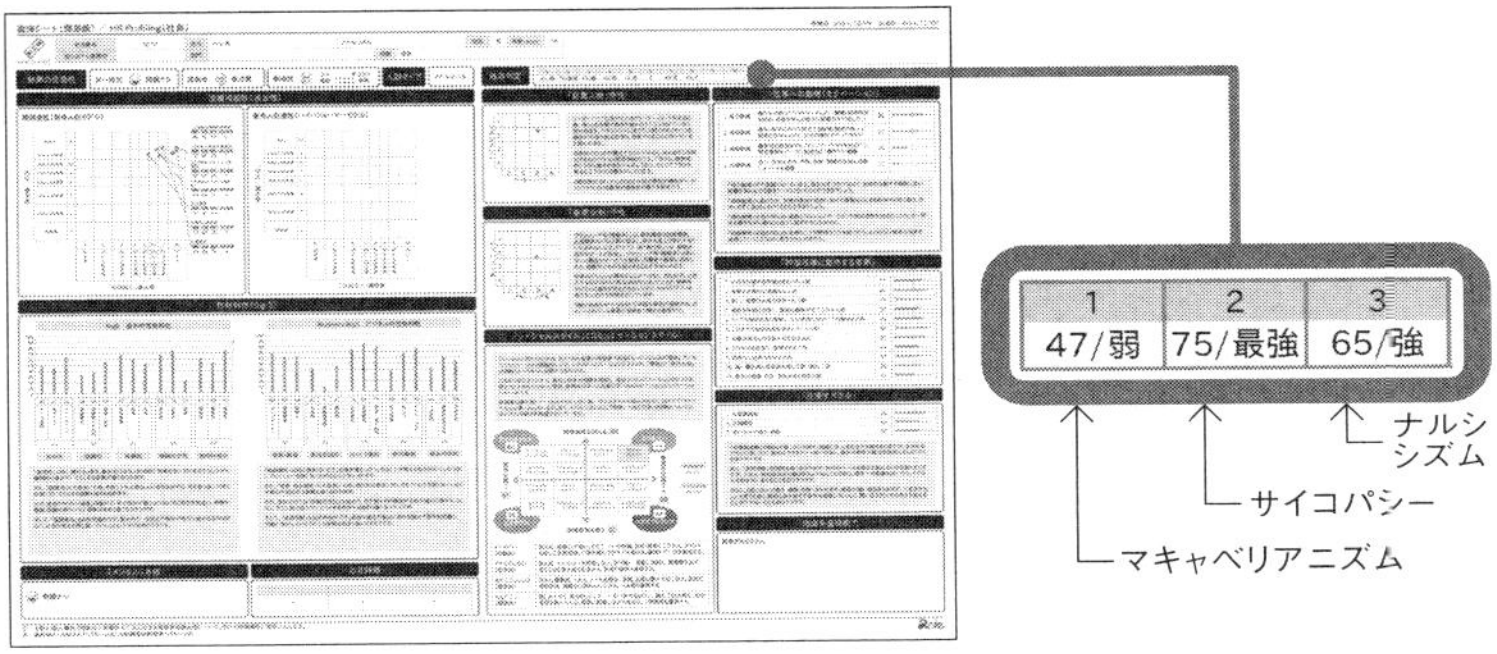

1　マキャベリアニズム（策略家）

自分が有利な立場に立つために争いを厭《いと》わず、とにかく勝つための策略を練る人。策略性が高い人。

2　サイコパシー（徹底者）

他者の感情に左右されたり、状況の変化などの外的要因にうろたえることがなく、自己の内面にある欲求の充足に正直に生きる人。他者感情への低関心と自己欲求充足の両方においてとにかく徹底的な態度をとる人。

3　ナルシシズム（自信家）

自分は他人とは異なると強く信じ、自分らしさを非常に大事にする人。自己陶酔性が高い人。

70以上：最強　55以上：強　55未満：弱

ダーク・パワーが強くても他人に利益をもたらす行動ができる

るときがある。前人未到の高業績を出す可能性がある。

社員を入社順に並べてナルシシズムを見ると小山は70ですが、入社順44位までにナルシシズムで最強の人はいません。72（管理職）、70（管理職）、82（退職）、73（退職）、83（退職）、72（退職）、93（退職）、在職2人と驚くほど少ない。根拠のない自信家を受け入れない組織風土になっています。

ナルシシズムが強い人は自己肯定感が強いため、長所や成果を評価した上で「他者にもよい影響を与えている」ことを理解させると、プラスに働きやすくなります。

2024年12月、3度目のマルコポーロを受検しました。小山のダークパワーは、マキャベリアニズムが－15、サイコパシー＋28、ナルシシズム－25。サイコパシーが増え、策略家と自信家のダークパワーが減り、真正面から課題に向き合う「徹底者のパワー」が増加しました。

性格や動機の波形はほぼ変わらないのに、ダークパワーの変容が大きく、ダークパワーは変わりやすい面を持っているため、年1回受診するのは有効と感じた。

特徴⑨ ものごとに対する「敏感さ」がわかる（センシティブ・パワー）

「敏感」だからこそ、お客様に評価されることがある

マルコポーロは、回答者の敏感さ（感受性の高さ）をネガティブな面とポジティブな面の両面から測定できます。

敏感さの度合いは**「センシティブ・パワー」**と呼びます。

センシティブ・パワーは10から98まで、「高／中／低」3段階で表示します。

○ポジティブな敏感さ：45以上「高」、30以上45未満「中」、30未満「低」

ポジティブな敏感さが高い人は、「些細な変化や詳細なニュアンスをとらえやすい」「ものごとや課題を自分ごととして解釈できる」といった傾向がある。

ポジティブな敏感さが低い人は、お客様のひと言を軽く受け取り、相手を不快にさせることがある。

○ネガティブな敏感さ：45以上「高」、11以上45未満「中」、11未満「低」

ネガティブな敏感さが高い人は、周囲の雰囲気や他人の言動に敏感に反応するため、不安やストレスを感じやすい。少量の仕事でも心理的負担を感じて、燃え尽き症候群になりやすい。

ネガティブな敏感さが中程度の人は、「さまざまな刺激を適度に吸収する」「神経が過度に高ぶりすぎない」「安定的な心の状態で仕事に取り組める」といった傾向がある。

ネガティブな敏感さが低い人は、人としての感受性が乏しい傾向にある。仕事を安請け合いすることがある。

マルコポーロは、ポジティブな敏感さと、ネガティブな敏感さを組み合わせ、回答者の感受性を複合的に判定します。

判定結果は1から9の9段階で表示され、ポジティブな敏感さとネガティブな敏感さが

●「センシティブ・パワー」でポジティブ・ネガティブな敏感さを見る

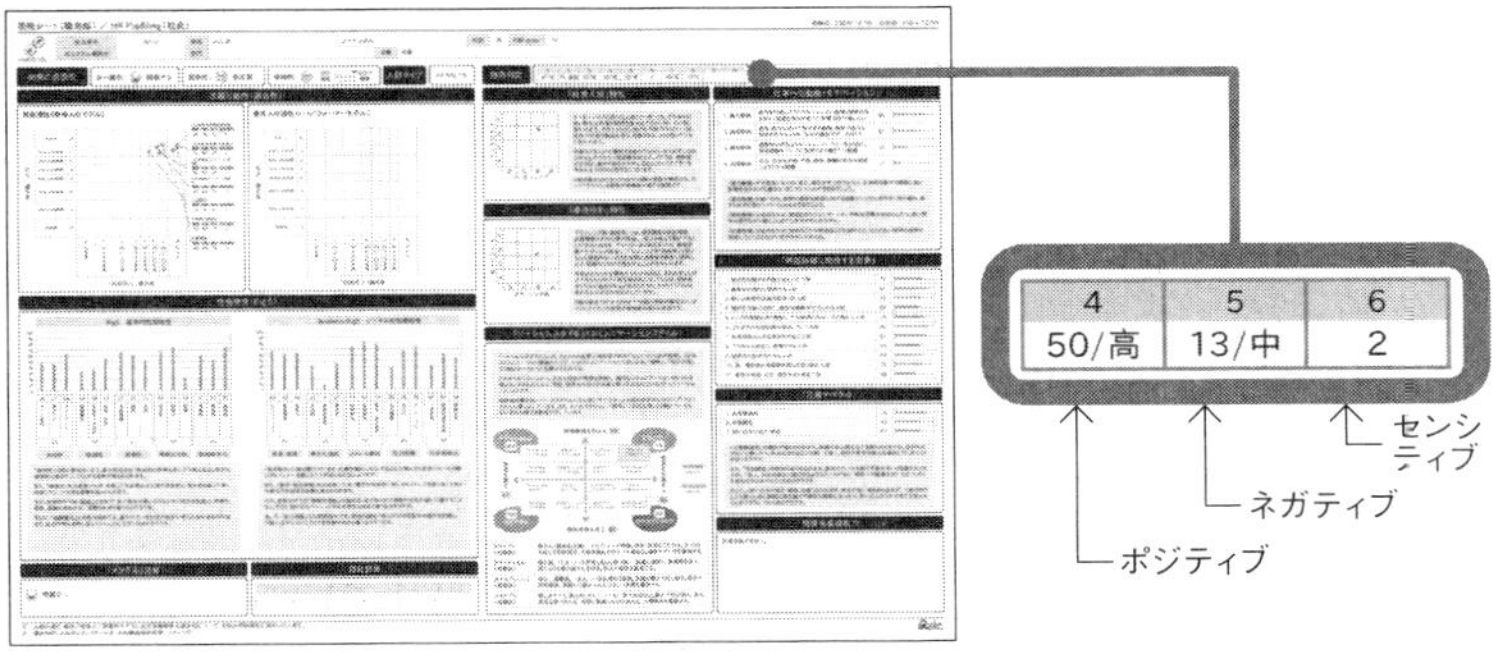

ポジティブな敏感さ	ネガティブな敏感さ	センシティブ区分	人財イメージ
高	高	1	自分のペースで働く職務で最強な人
	中	2	大勢の組織で働く職務で最強な人
	低	3	すごく的を射ているが適当なところがある人
中	高	4	気が利くがいっぱいいっぱいになりやすい人
	中	5	気が利くいい人
	低	6	気が利くがのんきな人
低	高	7	的を外しぎみであたふたしやすい人
	中	8	普通に気が利かない人
	低	9	自分の世界を持っているのんきな人

ストレス耐性が低い人にも活躍可能性がある

「どちらも高い」人は「1」、敏感さがどちらも「低い」人は「9」です。

たとえば「1」の人は、大勢の中にいると気を使いすぎてしまうため、「自分のペースで働ける職場」に配置したほうが力を発揮します。

武蔵野の社員は、「2」がもっとも多く、「1」「5」と続き、「7」「8」「9」はほぼいません。ということは、「7、8、9の就活生は武蔵野には合っていない」「採用しても辞めてしまう可能性が高い」と推測できます。

自社で活躍する社員のセンシティブ・パワーの傾向や、反対に、辞めていった社員の傾向を見ていくと（何番が活躍し、何番が辞めていくことが多い、など）、「敏感さ」のパワーを採用や人財配置に役立てることができます。

センシティブ・パワーを測定すれば、これまでの一般的な採用検査では「ストレス耐性が低い」という理由ではじかれていた人の活躍可能性に目を向けることが可能です。

ポジティブな敏感さが高い人は、ストレス耐性が低くても「人の心の痛みを察知できる」ため、お客様から高く評価されることがあります。

特徴⑩　仕事に対する「動機」がわかる（仕事への動機）

回答者が「どのような要因に動かされやすいか」を把握する

マルコポーロは、仕事への動機を**「達成動機」「権力動機」「親和動機」「安全動機（回避動機）」**の4つの視点に分けて表示します。「40」を基準に、高いか低いかを判定します。

各動機が示す「姿勢（特性）」と、「行動の傾向」は次のとおりです。

行動の傾向の「○」は一般的に望ましい傾向、「▲」はストレス状態にあるときに出やすい傾向です。

◎**達成動機……達成・成功に向けて、困難なことでも諦めずに努力する動機。**

なにごともリスクを恐れず、「自分の手で、自分の責任でやる」ことを望む。個人的な進歩に最大の関心がある。自分が出した結果の迅速なフィードバックをほしがる傾向がある。

［達成動機が高い人の行動傾向］

○……チャレンジングな目標や困難なことでも、自分の力で達成・成功したい。

▲……自分のやりがいばかりを重視してしまう。チャレンジするため失敗も多い。

［達成動機が低い人の行動傾向］

○……背伸びをせず、自分の能力に応じた仕事を求めるため失敗が少ない。

▲……困難なことや責任の大きいことを無理してまでやろうとは思わない。

◎**権力動機……他人に影響（インパクト）を与え、権力を行使したいという動機。**

地位や身分を重視し、責任を与えられることを好む。信用や人気を得たり他人に影響力を行使することにこだわる。他者から働きかけられるよりも、他者をコントロールしようとする傾向がある。

［権力動機が高い人の行動傾向］

○……周囲に対し影響力を行使したい。責任ある立場で指示を与え、従わせたい。

▲……他者からの指示を嫌い、それを拒否しやすい。

［権力動機が低い人の行動傾向］

○……指示されることに安心感を持つ。指示を受け入れる。

▲……主体的な動きはなく、言われたことだけを処理する。

◎親和動機……コミュニケーションや相互理解を大切にして気持ちよく働きたい動機。

他者からよく見てもらいたい、好かれたいという願望が強い。緊張した状況においてはひとりでは耐えられなくなる傾向がある。

［親和動機が高い人の行動傾向］

○……争いを嫌い、コミュニケーションと相互理解を大切にしたい。

▲……他者から嫌われたくない、よく見られたいという気持ちが強すぎてカメレオン的に

なりやすい。

［親和動機が低い人の行動傾向］

○……必要以上に馴れ合いの関係をつくらない。

▲……他者からどう思われようとも構わない。組織の和を重視しない。

◎安全動機（回避動機）……安心・安全な状況を好み、失敗、挫折、困難な状況を回避しようとする動機。

ミスや失敗をしたくないという気持ちが強い。受けた仕事の精度は高いが、高い目標や、苦手な相手との交流など、心理的な負荷を嫌う傾向がある。

［安全動機（回避動機）が高い人の行動傾向］

○……失敗を回避するために、安全で確実な行動を取る。受けた仕事の精度が高い。

▲……高い目標や苦手な相手との交流などの心理的負荷を嫌う。

［安全動機（回避動機）が低い人の行動傾向］
○……困難な状況であっても、それに向かって挑戦していく。
▲……リスクがあるにもかかわらず、ものごとに取り組んでしまう。

武蔵野は安全動機（回避動機）5点が2人います。ひとりは社長の小山です。予期せぬ事態に遭遇して、生まれて初めて大赤字を出しました。スクラップ＆ビルドを断行して、業績をアップさせた。Google のＡＩであるGemini 導入にあたっては、既存のシステムであるZOHO の開発をストップさせ、失敗を恐れずに1カ月で動かしました。

もうひとりは、クリーン・リフレ事業部の大森隆宏本部長です。指示したことは、ほとんど当日中に実行して、新規事業を黒字化しました。

仕事の動機がわかると、アクセル型かブレーキ型かがわかる

この4つの視点から、回答者が**「アクセル型」**か**「ブレーキ型」**かを判断できます。

○アクセル型……「達成動機」と「権力動機」から判断する。目標達成や影響力の発揮を目指して、積極的に行動する傾向にある。

○ブレーキ型……「親和動機」と「安全動機（回避動機）」から判断する。リスク回避や周囲との調和を重視する。安全運転や通常運転を好む傾向にあり、変革に対しては慎重気味。

①「達成動機」と「権力動機」の数値を足す。
②「親和動機」と「安全動機（回避動機）」の数値を足す。
③「①の数値」と「②の数値」を比較すると（アクセル合計からブレーキ合計を引くと）、どちらの型かわかる。

大森と同期入社のライフケア事業部・佐々木大志本部長は、大森と違い、安全動機（回避動機）71、ブレーキ型－11です。部下の人数は297人（うち男性12人）。ブレーキ型－30のS本部長も女性組織を上手に束ねています。

● 4つの視点で仕事への動機を見る

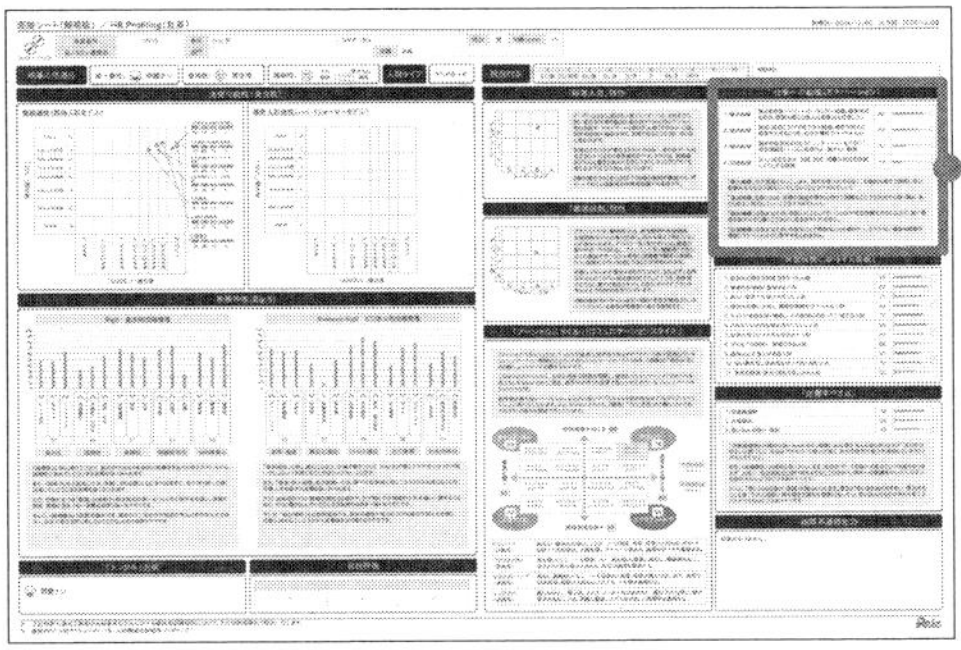

仕事への動機（モチベーション）

1. 権力動機	権力を行使してコントロールしたい動機。競争状況を好み、信望を得たり他人に影響力を行使したい	80	
2. 達成動機	達成・成功に向けて努力する動機。偶然や他人に結果を任せるよりも、自分の責任でやってみたい	67	
3. 親和動機	競争的な状況よりもコミュニケーションを大切にし、相互理解をベースに気持ちよく働きたい動機	35	
4. 回避動機	安心・安全を求め、失敗、挫折、困難な状況を回避しようとする動機	17	

「権力動機」が大変高くなっています。指示を待つのではなく、主体的な動きで周囲に良い影響を与えながら皆をリードしていくことができるでしょう。

「達成動機」も高いため、目標の達成や成功に向けて困難なことでも前向きに取り組み、あきらめずに努力していくこともできるでしょう。

「親和動機」は低めなため、周囲とのコミュニケーションや相互理解を大切にしたり、良い関係を築きながら働くことは少し苦手かもしれません。

「回避動機」は低めなため、危険なことや無謀なことを避けたり、ミスのない確実な成果を発揮していくことは少し苦手かもしれません。

達成動機 ＋ 権力動機 － 親和動機 ＋ 安全（回避）動機 ＝ ？

プラスだとアクセル型
マイナスだとブレーキ型

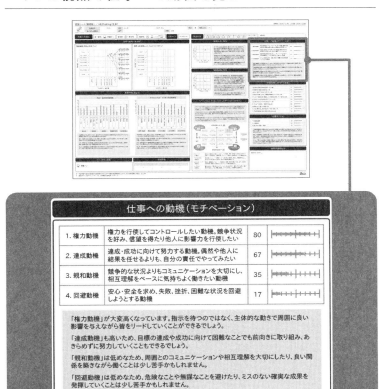

【小山昇の場合】

①「達成動機 83」＋「権力動機 53」＝136

②「親和動機 27」と「安全動機（回避動機）5」＝32

③136－32＝104

……アクセル型の数値が高く、「リスクを恐れず前進する。アクセルを強く踏み込んで、組織変革を推し進めるタイプ」であることがわかる。

アクセル型は新しいプロジェクトや難しい目標を与えると、意欲を引き出すことができます。

一方、**ブレーキ型は安定性を重視するため、仕事の手順やルールを明確にすることが重要です。**

各タイプの特性に合った指導が組織全体の成長につながります。

特徴⑪ コミュニケーションのスタイルがわかる（ソーシャルスタイル）

自分と相手の特徴を知って、コミュニケーションをスムーズにする

「ソーシャルスタイル」は、アメリカの産業心理学者であったデビッド・メリル氏によって提唱されたコミュニケーション理論です。

ソーシャルスタイルでは、人のコミュニケーションスタイルを「感情」「自己主張」の2軸によって4つに分類します。自分と相手の特徴を理解することで、コミュニケーションのヒントを得ることが可能です。

マルコポーロでは、

・「ベーススタイル」（その人の一番強いスタイル）

・「サブスタイル」（2番目に強いスタイル）
を組み合わせ、「16」のコミュニケーションスタイルを表示します。

◎ドライバー（行動派）※経営者や幹部社員に多い。
・はっきりした主張を持ち、指示や質問を嫌う。
・独立心、競争心が強い。
・イエス、ノーがはっきりしている。即断即決する。
・リスクを恐れず、目標達成へまい進する。
・論理やデータを重視する。情に流されない。

◎アナリティカル（思考派）
・慎重に検討した上で実現可能な最適解を出す。
・丁寧で誠実。速さよりも質の高さを重視する。
・形式や論理を重視し、その場しのぎを嫌う。
・イエス、ノーを即答しない。

・細かいことをおろそかにしない。

◎**エクスプレッシブ（感覚派）**

・前向きで明るく、周囲のムードを盛り上げる。
・表情が豊かで話し好き。
・外向的で、多くのことに関心を払う。
・雰囲気や情に流されやすい。
・面倒見がいい。

◎**エミアブル（協調派）※20代、30代の60％以上がエミアブル（レイル社２０２０年7月、21万人調査より）**

・自分よりも他者を優先し、主役よりも脇役を好む。
・相手の役に立つことに喜びを感じる。
・みんなの意見を取り入れようとする。
・周囲に配慮しながら進める。
・評価や顔色を気にしやすい。

相手のスタイルに合わせて、接し方を変える

ソーシャルスタイルを活用するためには、自分と相手のタイプを見定めた上で、それぞれの関係性に応じたコミュニケーションを考える必要があります。ソーシャルスタイルごとの特徴を理解することで、コミュニケーションが円滑になります。

相手のスタイルに合わせた接し方

◎相手が「ドライバー」の場合

・余計な話はせず、端的に、シンプルに要件を伝える。結論が先、前置きや説明はあと。
・選択肢を与えて、相手に選ばせる。「こうしろ、ああしろ」と命令しない。
・おだてには乗りにくいので、ほめすぎない（周囲が助かっていることへの感謝を伝える）。
・「相手に意見をする」よりも「相手の意見を聞く」。

◎相手が「アナリティカル」の場合

・「こうしてほしい」と具体的なゴールを示す。
・なぜそうしてほしいのか、筋道立てて説明する。
・途中で口を挟まず、相手の意見を最後まで聞く。
・相手の返答を急かさない。
・ほめるときは、「どこが、どうよかったか」を具体的にほめる。

◎**相手が「エクスプレッシブ」の場合**

・叱られたり、否定されることを嫌うので「こうしたらもっとよくなると思う」と、提案口調で接する。
・目立つことが好きなので、ほめるときは人前で。
・発想が広がりすぎないように、前提条件や優先順位を伝える。
・頼られることを好むため、「あなたが適任」と伝える。
・継続するのが苦手なので、フォローをしてあげる。

◎**相手が「エミアブル」の場合**

・威圧しない。やわらかい表情と口調を心がける。
・相手を肯定し「味方である」ことを前面に出す。
・頻繁に声をかけて、仕事ぶりを認めてあげる。
・強く意見を求めるのではなく「どうしたい？」と問いかける。
・否定するのではなく「こうしたらもっとよくなりそうだね」と肯定的に指示を出す。

エミアブルを活かすことが人財戦略の鍵

日本人の半数以上は「エミアブル」で、年々、
・エミアブルは増加
・ドライバーは減少
傾向にあります。

とくに、**20代、30代の約60％はエミアブルの数値が強く出ています。**

ということは、人財の「戦力化」と「定着」を進めるには、エミアブルを活かすことが不可欠です。

◎自分がドライバーで、相手がエミアブルの場合

相手に「すぐ怒る、怖い」というイメージを与えかねないので、笑顔と穏やかな口調を意識する。ねぎらいの言葉を忘れない。上下の関係より横の関係（仲間意識）を意識する。

◎自分がアナリティカルで、相手がエミアブルの場合

アナリティカルは、感情表現が薄く、自分の考えを積極的に出さないため、相手に不安を与えかねない。挨拶やねぎらいの言葉を意識していけば、言葉が少なくても関係性を築ける。

◎自分がエクスプレッシブで、相手がエミアブルの場合

しゃべりすぎず、聞き役に回ること。話題を横取りしたり、自分ばかり話すことのないように気をつける。

◎自分がエミアブルで、相手もエミアブルの場合

何かを決めたり議論することはお互いに苦手なため、ときには自分がリーダーシップを発揮したほうが、話が停滞しない。

▼若者の特徴（エミアブルの特徴）

・20代30代はエミアブルが6～7割→困ってる人がいたら助けずにはいられない。誰かの夢を応援したい。

・目立ちたくない。先頭には立ちたくない→権力動機が低い。

・場を乱さないために自分を出さない→配慮が高い。

・自分の意見は言わない→説得交渉が低い。

・ほめられたいが、皆の前は嫌→評価思考は高いが、権力動機が低く、親和動機が高い。

・敏感→ストレス適応が低く、情緒安定性が低い。

▼接し方のポイント

・上下関係でなく、リーダーと仲間の関係になる。

・まずは仲間（お友達）になる→そうなるとハラスメントと思われにくくなる（自己開示シートを使ったサシ飲みを行う）。そこから教育する。

・応援される人になる→ミッションを掲げ共有し、共感され、同じ夢に向かう。

▼指導のポイント

・曖昧な指示をしない→「何のために」を伝えないとわからない、動けない。「何を」「い

●「ソーシャルスタイル」でコミュニケーションのスタイルがわかる

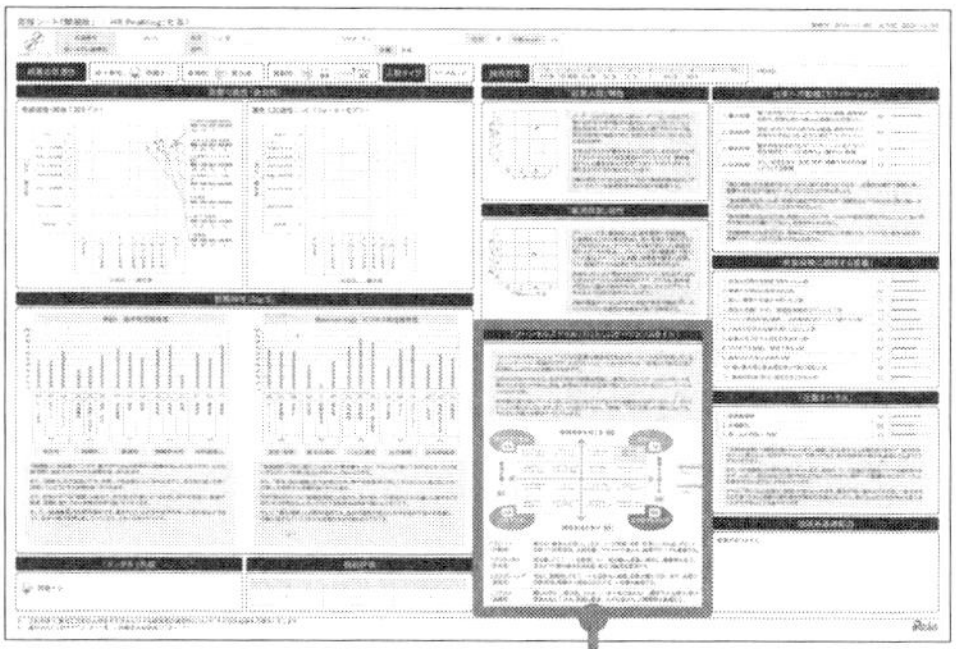

「ソーシャルスタイル」(コミュニケーションスタイル)

「ソーシャルスタイル」とは、アメリカの産業心理学者であるデビッドメリル氏が提唱しているコミュニケーション理論のことで、人のコミュニケーションスタイルを、「感情」と「自己主張」の2軸によって4つに分類するものです。

この4つのスタイルから、自分と相手の特徴を理解し、適切なコミュニケーションのヒントを得ようとするものであり、現在、世界中の多くの企業で取り入れられているコミュニケーションメソッドです。

被検者の最も強いベーススタイルと次に強いサブスタイルを組み合わせて16タイプ・マトリクス上に黒く示しています。また、4つのスタイルと、「感情」・「自己主張」の2軸についても、それぞれの強さを数値で示しています。

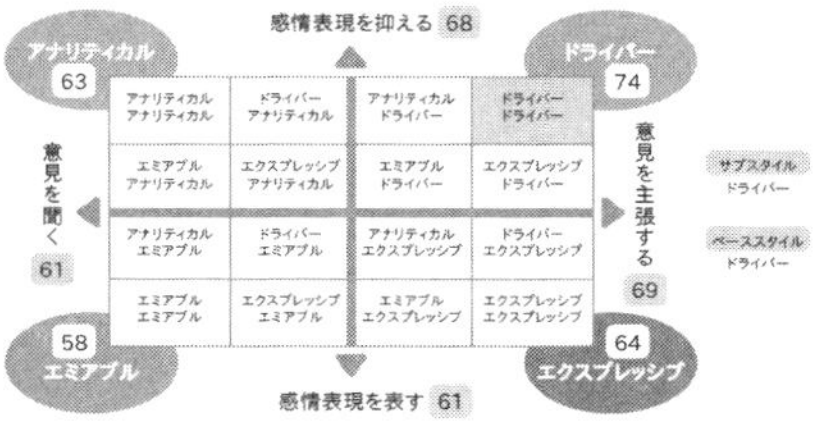

ドライバー (行動派)	独立心・競争心が強い。イエス・ノーが明確。効率・成果にこだわる。ポイントを絞って即断即決。大筋を掴んでテキパキ進める。論理やデータを重視する。
アナリティカル (思考派)	控え目。イエス・ノーを即答しない。粘り強い。慎重に検討し、最善解を出す。速さよりも質の高さを求める。形式や論理を重視する。
エクスプレッシブ (感覚派)	明るく、躍動的。イエス、ノーを忌憚なく表現。表現が豊かで話し好き。直感で即断即決。周囲から認められたがる。一体感を重視する。
エミアブル (協調派)	親しみやすく、協力的。イエス・ノーを一存で決めない。縁の下の力持ち。皆の意見を取り入れる。周囲に配慮しながら進める。人間関係を重視する。

経営者はエミアブル人財を活かし、応援される存在になること

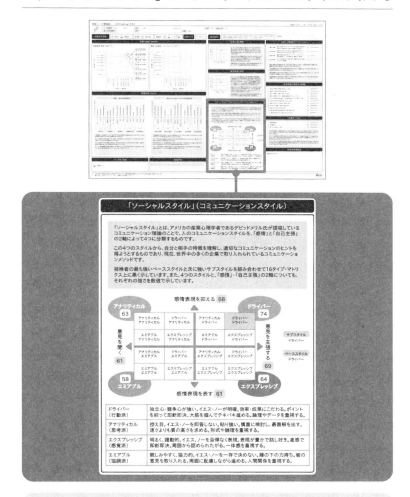

つまでに」「どのように」を具体的に指示する。

・昭和型の根性論は通じない→一所懸命がわからない。頑張れもわからない。どう行動するることが一所懸命なのかを、体験したであろうことにたとえて伝える。

・人と比較しない→個性を理解・尊重し、個に合わせる。

経営者は、若手社員から「推される」存在になれ

自分の好きな人やコト・モノに対して「推し活」を行っている人が増えています。じつは、エミアブルの増加と「推し活」の増加には、共通する心理的背景が見られます。

エミアブルの強い人は、自分の意見を押し通すよりも、他人の成長や成功をサポートしようとする姿勢が見られます。他者に対する共感や協力意識が高いため、好きな対象（推し）に感情移入し、応援する傾向にあるのです。

したがって、**経営者（上司）はエミアブルの特徴をよく理解した上で、「エミアブルから推される存在」「エミアブルが応援したくなる存在」を目指す**必要があります。

PART 3

人が輝く マルコポーロ活用法

前回と直近の数値を比較すると、「どんな変化があったか」がわかる

マルコポーロの定期受検で、回答者の変化を可視化する

武蔵野は、社員に対して、マルコポーロの受検を定期的に実施しています。人には本来の特性があると同時に、その時々の感情、置かれている状況（仕事環境、家庭環境）、成長度合い、モチベーションなどによって数値が変わる可能性があるため、定点観測が不可欠です。

小山昇の数値の変化

2021年10月（前回）と2023年12月（直近）の比較。次ページ参照

○「役割意識」が低下している（69→45）。

……役員や統括本部長への権限委譲が進んだため、社長の役割が変わってきたからです。

● 定期受検で変化を可視化する

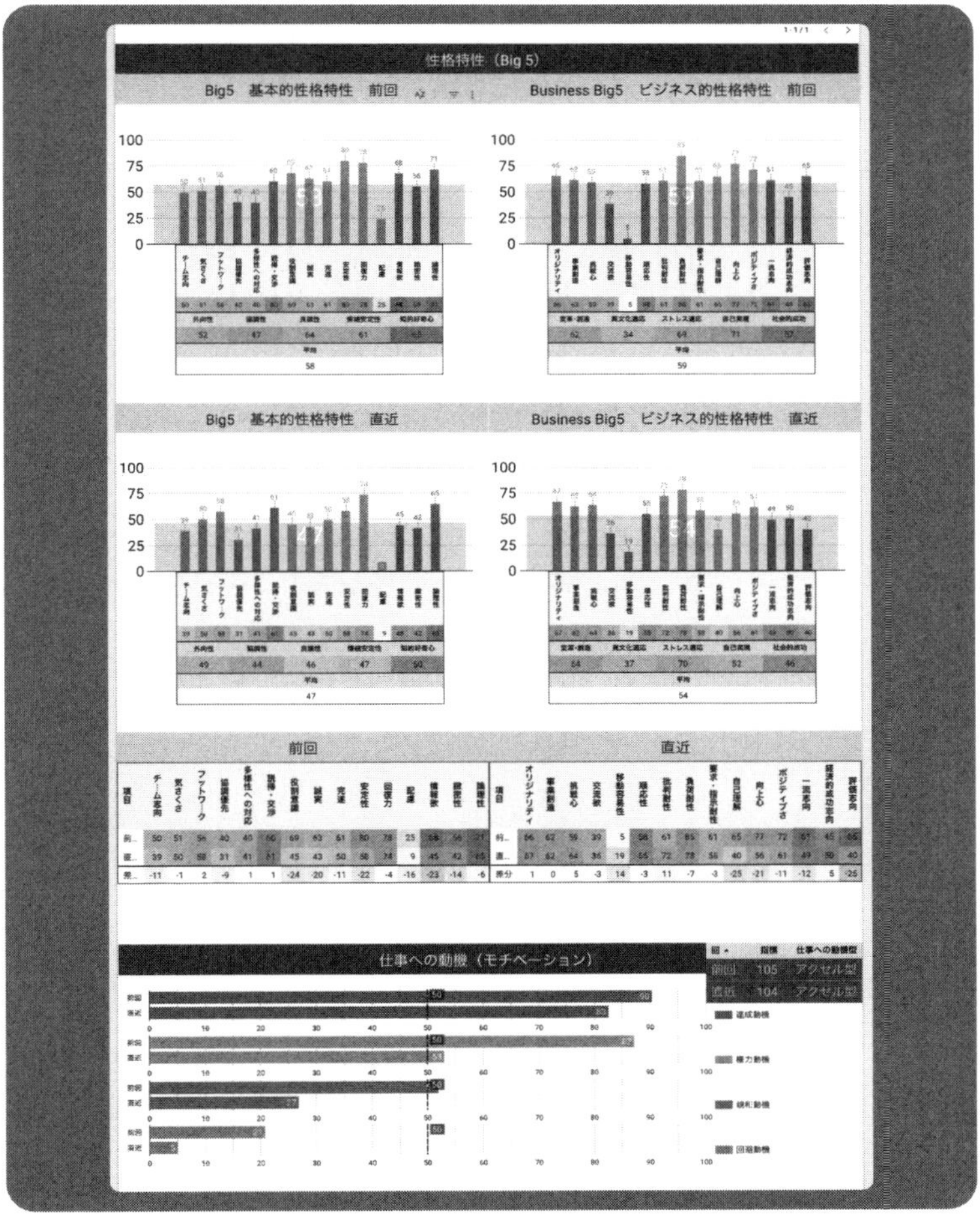

**前回との「差」が仕事などに
どう影響を与えているか検証する**

○「評価志向」が低下し（65→40）、一方で「経済的成功志向」が上昇している（45→50）。

……対外的な評価よりも、「会社の業績を着実に伸ばすこと」に力点を置いた結果です。

○「配慮」が低下している（25→9）。

……配慮が低下したのは、業績アップを優先しているから。周囲の意見に過度に応えようとすると、意思決定が遅れたり、機会損失につながります。

○「権力動機」が低下している（87→53）。

……「役割意識」の低下と同じく、権限委譲が進んだ結果と考えることができます。会社のトップは全体最適でなければならない。経営は、経験と体験の科学です。人事は佐藤義昭常務と由井英明取締役に渡し、原案をつくらせている。その結果を見てアドバイスをします。90％はそのままです。

○「親和動機」（52→27）と「安全動機（回避動機）」（21→5）がともに低下している。

……親和動機と安全動機が低下しているのは、「アクセルを踏み込んで事業を前に進めよう」という姿勢のあらわれです。

↓ 数値の変化から、社員が活躍した原因を検証する

わが社は、マルコポーロの前回データと直近データを比較して、**社員のエネルギー量の変化（波形の変化）をチェック**しています。

なぜ数値が大きく変動したのか、その理由を検証することで、

- 適切な指導やサポートを提供しやすくなる
- 適切な役割（役職、部門）に配置することで、組織全体のパフォーマンスが向上する
- 個人の特性が発揮される環境をつくることで、人が輝く組織づくりが可能になる

といったメリットが期待できます。

クリーン・リフレ事業部の内藤千音子係長（現・課長）の前回（２０２１年10月。新入社員）と直近（２０２３年12月）の数値を比較すると、いくつかの因子で大きな変化が見られました。内藤は、２０２４年に、社内表彰を受ける素晴らしい成果をあげています。

内藤の成長は、マルコポーロの数値の変化にもあらわれています（次ページ）。

○「仕事への動機」の数値を見ると、「達成動機」と「権力動機」が上昇し、「親和動機」「安全動機（回避動機）が低下している。

……「ブレーキ型」から「アクセル型」に転じていることがわかります。アクセルを踏まなければ、前に進むことはできません。営業職は、積極的に顧客と関わる姿勢が求められるため、ブレーキ型よりもアクセル型のほうが結果を出しやすい傾向があります。

○「役割意識」と「完遂」が上昇している。

……自分の役割を自覚し、期待される成果に対して責任感を持って取り組んでいることがわかります。任された仕事を最後までやり遂げる意志が強くなっています。

○「向上心」が上昇している。

……「現状維持では評価されない、という理解が深まった」「過去の成果や評価を受けて、さらなる成長が必要だと感じるようになった」「高い目標を設定するようになった」などの

● 前回→今回で活躍を始めたケース

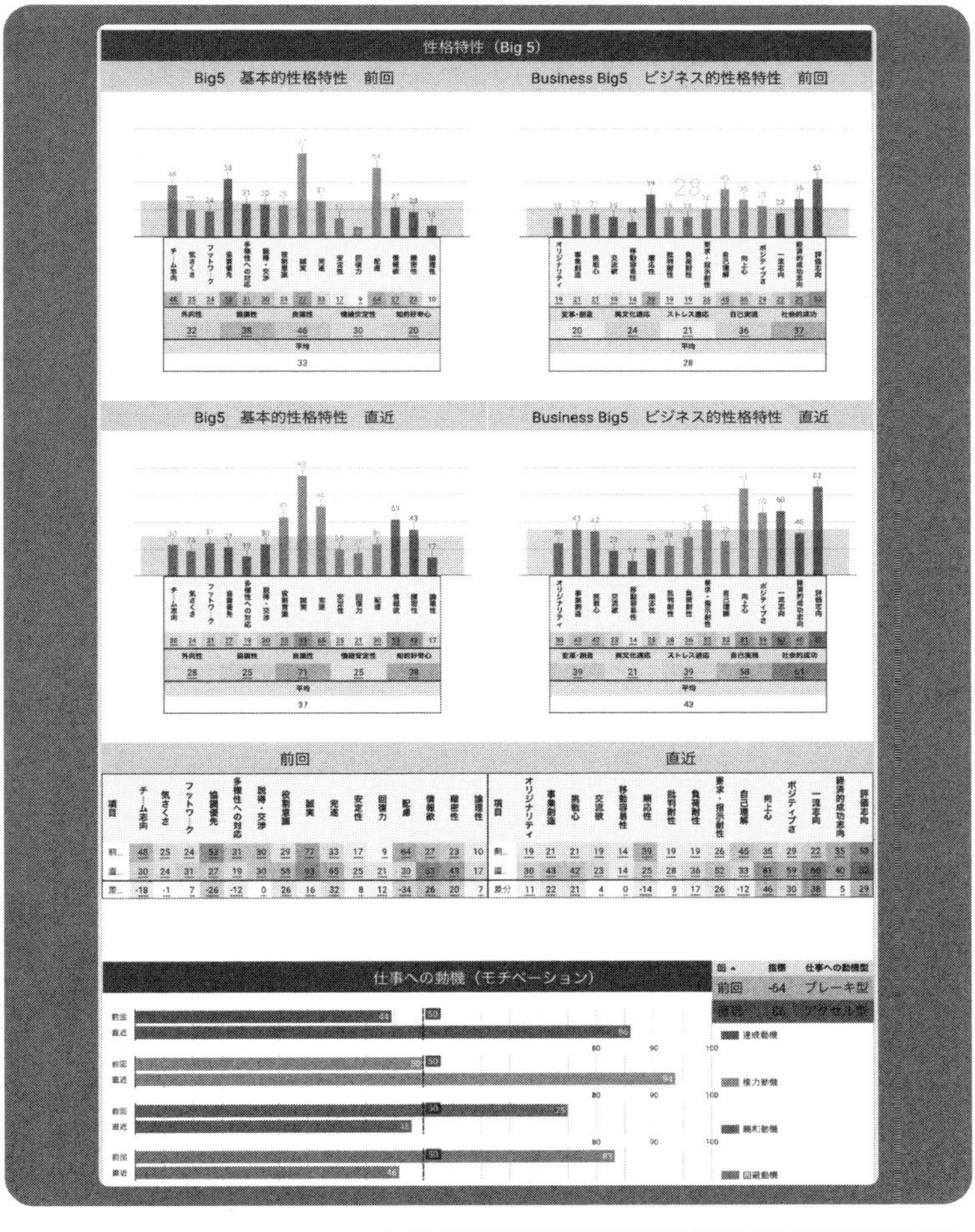

成果が出たことでアクセル型に変わった

理由が考えられます。

○「挑戦心」が上昇している。

……難しい課題であっても、「正しいやり方で正しく対処をすれば、リスクは軽減される」ことを理解した結果、挑戦意欲が高くなりました。

内藤の活躍のきっかけは、

「結果を出している上司のやり方をそのまま真似る。それが結果を出す最善の方法である」

ことに気がついたことです。

武蔵野は、「座学では学べない実務の把握」を目的として、上司が部下全員を現場に同行させる決まりがあります。内藤は、上司の大森隆宏本部長と現場に出た際、

「大森がどこを見て、どのような判断をしているのか」

「大森がどのように商談、接客をしているのか」

を観察・録音し、文字起こしをした。それ以降、彼の手法をそのまま実践するようになりました（大森のセールストークを真似する、など）。

すぐに成果が出たことで内藤の意識は大きく変化し、「役割意識」「完遂」「向上心」「挑戦心」「ポジティブさ」などの因子が上昇したと考えられます。

前回と直近の内藤の数値を比較すると、

「今のままでは評価されない」→「上司の真似をする」→「結果が出る」→「自信がつく」→「アクセル型に変わる」→「リスクを恐れず行動するようになる」→「さらに結果が出る」

といった変化を読み解くことができます。

実際、内藤の成績は目を見張るものがあります。1年前、新規契約10万円の契約者は1人いるかいないかだったが、この半年は毎月10万円の契約。そのうち2カ月間は20万円と会社始まって以来の快挙です。

部下がやる気をなくすのは、上司の責任である

経営サポート事業部のK本部長の診断結果を見ると、前回よりも「フットワーク」「回復力」「挑戦心」「向上心」が大きく低下し、一方で「経済的成功志向」が上昇しています（137ページ）。

普段は明るく元気で、フットワークもよく、猪突猛進タイプです。しかし、少しずつ覇気が感じられなくなって、積極性が失われていきました。マルコポーロの数値からも、意欲の低下は明らかです。

その後の面談で、Kが上司の指示に押しつぶされそうになっていたことがわかりました。「経済的成功志向」の数値が上昇したのは、上司との人間関係に悩み、「お金」以外に、働く意味を見出せなくなっている証拠です。

部下が実力を発揮できないのは、部下に能力がないからではなく、部下の特性に合った指導を上司がしていないからです。

部下を育てるのは、上司の仕事です。

部下がやる気をなくすのは、上司の責任です。

部下を変えるには、上司を変える。これがわが社の方針です。

現在、Kは別の上司の下でかつての自分を取り戻し、持ち前の明るさを発揮しています。次回の診断では、Kの「フットワーク」「回復力」「挑戦心」「向上心」は改善されるでしょう。

● 前回→今回で意欲が低下したケース

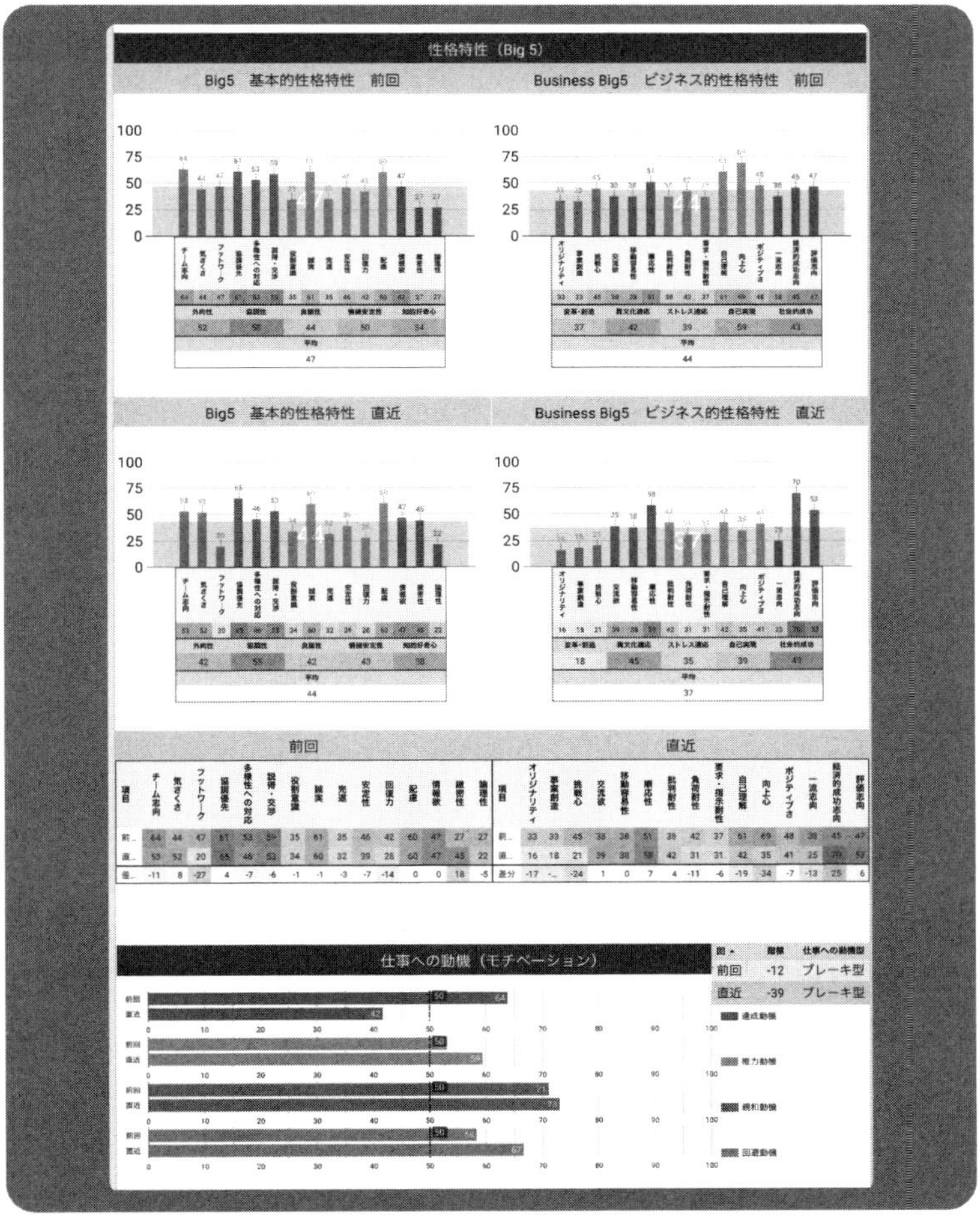

上司を変えてかつての自分を取り戻す取り組みを開始

環境を変えれば、社員は輝きを取り戻す

社員Aの直近の数値を見ると、前回よりも、「気さくさ」「回復力」「批判耐性」「負荷耐性」「交流欲」が低下していることが明らかです（次ページ）。前回のこれらの数値も高いわけではないため、社員Aは元来、「プレッシャーを感じやすい」「ストレス耐性が低い」「落ち込みやすく、一度落ち込むと回復が遅い」傾向がありました。

もともと低かった社員Aのストレス耐性がさらに低下したのは、上司Bの異動が原因です。上司Bは、社員Aの性格特性を把握した上で、メンタル面のフォローに努め、その結果、社員Aは気持ちを切らさずに成績を上げていました。

ところが、精神的な拠《よ》り所《どころ》だった上司Bがいなくなったことで、不安感が増幅。メンタルが不安定になると同時に、業績も不安定になりました（現在は環境にも慣れて、メンタルも業績も安定しています）。

マルコポーロの数値を定点観測し、前回と直近のデータを比較すると、

● 前回→今回でストレス耐性が低下したケース

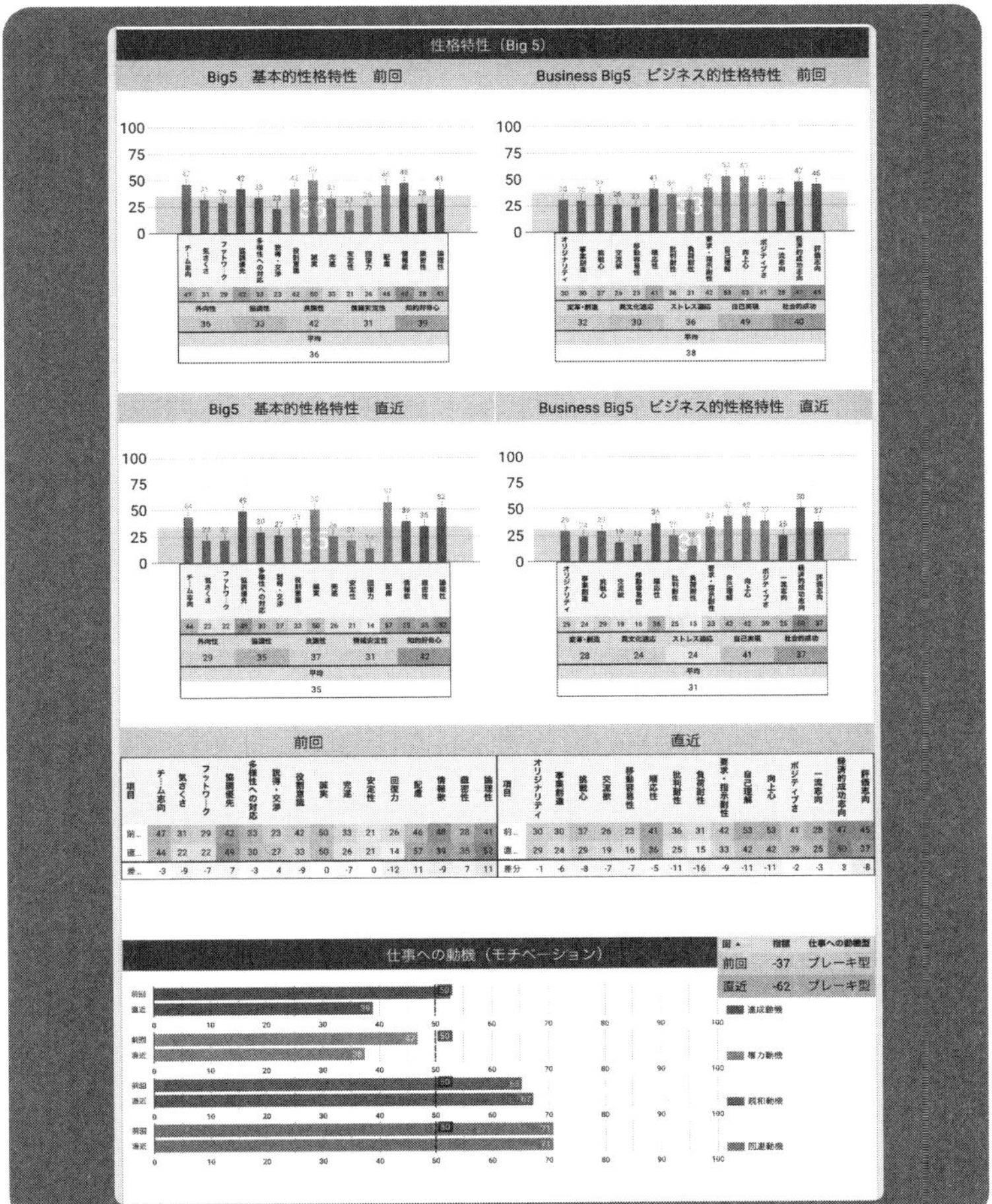

上司の異動で一時的に不安定に

「上司のコミュニケーション力が部下の意欲に大きな影響を与える」
「自分の特性を理解してくれる上司の下で、部下は輝く」
「環境が変わると、人の特性にも変化があらわれる」

ことがわかります。

ある因子の数値が大きく低下すると、仕事の結果（成績）に悪影響を与える可能性が高くなります。

「なぜ、数値が低下したのか」、その原因を突き止めた上で、社員が腐ってしまう前に、環境を変える。

「上司を変える」「仕事内容を変える」「コミュニケーションの方法を変える」などの対策を取ることで、社員は輝きを取り戻します。

上司と部下の数値を比較すると部下への指導方法がわかる

数値の違いがわかれば、コミュニケーションミスの原因がわかる

マルコポーロの診断結果の違いは、考え方（価値観）や仕事の進め方の違いとしてあらわれます。


「上司Aが部下Bの指導方法について悩んでいる」

「部下Cが上司Aのやり方に不満を覚えている」

「上司が変わってから、部下Dの成績が落ちてきた」

といった問題が生じるのは、上司が部下の特性を理解していないからです。


上司と部下の診断結果を比較することで、コミュニケーションミスを引き起こす原因が

明らかになります。

「性格特性のどの因子に大きな違いがあるか」
「両者のモチベーション（仕事への動機）に大きな違いはあるか」

がわかれば、上司は、次のような対応が可能です。

○部下が受け入れやすい指導ができる。
○部下が理解しやすいコミュニケーションができる。
○部下の強みを活かす形で仕事を割り当てることできる。
○適切な目標を設定することで、部下が意欲的になる。

たとえば、

・論理性が高い部下には、具体的な指示や背景を伝える。
・自主的な姿勢が強い部下には、仕事の自由度を多めに与える。
・対外的な対応が得意な部下にはクライアント対応を任せる。
・「回復力」が低い部下には、失敗を前向きな学びに変えるサポートをする。

といったように、部下のモチベーションや価値観に合わせて接することができます。

マルコポーロの診断結果を全社員に公開しない理由

現在、武蔵野は、マルコポーロの結果を一部の社員にのみ公開しています。部長以上の役職者は全社員の閲覧を許していますが、それ以外は自由に閲覧できないように制限を設けています。制限をかけているのは、診断結果への理解が不十分な場合、

「ストレス適応が低い人は人間的に弱い」

「協調性が低い人はチームの輪を乱す」

など、短絡的な解釈をする恐れがあるためです。

マルコポーロが明らかにするのは、あくまでその人の特性であって、人間性のよし悪しではありません。そのことを理解した上で数値を見なければ偏見を生み、人を輝かせることはできません。

そこで現在、社内向けにマルコポーロに関する勉強会を実施しています。社員の理解を深めた上で、閲覧できる役職の範囲を広げています。

部下が輝くかどうかは、上司の接し方次第

マルコポーロの数値を比較して、指導のポイントを明らかにする

上司と部下の「仕事への動機」「ソーシャルスタイル」「基本的性格特性」「ビジネス的性格特性」を比較し、違いを明確にすることで、部下の輝かせ方がわかります。

後述する比較例①と比較例②は、「自分と異なる特性を持つ部下」とどのように接したらよいかをマルコポーロの結果比較から考察するものです。

◎比較例①／取締役A（上司）×本部長B（部下）

［仕事への動機］

●【例①】取締役Aと本部長Bを比較すると――

本部長は、一緒に働く仲間とのコミュニケーション、相互理解を大切にする傾向にあります。また、安全動機（回避動機）が高いため、危険なことや無謀なことを避け、確実な行動を取ろうとします。

高い目標設定や、苦手な相手との交流に負担を覚えるため、「段階的な目標を設定する」「コミュニケーションを密に取る」など、本部長が安心して業務に取り組める環境づくりが必要です。

［ソーシャルスタイル］

・取締役のメインスタイル＝エクスプレッシブ（前向きでみんなのムードを盛り上げる）
・本部長のメインスタイル＝エミアブル（自分よりも他人を優先し、主役より脇役を好む）

聞き上手なエミアブルの本部長は、エクスプレッシブの取締役にとって、「心地のいい存在」です。ただし、取締役が話しすぎると、本部長は自分の意見を伝えにくくなり、相手に合わせがちになるため注意が必要です。取締役は、適度に話を区切りながら、「あなたはどう思いますか？」と積極的に問いかけ、本部長の考えを引き出しましょう。

［基本的性格特性の違い］

・取締役が重視していて、本部長が軽視している因子……フットワーク（59点差）

「フットワーク」は「状況に対する行動を素早く起こせる姿勢」を指します。

取締役は、その時々の状況に応じて、求められる行動を素早く起こそうとする姿勢が強く見られます。

一方、本部長はフットワークを軽視しているため、取締役からすると、「もっと早く行動を起こしてほしい」と感じることがあるかもしれません。仕事の優先順位を明確にすることで、お互いに働きやすい環境を築くことができます。

・取締役が軽視していて、本部長が重視している因子……協調優先（15点差）

「協調優先」は「自分の考えを通すより周囲との関係性を優先する姿勢」を指します。

本部長は、「自分の考えを押し通すことなく、置かれている状況や相手の考えに合わせようとする姿勢」が見られます。ただし、まわりに合わせるのが得意な一方で、他人の意見に流されやすい一面があります。話し合いの場では、取締役から問いかけていくことが大切です。

［ビジネス的性格特性の違い］

・取締役が重視していて、本部長が軽視している因子……向上心（36点差）

「向上心」は、「自分の能力を高められる仕事についていたいと考える姿勢」を指します。取締役は、自己成長に強い意欲が見られます。一方で本部長は、「最低限のことをやっていれば十分」とする傾向が見られます。本部長には「小さな成功体験を積ませる」「具体的な目標を設定する」などの工夫をして、前向きな成長をうながすサポートが必要です。

・取締役が軽視していて、本部長が重視している因子……経済的成功志向（16点差）

「経済的成功志向」は「収入など経済的な成功を収めたいと考える姿勢」を指します。本部長は、努力を続けることで経済的な成功を収めたいという気持ちが強く見られます。金銭欲、出世欲に走る傾向があり、肩書きに弱いという傾向もあります。出世することで仕事の責任感が増し、それがストレスを引き起こすことが考えられます。

本部長の業務内容や仕事量を調整することも、取締役の役割です。定期的に本部長と確認の機会を持ち、進捗状況を把握することが大切です。

●【例②】取締役Aと部長Cを比較すると――

◎比較例②／取締役A（上司）×部長C（部下）

［仕事への動機］

部長は、「困難なことでも諦めずに自分の力で達成・成功したい」「他人に影響を与えられる立場でいたい」と考える傾向があります。自分のやりがいを重視するあまり、他者からの指示を拒否する可能性もあります。

また、親和動機が低いため、組織の和から離れていく恐れもあります。定期的なコミュニケーションやフィードバックの機会を通じて、組織の目標と個人の目標を一致させる工夫が必要です。

［ソーシャルスタイル］

・取締役のスタイル＝エクスプレッシブ（前向きでみんなのムードを盛り上げる）
・部長のスタイル＝アナリティカル（細部にこだわり、整合性を大切にする）

アナリティカルの部長はじっくり考え抜きたいタイプですが、エクスプレッシブの取締役は沈黙を避ける傾向があり、相手の沈黙を破ってしまうことがあります。そのため、部長の本音を引き出せない場合があります。

［基本的性格特性の違い］

・取締役が重視していて、部長が軽視している因子……チーム志向（55点差）
「チーム志向」は、「ひとりで何かをするよりも、仲間とすることを好む姿勢」を指します。取締役は、周囲と協力をしながらものごとに取り組んでいきたい気持ちを持っています。

一方の部長は、自分ひとりで進めていくタイプです。ひとりで先走ってしまう可能性があるため、情報共有や進捗状況を確認しながら進めていくことが大切です。

・部長が重視していて、本部長が軽視している因子……論理性（22点差）
論理性は「断片的でなく、体系的にものごとを考える姿勢」を指します。部長は、ものごとを客観的に理解するため、自分の感情にとらわれにくい傾向がありま す。また、論理的に問題を分析して解決策を出すのが得意です。論理性が高い部下とコミュニケーションを取るときは、「結論から先に述べる」と理解をうながすことができます。

［ビジネス的性格特性の違い］

・取締役が重視していて、部長が軽視している因子……移動容易性（42点差）

「移動容易性」とは、「慣れ親しんでいない土地（環境）に住むことに抵抗を感じない姿勢」を指します。

取締役は環境が変わること（部署異動、働くメンバーの変更など）にあまり抵抗を感じないで、普段通り業務に取り組むことができます。

一方、部長は移動容易性が低いため、新たな環境で業務をさせる際は、こまめに状況を確認しながら、少しずつ慣れさせていくことが大切です。

・取締役が軽視していて、部長が重視している因子……オリジナリティ（43点差）

「オリジナリティ」とは「人と違っていることを誇らしく感じる姿勢」を指します。

部長は、他者と違ったアイデアを出したり、新たなことを生み出すことに重きを置いています。周囲とは異なる視点から独自のアイデアを出します。

ただし、「協調性に欠ける人」と誤解される可能性もあります。周囲との連携が求められる場面では、取締役から「アイデアを活かしつつ、他のメンバーとの協調を意識してほしい」「全体の方向性と合致するか確認してほしい」といった具体的な声掛けが大事です。

武蔵野は戦略的人事担当者を養成するHRプロファイラー認定講座を開催しています。マルコポーロの「基本的な読み解き方」「自社基準での人財選抜方法」「経営戦略から逆算した人財要件の設定」「特性に合わせた育成体系の設計方法」など段階的に学べます。

また、次章に掲載している読み解き方に関する問題を「100本ノック」と題して、データの見方から上司・部下の読み解き方のコツなどを体系的に学べるセミナーをレベル別に開催しています。「100本ノック」の先生のほとんどは、入社5年未満の若手社員が担当するから親しみやすい。

1万5000人クラスの会社のコンサルタントができるのは、小嶺淳取締役、牛島弘貴本部長、片山敏部長の3人です。

経営サポート会員である株式会社シーオーメディカル・瀬出井亮社長は「プレミアム合宿 人事戦略・見直し編」と「経営者による経営者のためのマルコポーロ解説セミナー」、藤井興発株式会社高石自動車スクール・藤井康弘社長、金鶴食品製菓株式会社・金鶴友昇社長は「プレミアム合宿 ミルメ・マルコポーロ組織見直し編」を担当していただいています。

社員の誕生日にマルコポーロの数値を記したハガキを送る

「手書き」だから、社員の心が動く

私は、社員に叱咤激励をするときや、社員の誕生日に、男性は奥さん、女性はご主人に、必ず**「手書きのハガキ」**を送っています。宛名も文面もすべて手書きです。

手書きにこだわっているのは、印刷された文字（フォント）よりも、

「手書きのほうが読み手の心が動きやすい」

「手書きのほうが記憶に（心に）残りやすい」

からです。

ハガキの文面に、マルコポーロや他の診断ツールの数値を活用して書きます。前回と直近の数値を比較して、

● マルコポーロの数値を書いた社員宛のハガキ

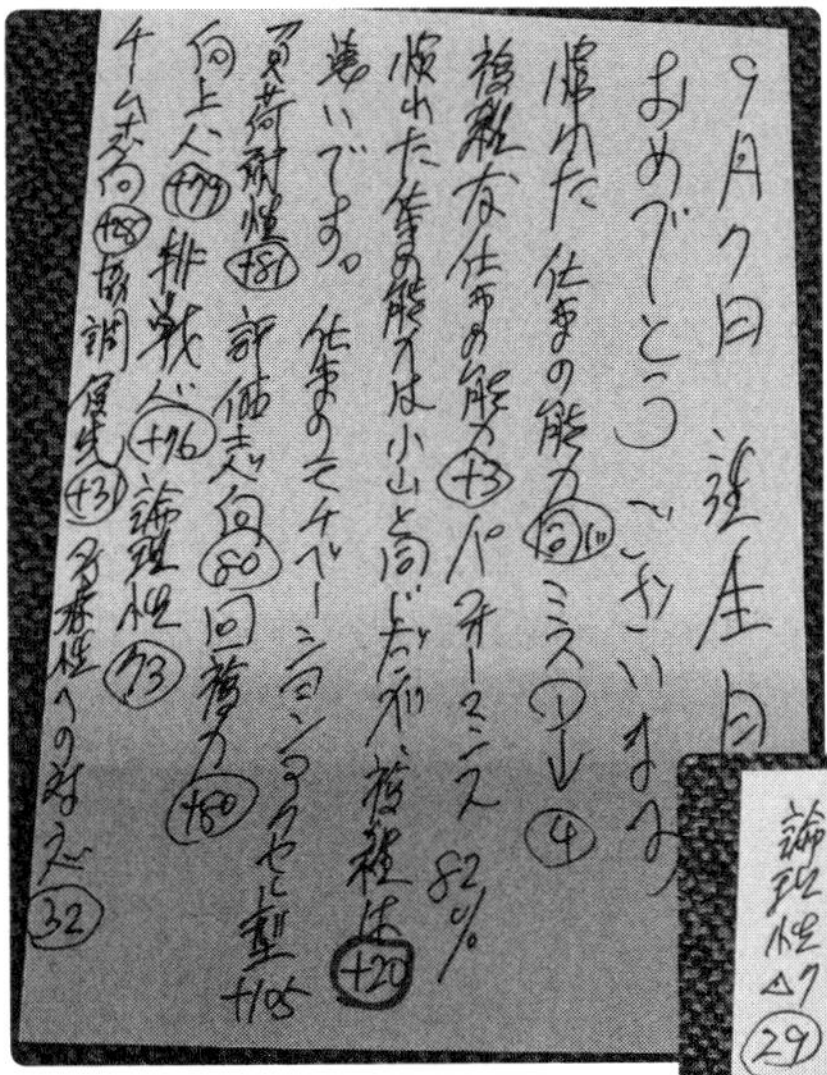

9月7日　誕生日
おめでとうございます
慣れた仕事の能力(12)(11)　ミス(1)↓(4)
複雑な仕事の能力+3　パフォーマンス　82%
慣れた仕事の能力は小山と同じだが、複雑は+20
高いです。　仕事のモチベーション　+15
負荷耐性+81　評価志向80　回復力+80
向上心+79　挑戦心+76　論理性73
チーム志向+68　協調性+31　多様性への対応32

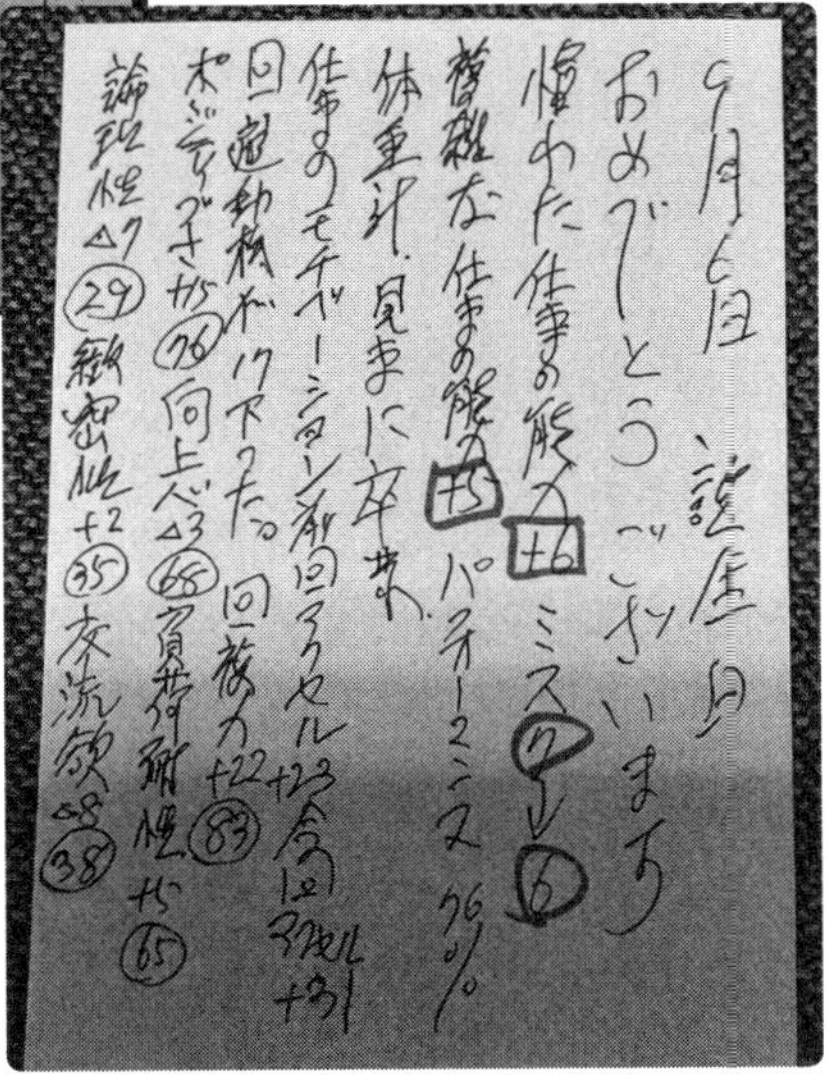

5月6日、誕生日
おめでとうございます
慣れた仕事の能力+6　ミス(7)↓(6)
複雑な仕事の能力+5　パフォーマンス　76%
体重計、見事に卒業
仕事のモチベーション前回アクセル+23　今回アクセル+31
回避動機が17下った。　回復力+22　83
ポジティブさが76　向上心△3　68　負荷耐性+5　65
論理性△7　29　緻密性+2　35　交流欲△8　38

変化を伝えたり、数値をもとによいところをほめる

「よい変化があった因子」

「少し下がっているので、気をつけたほうがいい因子」

を明らかにしておくと、ハガキを受け取った社員は「自分の変化」を実感できます。

マルコポーロの数値が高い因子をほめると、社員は喜ぶ

拙著『改訂3版　仕事ができる人の心得』（経営用語集／CCCメディアハウス）では、上司の役割について、「上司は部下のよいところを引き出す人です」と明記しています。

部下の「よいところ」を引き出す方法のひとつが、「ほめる」ことです。

私は**マルコポーロを「部下をほめるためのツール」として活用**しています。

手書きハガキにも書いているように、とくに、「数値が高い因子」や「前回と比べて大きく上昇した因子」に注目します。これらは本人が大切にしている価値観を示しており、ほめられると一層喜びを感じるポイントです。

「Aさん、あなたは自分の強みと弱みをよく理解していますね」

「Bさんは、感情のコントロールが的確で、どんな状況でも落ち着いて行動していますね」
「Cさんは、いつもまわりの人が気持ちよく過ごせるように気を配ってくれますね」

「ほめる」は、部下の能力を伸ばすもっとも手っ取り早い方法です。

ほめるときは、マルコポーロの数値を参考に、

「何が、どうよいのか」

を具体的に示すと、さらなる成長が期待できます。

ほめると人が元気になります。成果をあげたときは数字が明確です。前回・前年と比較してほめます。順調に仕事が進んでいるときは、マルコポーロの高い因子の中からひとつ選んでほめます。

失敗を反省したときは、なぜ反省したかを聞いてほめます。進んで協力したときは、協調優先、誠実、多様性への対応、フットワークの中からいちばん数値が高いものを選んでほめます。

マルコポーロの結果をもとに部下にふさわしい指導をする

上司と部下の面談にマルコポーロを活用する

武蔵野は、「直属の上司と部下の個人面談」を義務化しています（毎月1回、5分間）。面談をして、「どこがよかった」「どこが悪かった」「こうすればもっとよくなる」と具体的に示唆することで、社員のやる気を高めることができます。

多くの会社は、面談を行うと上司の説教になりがちです。ですが、マルコポーロの数値を参考にして面談をすれば、客観的に、私情を挟まず部下を評価できます。

重谷俊樹課長は、「評価志向」の高い部下の大村潤平に対して、マルコポーロの結果を示しながら、次のような面談を行っています。評価志向は、「顧客からの評価などの賞賛を受けたいと考える姿勢」を指します。

マルコポーロの結果を意識することで、上司と部下の意思疎通がスムーズになります。

重谷：「大村さん、先月もおつかれさまでした。先月の活動でお客様から喜ばれたとか、社内の人にほめられたことって、何かあった？」

大村：「はい。先月はお客様から『注文してから納品までがとても早くて助かりました』という声をいただきました」

重谷：「すごい、それはよかったね。大村さんがスピード対応したことで、お客様から喜ばれたってことだよね。大村さんは『**誠実**』がすごく高いから、会社の方針をすぐ実行してくれたり、言われたことを言われた通りに実行してくれているよね」

大村：「ありがとうございます。そう言ってもらえると嬉しいです」

重谷：「それに、大村さんは、『**配慮**』も高いから、まわりの人たちの気持ちを組み込みながら、仕事をしてくれるよね。あとは『**チーム志向**』と『**協調優先**』も高いから、普段からまわりと協力しながら頑張ってくれるので、助かっているんだよね」

大村：「いつも細かいところまで見てくださって、ありがとうございます」

重谷：「だけど大村さんには、『もう少し、ここを頑張ってほしい』と思っている部分もあるんだよね。大村さんは『**フットワーク**』と『**ストレス適応**』の数値が低いほうだから、自分が納得できないことに関しては着手が遅れてしまうときがあるよね？」

大村：「あります」

重谷：「だから、『まずは、やってみる』という意識を持つようにすると、お客様の評価も会社の評価ももっと上がって、大村さん自身のステップアップにもつながっていくと思うよ」

大村：「はい。ステップアップできるように頑張ります」

【コラム】
武蔵野独自の診断ツール「ミルメ」で、情報処理能力を可視化する

マルコポーロはおもに回答者の性格特性の見極めを目的としており、「単純な仕事や、複雑な仕事を行う能力」の測定には適していません。

そこで武蔵野は、回答者の処理能力を判断するツールを自社開発しました。それが**「ミルメ」**です（２０２３年１月から正式運用）。

回答者の仕事の適性やマインドセット（思考・行動パターン）などが可視化されるほか、採用の合否判定や社員に対するマネジメントのアドバイスなど、一歩踏み込んだ診断結果を提示できます。

ミルメの特徴

- **単純な仕事を行う能力、複雑な仕事を行う能力を高い精度で測定できる。**

- スマートフォンやタブレット端末で受けられる（自宅にいながらも受けられる）。
- 新卒採用や人財配置のミスマッチを減らすことができる。
- 社員のデータを蓄積した上で、選考者の基準を数値化できる（新卒採用では「基礎の失敗数が４以上だと不合格、応用の点数が１２０点未満だと不合格といったように、合格ラインが明確になる）。
- 人財診断（長所と短所）と適職診断（営業、内勤、企画、採用、ＤＸなど）を提示する。
- 小山昇の判定メソッドを搭載しているため、経営者目線での分析ができる。

わが社は、上司と部下との組み合わせを考える際、ミルメの「応用」の点数を参考にしています（１６４ページ）。上司と部下の「応用」の点数（3回のうち、もっとも高い点数）を比較したとき、部下の「応用」の点数が「25以上低い」と、仕事に対する理解度やスピード感が違いすぎて、ミスコミュニケーションが生じやすくなります。

多くの社長は、「仕事ができる上司に、仕事ができない部下をつけよう。そうすれば、部下は成長する」と考えます。ですが、武蔵野は違います。

「能力差（評価の差）の少ない社員同士を組ませる」のが基本です。

●「ミルメ」は情報処理能力の測定に優れたツール

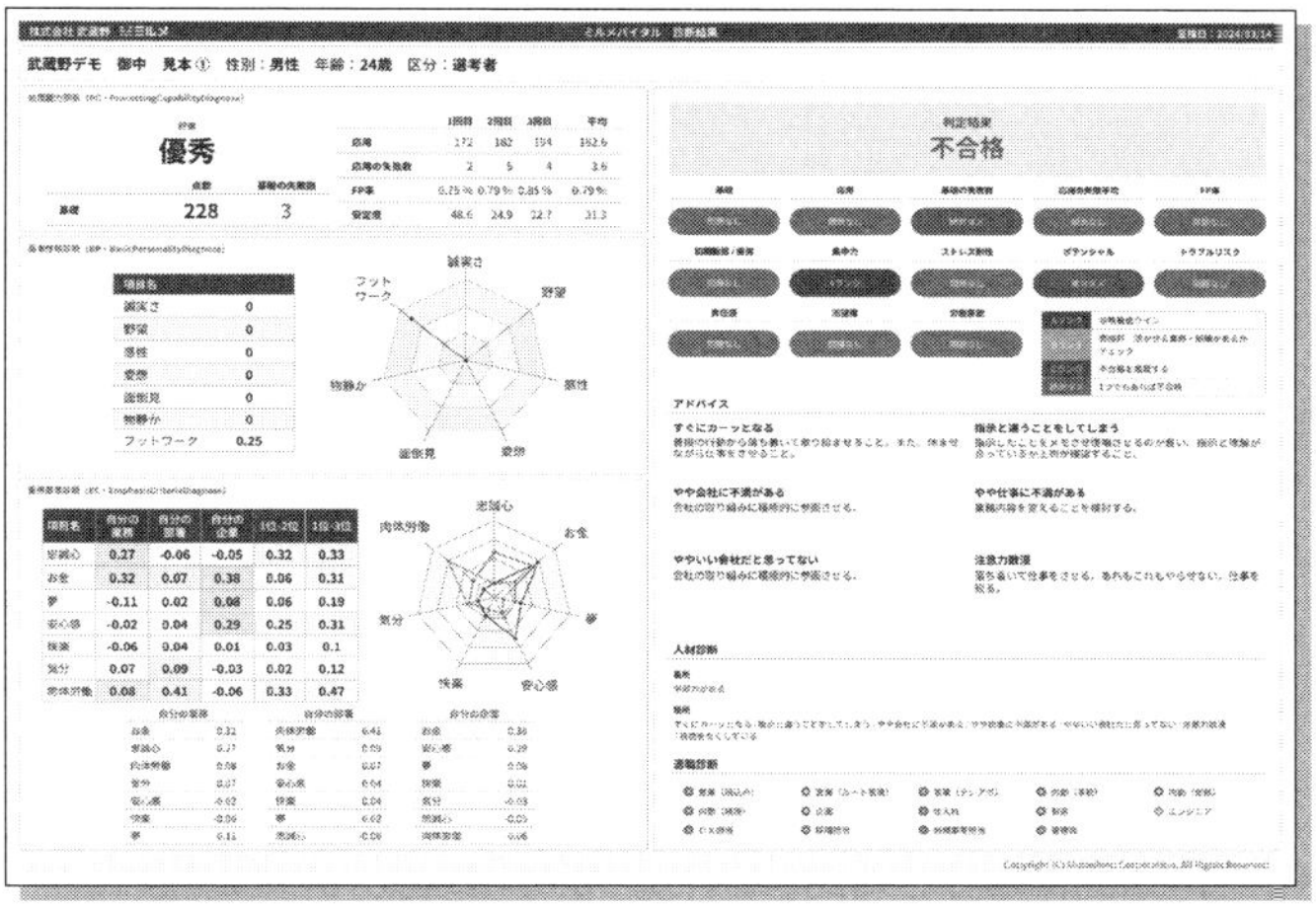

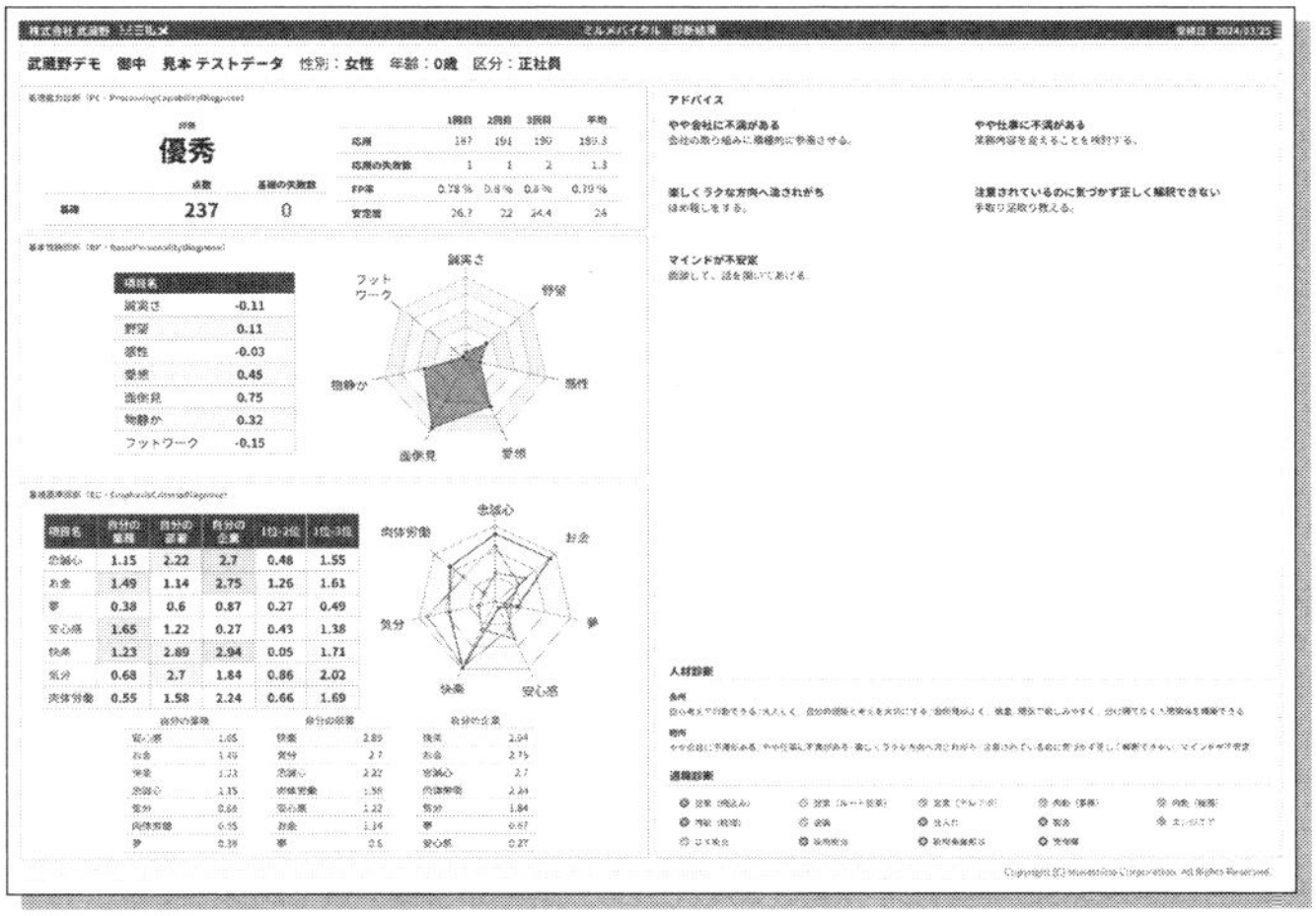

採用では社員の診断結果をもとに合格ラインを設定できる

●「ミルメ」の「応用」の点数をもとに組織を構成する

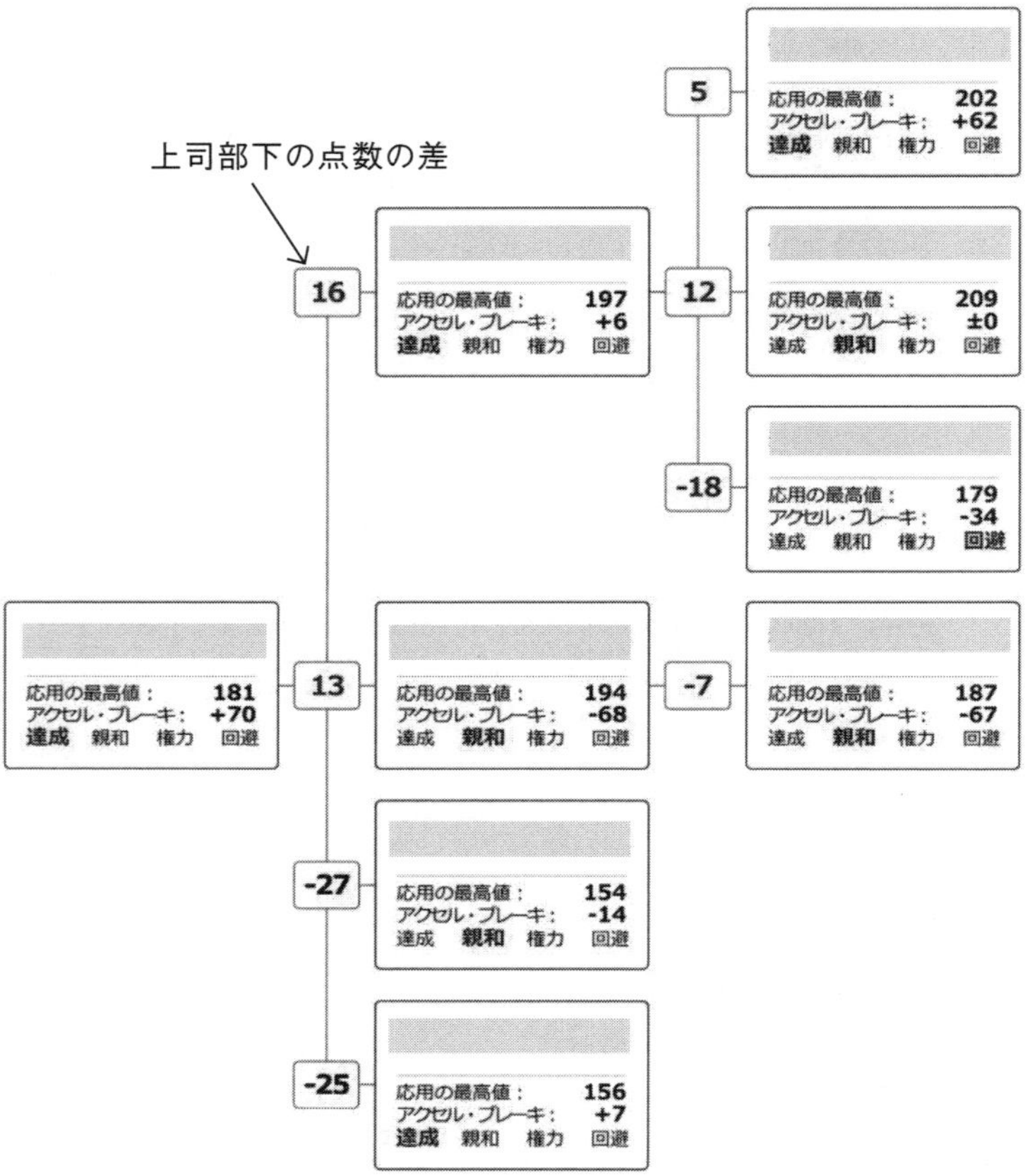

上司部下の差を「25点」以内にすると
コミュニケーションがうまくいきやすい

PART 4

マルコポーロ読み解き100本ノック

本章では、問題を解きながら、マルコポーロの「数値が示す行動傾向」と「面接シート（診断結果）の活用方法」を学びます。「どの数値が高い（低い）と、どのような行動を起こしやすいのか」を考えてみてください。正解と解説は、次ページ（次設問）の下部に掲載しています。

「性格特性」について

【基本的性格特性】

- **チーム志向** ………… ひとりで何かするよりも、仲間とするほうを好む姿勢。
- **気さくさ** ………… 知らない人とでも気軽につき合える姿勢。
- **フットワーク** ………… 状況に対応する行動を素早く起こせる姿勢。
- **協調優先** ………… 自分の考えを通すより協調を優先する姿勢。
- **多様性への対応** … 同じような人とばかりでなく、さまざまな人とつき合うことができる姿勢。
- **説得・交渉** ………… 人を説得したり、交渉したりすることを得意とする姿勢。
- **役割意識** ………… 役割を果たすことが大切だと考える姿勢。
- **誠実** ………… 自分が仮に損をするとしても社会や法のルールを破らない姿勢。
- **完遂** ………… 一度手がけたことは粘り強く進め、中途半端にしない姿勢。
- **安定性** ………… すぐに落ち込んだりイライラしたりしない姿勢。
- **回復力** ………… 一度落ち込んでも回復が早い姿勢。
- **配慮** ………… 気分が悪いときでも相手への態度には表れない姿勢。
- **情報欲** ………… わからないことがあると「知りたい」と思う姿勢。
- **緻密性** ………… 情報収集を周到に進める姿勢。
- **論理性** ………… 断片的でなく、体系的にものごとを考える姿勢。

【ビジネス的性格特性】

- **オリジナリティ**……人と違っていることを誇らしく感じる姿勢。
- **事業創造**…………新しいビジネスや事業を創りたいと考える姿勢。
- **挑戦心**……………難しい課題を前にするとワクワクして挑戦したくなる姿勢。
- **交流欲**……………外国人（価値観の異なる相手）と交流することに抵抗を感じない姿勢。
- **移動容易性**………海外や慣れ親しんでいない土地に住むことに抵抗を感じない姿勢。
- **順応性**……………慣れない環境でもすぐに馴染むことができる姿勢。
- **批判耐性**…………人から批判されたり、きつい言い方をされても気にならない姿勢。
- **負荷耐性**…………やることが増えても、不安になったり、強いプレッシャーを感じたりしない姿勢。
- **要求・指示耐性**…理不尽な要求に対してストレスを感じることなく仕事を進める姿勢。
- **自己理解**…………自分の適性や能力における強みと弱みを把握している姿勢。
- **向上心**……………「自分の能力を高められる仕事に就いていたい」と考える姿勢。
- **ポジティブさ**……「自分の未来は今より幸せになっている」と考える姿勢。
- **一流志向**…………どんなに苦労しても、社会に通用する一流の人財になりたいと考える姿勢。
- **経済的成功志向**…収入など経済的な成功を収めたいと考える姿勢。
- **評価志向**…………顧客からの評価などの賞賛を受けたいと考える姿勢。

1 いつも行くお店が決まっていたり、ルーティンを重視するタイプは？

A

A-① Big 5 基本的性格特性

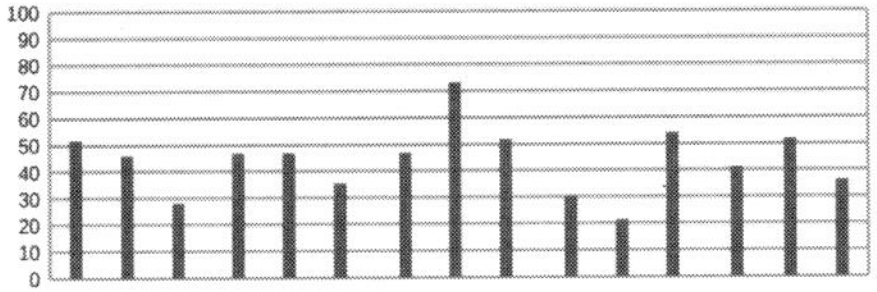

外向性			協調性			良識性			情緒安定性			知的好奇心		
52	46	28	47	47	35	47	73	52	30	21	54	41	52	36
チーム志向	気さくさ	フットワーク	協調優先	多様性への対応	説得・交渉	役割意識	誠実	完遂	安定性	回復力	配慮	情報欲	緻密性	論理性
42			43			57			35			43		

A-② Business Big 5 ビジネス的性格特性

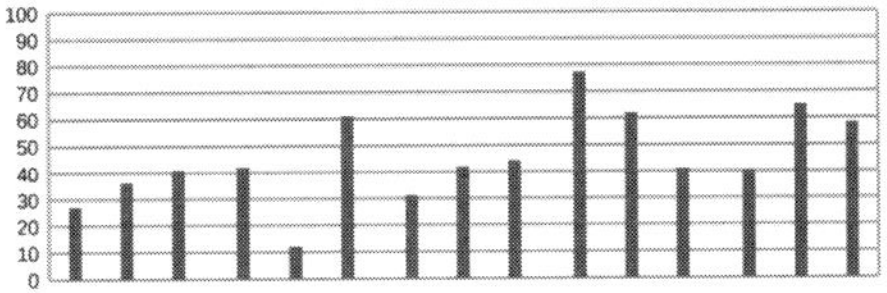

変革・創造			異文化適応			ストレス適応			自己実現			社会的成功		
27	36	41	42	12	61	31	42	44	77	62	41	40	65	58
オリジナリティ	事業創造	挑戦心	交流欲	移動容易性	順応性	批判耐性	負荷耐性	要求・指示耐性	自己理解	向上心	ポジティブさ	一流志向	経済的成功志向	評価志向
35			38			39			60			54		

B

A-① Big 5 基本的性格特性

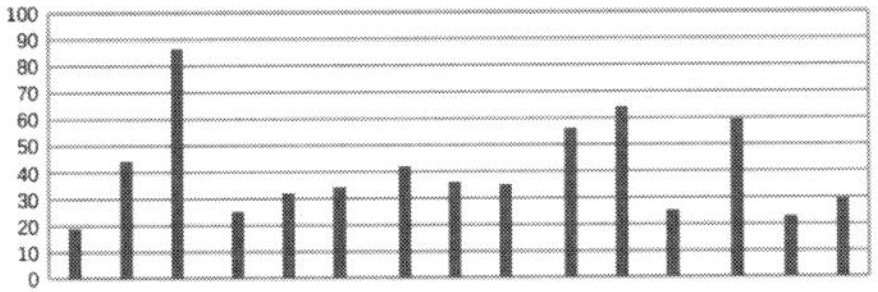

外向性			協調性			良識性			情緒安定性			知的好奇心		
19	44	86	25	32	34	42	36	35	56	64	25	59	23	29
チーム志向	気さくさ	フットワーク	協調優先	多様性への対応	説得・交渉	役割意識	誠実	完遂	安定性	回復力	配慮	情報欲	緻密性	論理性
49			30			38			48			37		

A-② Business Big 5 ビジネス的性格特性

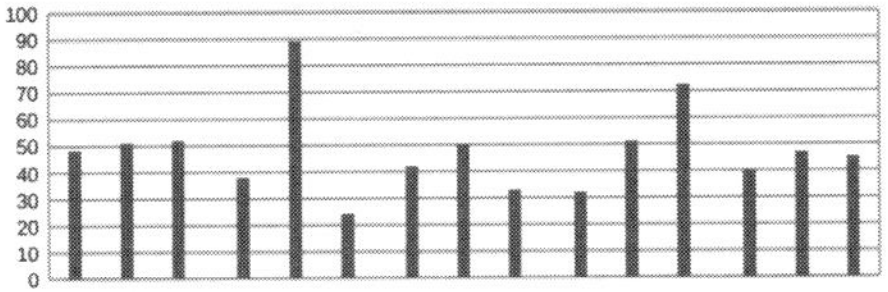

変革・創造			異文化適応			ストレス適応			自己実現			社会的成功		
48	51	52	38	89	24	42	50	33	32	51	72	40	47	45
オリジナリティ	事業創造	挑戦心	交流欲	移動容易性	順応性	批判耐性	負荷耐性	要求・指示耐性	自己理解	向上心	ポジティブさ	一流志向	経済的成功志向	評価志向
50			50			42			52			44		

❷ 自分のことよりも相手を優先するタイプは?

A

A-① Big 5 基本的性格特性

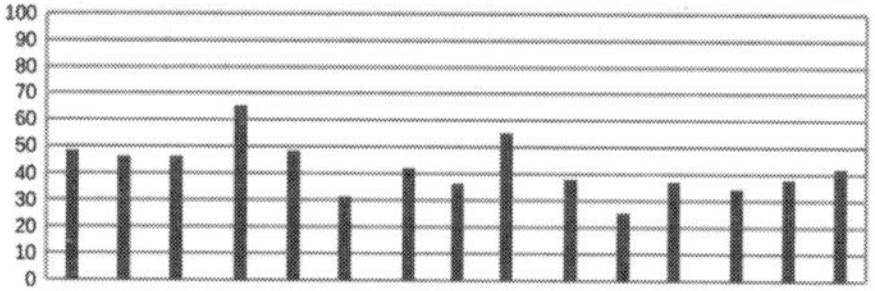

外向性			協調性			良識性			情緒安定性			知的好奇心		
チーム志向	気さくさ	フットワーク	協調優先	多様性への対応	説得・交渉	役割意識	誠実	完遂	安定性	回復力	配慮	情報欲	緻密性	論理性
48	46	46	65	48	31	42	36	55	38	25	37	34	38	42
47			48			44			33			38		

A-② Business Big 5 ビジネス的性格特性

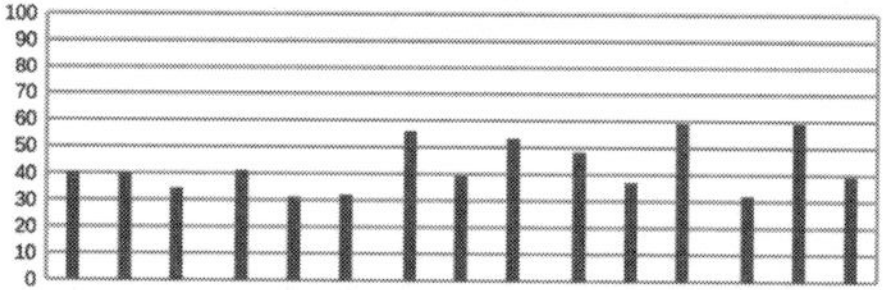

変革・創造			異文化適応			ストレス適応			自己実現			社会的成功		
オリジナリティ	事業創造	挑戦心	交流欲	移動容易性	順応性	批判耐性	負荷耐性	要求・指示耐性	自己理解	向上心	ポジティブさ	一流志向	経済的成功志向	評価志向
40	40	34	41	31	32	56	39	53	48	37	59	32	59	39
38			35			49			48			43		

B

A-① Big 5 基本的性格特性

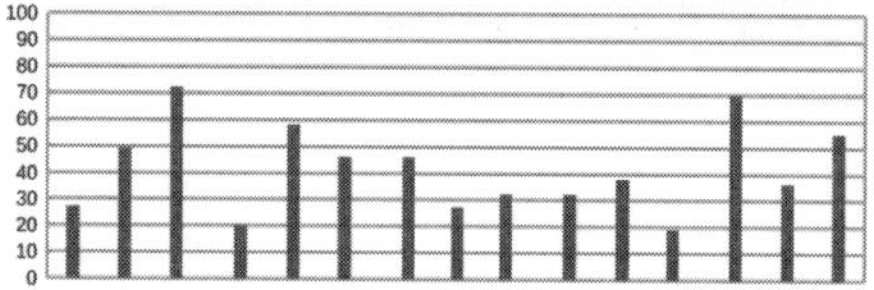

外向性			協調性			良識性			情緒安定性			知的好奇心		
チーム志向	気さくさ	フットワーク	協調優先	多様性への対応	説得・交渉	役割意識	誠実	完遂	安定性	回復力	配慮	情報欲	緻密性	論理性
27	49	72	20	58	46	46	27	32	32	38	19	70	36	55
49			41			35			30			53		

A-② Business Big 5 ビジネス的性格特性

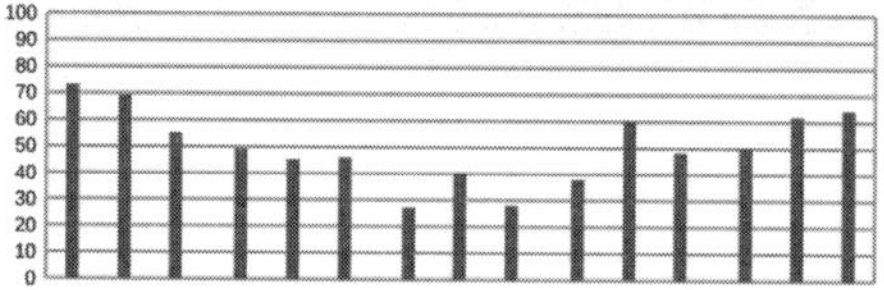

変革・創造			異文化適応			ストレス適応			自己実現			社会的成功		
オリジナリティ	事業創造	挑戦心	交流欲	移動容易性	順応性	批判耐性	負荷耐性	要求・指示耐性	自己理解	向上心	ポジティブさ	一流志向	経済的成功志向	評価志向
73	69	55	49	45	46	27	40	28	38	60	48	50	62	64
66			47			31			49			59		

❶の答え：A

解説:Aは「移動容易性」の数値が低く、新しい場所や新しい状況への柔軟性が低い傾向にあります。心理的・物理的な変化への抵抗感が強いため、毎日食べるものが同じだったり、ルーティン化した行動を好みます。

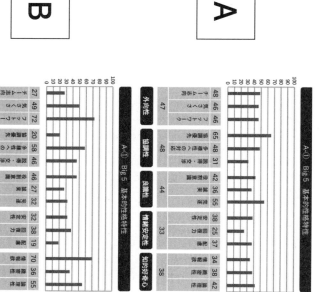

❸ 相手の無言の要求にも応えるタイプは?

A

A-① Big 5 基本的性格特性

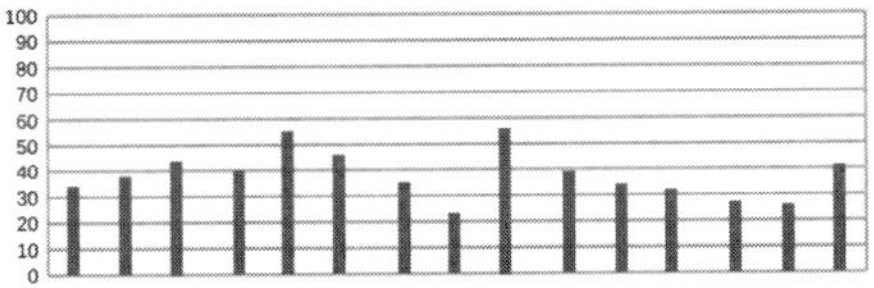

外向性			協調性			良識性			情緒安定性			知的好奇心		
チーム志向	気さくさ	フットワーク	協調優先	多様性への対応	説得・交渉	役割意識	誠実	完遂	安定性	回復力	配慮	情報欲	緻密性	論理性
34	38	44	40	55	46	35	23	56	39	34	32	27	26	41
39			47			38			35			32		

A-② Business Big 5 ビジネス的性格特性

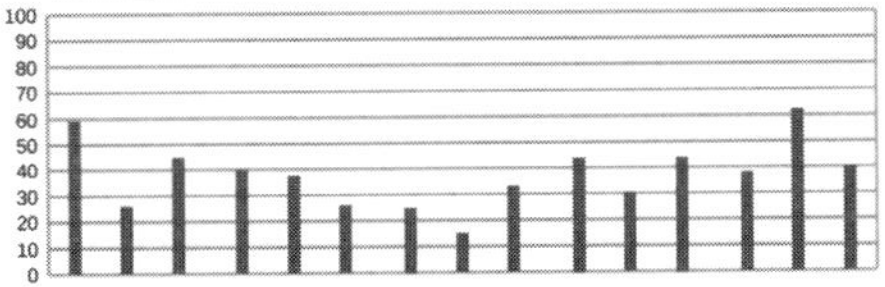

変革・創造			異文化適応			ストレス適応			自己実現			社会的成功		
オリジナリティ	事業創造	挑戦心	交流欲	移動容易性	順応性	批判耐性	負荷耐性	要求・指示耐性	自己理解	向上心	ポジティブさ	一流志向	経済的成功志向	評価志向
59	26	45	40	37	26	25	15	33	44	30	44	38	62	40
43			34			25			39			47		

B

A-① Big 5 基本的性格特性

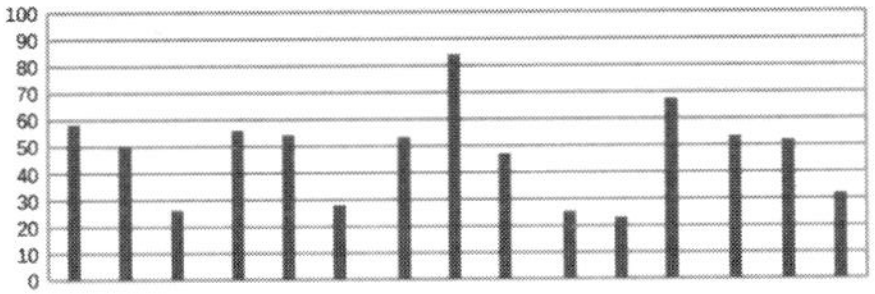

外向性			協調性			良識性			情緒安定性			知的好奇心		
チーム志向	気さくさ	フットワーク	協調優先	多様性への対応	説得・交渉	役割意識	誠実	完遂	安定性	回復力	配慮	情報欲	緻密性	論理性
58	50	26	56	54	28	53	84	47	25	23	67	53	52	32
44			46			61			39			46		

A-② Business Big 5 ビジネス的性格特性

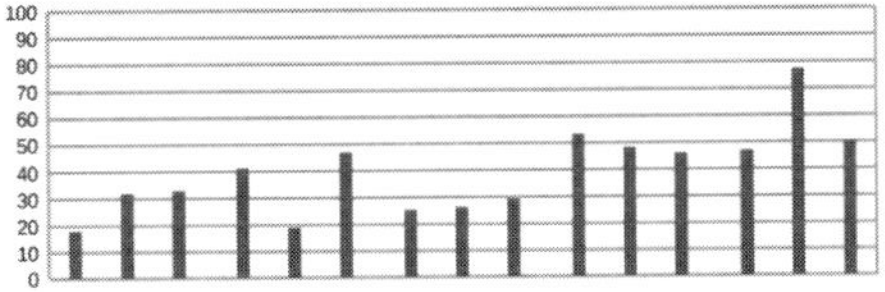

変革・創造			異文化適応			ストレス適応			自己実現			社会的成功		
オリジナリティ	事業創造	挑戦心	交流欲	移動容易性	順応性	批判耐性	負荷耐性	要求・指示耐性	自己理解	向上心	ポジティブさ	一流志向	経済的成功志向	評価志向
18	32	33	41	19	47	25	26	29	53	48	46	47	77	50
27			36			27			49			58		

❷の答え A 解説:Aは「協調優先」の数値が高く、自分のニーズや欲求を通すより、相手を優先する傾向があります。

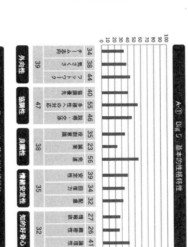

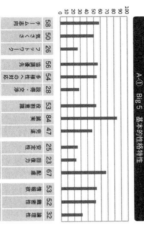

4 思ったことを相手に言えるタイプは?

A

A-① Big 5 基本的性格特性

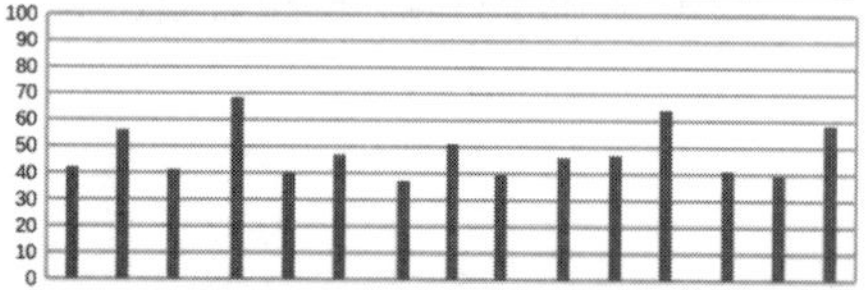

外向性			協調性			良識性			情緒安定性			知的好奇心		
チーム志向	気さくさ	フットワーク	協調優先	多様性への対応	説得・交渉	役割意識	誠実	完遂	安定性	回復力	配慮	情報欲	緻密性	論理性
42	56	41	68	40	47	37	51	39	46	47	64	41	39	58
47			51			42			52			46		

A-② Business Big 5 ビジネス的性格特性

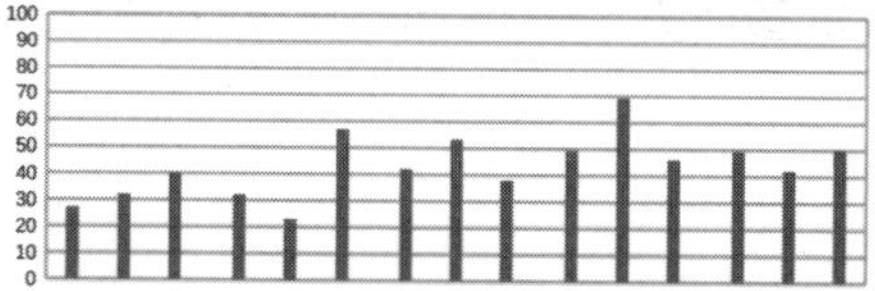

変革・創造			異文化適応			ストレス適応			自己実現			社会的成功		
オリジナリティ	事業創造	挑戦心	交流欲	移動容易性	順応性	批判耐性	負荷耐性	要求・指示耐性	自己理解	向上心	ポジティブさ	一流志向	経済的成功志向	評価志向
27	32	40	32	23	57	42	53	38	49	69	46	49	42	50
33			37			44			55			47		

B

A-① Big 5 基本的性格特性

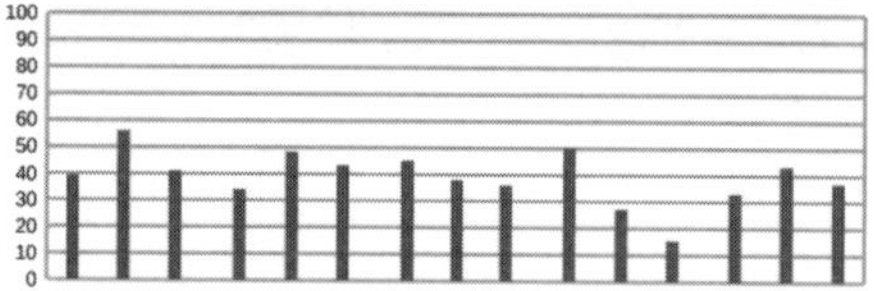

外向性			協調性			良識性			情緒安定性			知的好奇心		
チーム志向	気さくさ	フットワーク	協調優先	多様性への対応	説得・交渉	役割意識	誠実	完遂	安定性	回復力	配慮	情報欲	緻密性	論理性
39	56	41	34	48	43	45	38	36	50	27	15	33	43	37
45			42			40			31			37		

A-② Business Big 5 ビジネス的性格特性

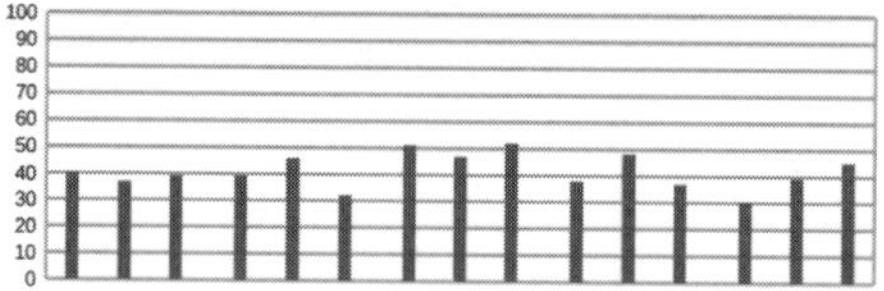

変革・創造			異文化適応			ストレス適応			自己実現			社会的成功		
オリジナリティ	事業創造	挑戦心	交流欲	移動容易性	順応性	批判耐性	負荷耐性	要求・指示耐性	自己理解	向上心	ポジティブさ	一流志向	経済的成功志向	評価志向
40	37	39	39	46	32	51	47	52	38	48	37	30	39	45
39			39			50			41			38		

❸の答え：B

解説:「誠実」が「80」を越えており、「自分が損してもルールを守る姿勢」を持っています。自分が「こう」と決めたことに徹底してこだわるタイプです。

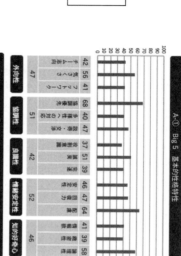

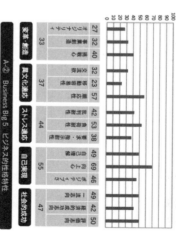

❺ できないことをできると思っているタイプは?

A

A-① Big 5 基本的性格特性

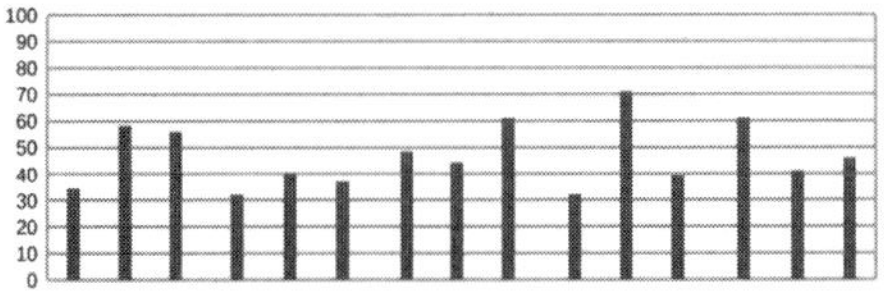

外向性			協調性			良識性			情緒安定性			知的好奇心		
チーム志向	気さくさ	フットワーク	協調優先	多様性への対応	説得・交渉	役割意識	誠実	完遂	安定性	回復力	配慮	情報欲	緻密性	論理性
34	58	56	32	40	37	48	44	61	32	71	39	61	41	46
50			36			51			48			49		

A-② Business Big 5 ビジネス的性格特性

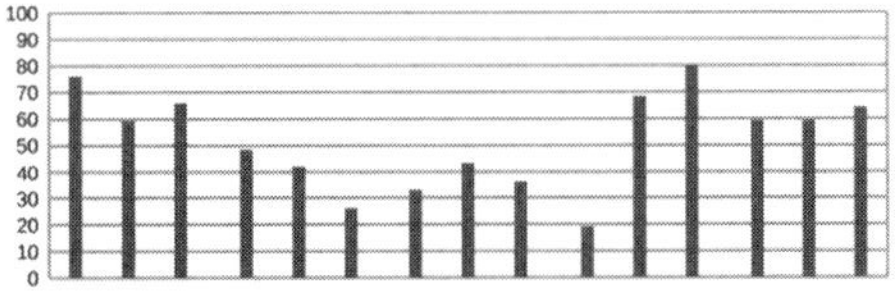

変革・創造			異文化適応			ストレス適応			自己実現			社会的成功		
オリジナリティ	事業創造	挑戦心	交流欲	移動容易性	順応性	批判耐性	負荷耐性	要求・指示耐性	自己理解	向上心	ポジティブさ	一流志向	経済的成功志向	評価志向
76	59	66	48	42	26	33	43	36	19	68	80	59	59	64
67			39			37			55			61		

B

A-① Big 5 基本的性格特性

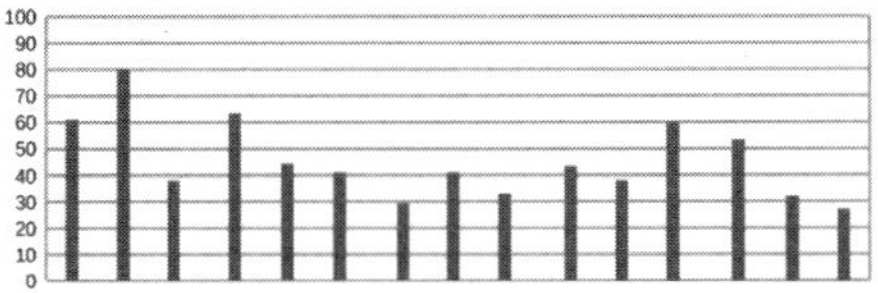

外向性			協調性			良識性			情緒安定性			知的好奇心		
チーム志向	気さくさ	フットワーク	協調優先	多様性への対応	説得・交渉	役割意識	誠実	完遂	安定性	回復力	配慮	情報欲	緻密性	論理性
61	80	38	63	44	41	29	41	33	43	38	60	53	32	27
60			49			34			47			37		

A-② Business Big 5 ビジネス的性格特性

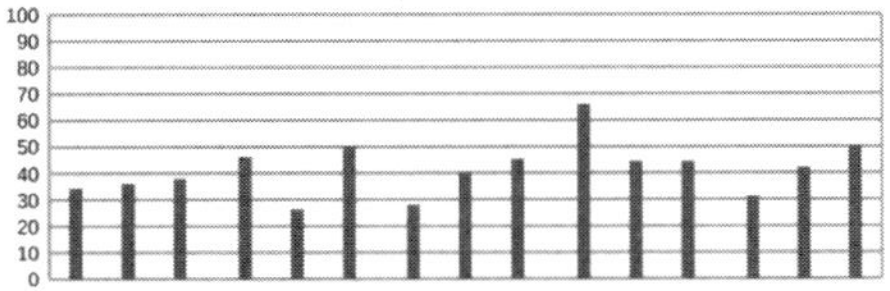

変革・創造			異文化適応			ストレス適応			自己実現			社会的成功		
オリジナリティ	事業創造	挑戦心	交流欲	移動容易性	順応性	批判耐性	負荷耐性	要求・指示耐性	自己理解	向上心	ポジティブさ	一流志向	経済的成功志向	評価志向
34	36	38	46	26	50	28	40	45	66	44	44	31	42	50
36			41			38			52			41		

❹の答え ： B 解説:「配慮」が低いため、「厳しいこと」「大事なこと」を遠慮なく口にできます。指導者に向いています。

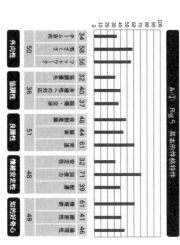

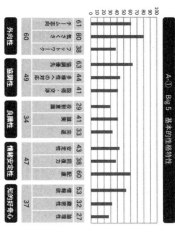

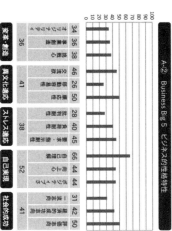

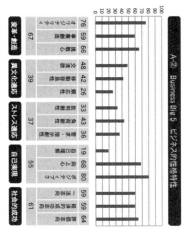

6 嫌なことをすぐに忘れるタイプは?

A

A-① Big 5 基本的性格特性

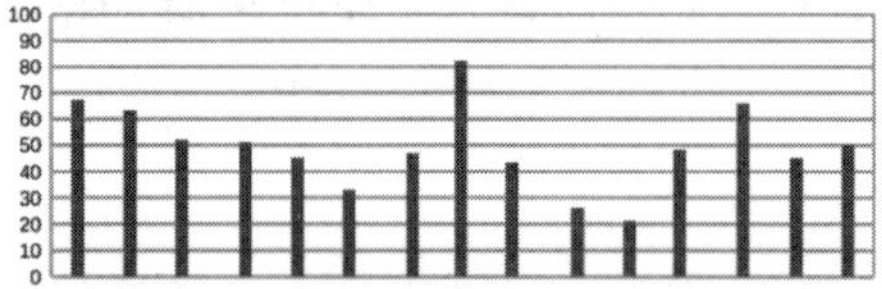

外向性			協調性			良識性			情緒安定性			知的好奇心		
67	63	52	51	45	33	47	82	43	26	21	48	66	45	50
チーム志向	気さくさ	フットワーク	協調優先	多様性への対応	説得・交渉	役割意識	誠実	完遂	安定性	回復力	配慮	情報欲	緻密性	論理性
61			43			58			31			54		

A-② Business Big 5 ビジネス的性格特性

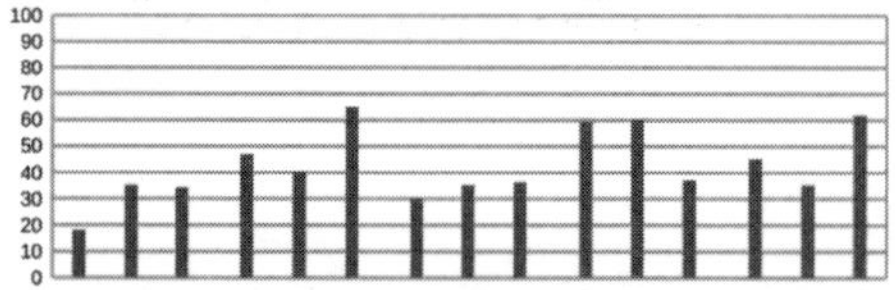

変革・創造			異文化適応			ストレス適応			自己実現			社会的成功		
18	35	34	47	40	65	30	35	36	59	60	37	45	35	62
オリジナリティ	事業創造	挑戦心	交流欲	移動容易性	順応性	批判耐性	負荷耐性	要求・指示耐性	自己理解	向上心	ポジティブさ	一流志向	経済的成功志向	評価志向
29			51			33			52			48		

B

A-① Big 5 基本的性格特性

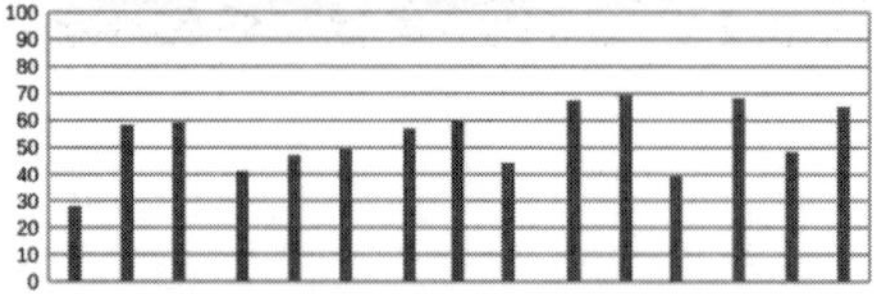

外向性			協調性			良識性			情緒安定性			知的好奇心		
28	58	59	41	47	49	57	60	44	67	69	39	68	48	65
チーム志向	気さくさ	フットワーク	協調優先	多様性への対応	説得・交渉	役割意識	誠実	完遂	安定性	回復力	配慮	情報欲	緻密性	論理性
49			46			54			58			60		

A-② Business Big 5 ビジネス的性格特性

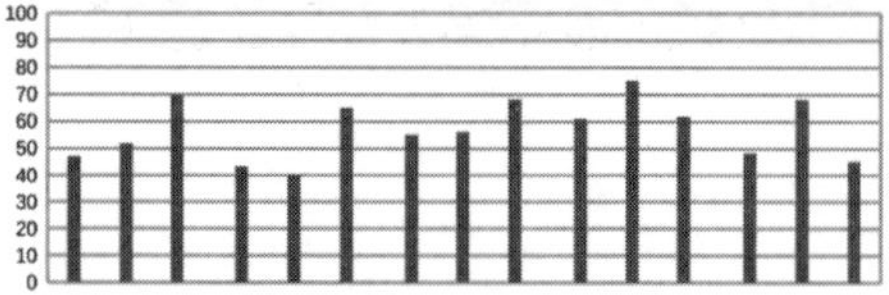

変革・創造			異文化適応			ストレス適応			自己実現			社会的成功		
47	52	70	43	40	65	55	56	68	61	75	62	48	68	45
オリジナリティ	事業創造	挑戦心	交流欲	移動容易性	順応性	批判耐性	負荷耐性	要求・指示耐性	自己理解	向上心	ポジティブさ	一流志向	経済的成功志向	評価志向
56			49			60			66			53		

❺の答え : A

解説:「向上心」と「ポジティブさ」が高い人は、「自分はやればできる!」という自己有能感(自信)を持っています。ですがAさんは「自己理解」が低いため、「できる、できない」の見極めができていないことがうかがえます。

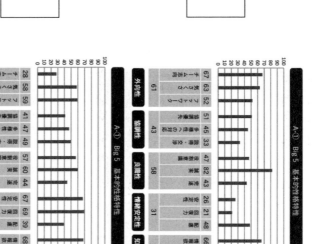

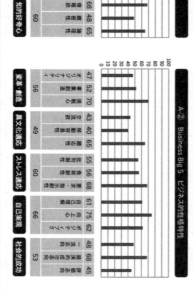

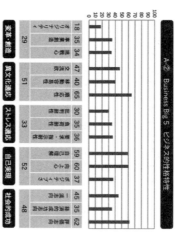

❼ ものごとを判断するときにストーリーを大切にするタイプは?

A

A-① Big 5 基本的性格特性

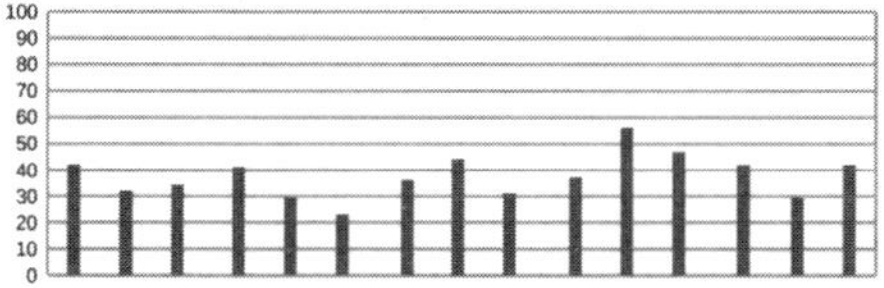

外向性			協調性			良識性			情緒安定性			知的好奇心		
42	32	34	41	29	23	36	44	31	37	56	47	42	29	42
チーム志向	気さくさ	フットワーク	協調優先	多様性への対応	説得・交渉	役割意識	誠実	完遂	安定性	回復力	配慮	情報欲	緻密性	論理性
36			31			37			47			38		

A-② Business Big 5 ビジネス的性格特性

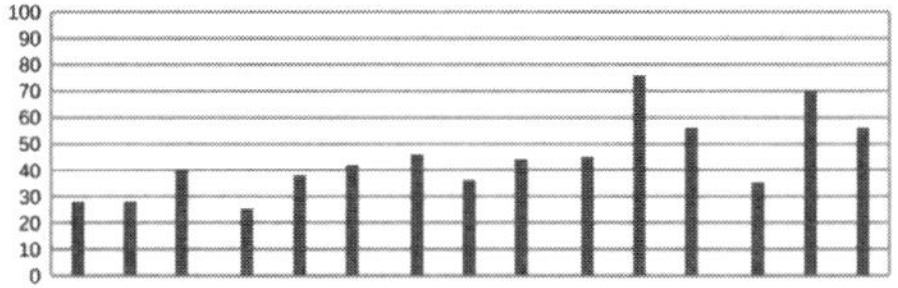

変革・創造			異文化適応			ストレス適応			自己実現			社会的成功		
28	28	40	25	38	42	46	36	44	45	76	56	35	70	56
オリジナリティ	事業創造	挑戦心	交流欲	移動容易性	順応性	批判耐性	負荷耐性	要求・指示耐性	自己理解	向上心	ポジティブさ	一流志向	経済的成功志向	評価志向
32			35			42			59			54		

B

A-① Big 5 基本的性格特性

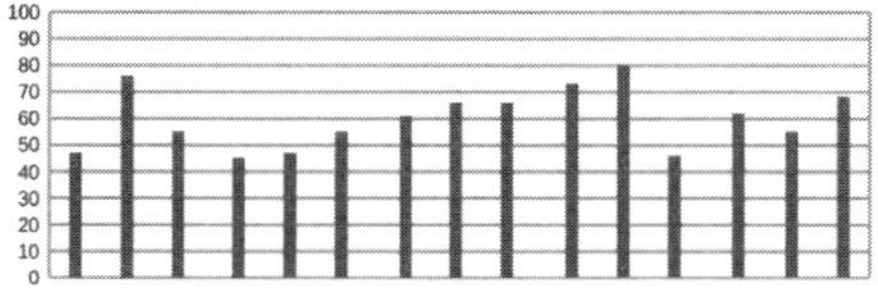

外向性			協調性			良識性			情緒安定性			知的好奇心		
47	76	55	45	47	55	61	66	66	73	80	46	62	55	68
チーム志向	気さくさ	フットワーク	協調優先	多様性への対応	説得・交渉	役割意識	誠実	完遂	安定性	回復力	配慮	情報欲	緻密性	論理性
59			49			64			66			61		

A-② Business Big 5 ビジネス的性格特性

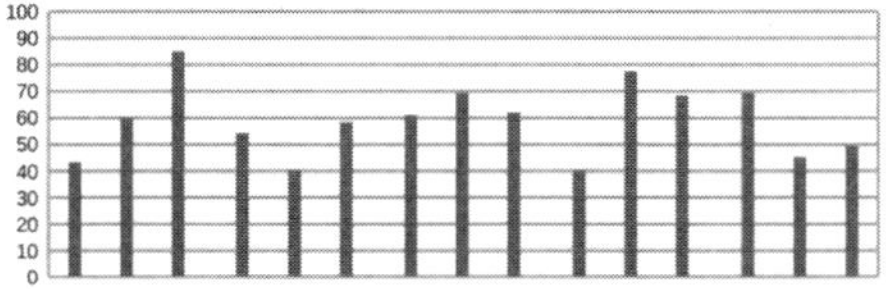

変革・創造			異文化適応			ストレス適応			自己実現			社会的成功		
43	60	85	54	40	58	61	69	62	40	77	68	69	45	49
オリジナリティ	事業創造	挑戦心	交流欲	移動容易性	順応性	批判耐性	負荷耐性	要求・指示耐性	自己理解	向上心	ポジティブさ	一流志向	経済的成功志向	評価志向
63			51			64			62			54		

❻の答え B 解説:「回復力」が高いため、切り替えが早くできます。

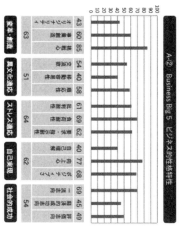

❽ 抽象化能力（概念化思考力）が高いタイプは？（ものごとの解決プロセスを考えるのが上手いタイプは？）

A

A-①　Big 5　基本的性格特性

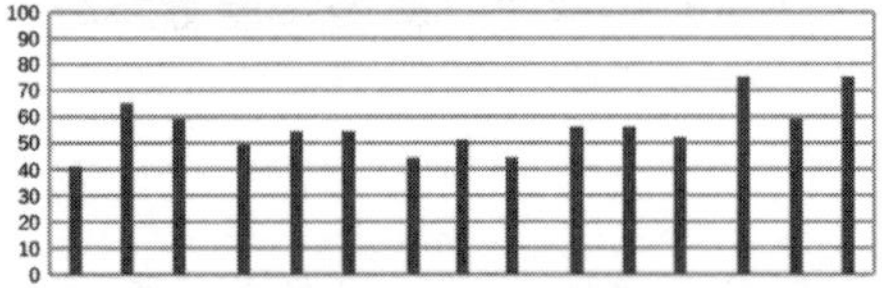

外向性			協調性			良識性			情緒安定性			知的好奇心		
チーム志向	気さくさ	フットワーク	協調優先	多様性への対応	説得・交渉	役割意識	誠実	完遂	安定性	回復力	配慮	情報欲	緻密性	論理性
41	65	59	49	54	54	44	51	44	56	56	52	75	59	75
55			52			47			55			70		

A-②　Business Big 5　ビジネス的性格特性

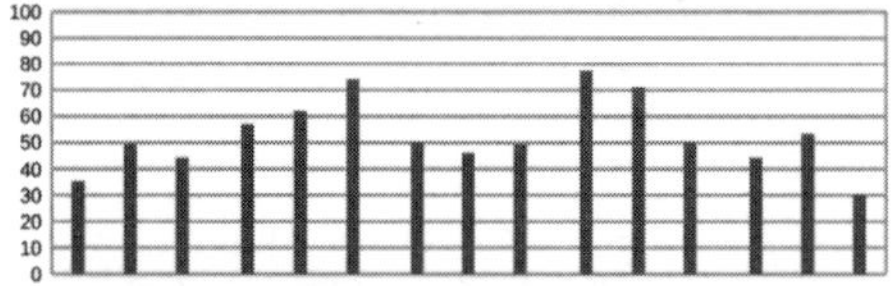

変革・創造			異文化適応			ストレス適応			自己実現			社会的成功		
オリジナリティ	事業創造	挑戦心	交流欲	移動容易性	順応性	批判耐性	負荷耐性	要求・指示耐性	自己理解	向上心	ポジティブさ	一流志向	経済的成功志向	評価志向
35	49	44	57	62	74	50	46	49	77	71	50	44	53	30
43			64			48			66			42		

B

A-①　Big 5　基本的性格特性

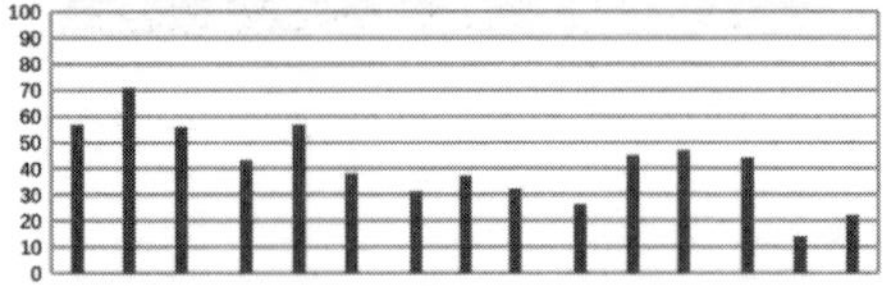

外向性			協調性			良識性			情緒安定性			知的好奇心		
チーム志向	気さくさ	フットワーク	協調優先	多様性への対応	説得・交渉	役割意識	誠実	完遂	安定性	回復力	配慮	情報欲	緻密性	論理性
57	71	56	43	57	38	31	37	32	26	45	47	44	14	22
61			46			33			39			27		

A-②　Business Big 5　ビジネス的性格特性

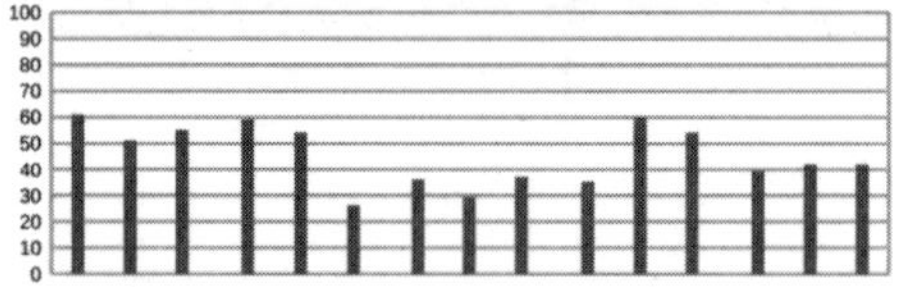

変革・創造			異文化適応			ストレス適応			自己実現			社会的成功		
オリジナリティ	事業創造	挑戦心	交流欲	移動容易性	順応性	批判耐性	負荷耐性	要求・指示耐性	自己理解	向上心	ポジティブさ	一流志向	経済的成功志向	評価志向
61	51	55	59	54	26	36	29	37	35	60	54	39	42	42
56			46			34			50			41		

❼の答え：B　解説：「一流志向」と「論理性」が高い人は、サクセスストーリーやブランドのストーリーをロジカルに重視する傾向があります。

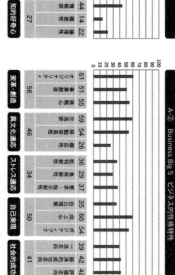

❾ 絶対に約束を守るし、損をするとわかっていても嘘をつかないタイプは？

A

A-① Big 5 基本的性格特性

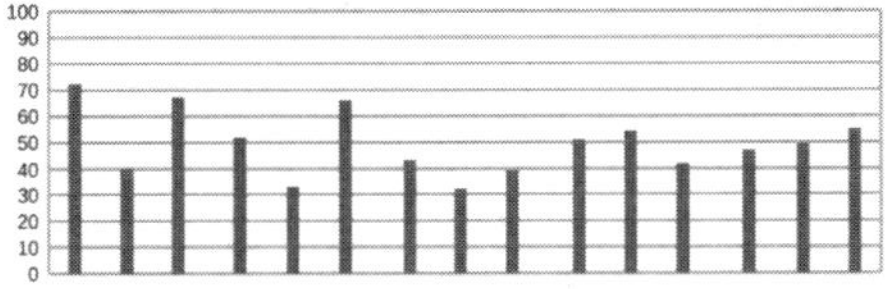

外向性			協調性			良識性			情緒安定性			知的好奇心		
72	40	67	52	33	66	43	32	39	51	54	42	47	49	55
チーム志向	気さくさ	フットワーク	協調優先	多様性への対応	説得・交渉	役割意識	誠実	完遂	安定性	回復力	配慮	情報欲	緻密性	論理性
60			51			38			49			50		

A-② Business Big 5 ビジネス的性格特性

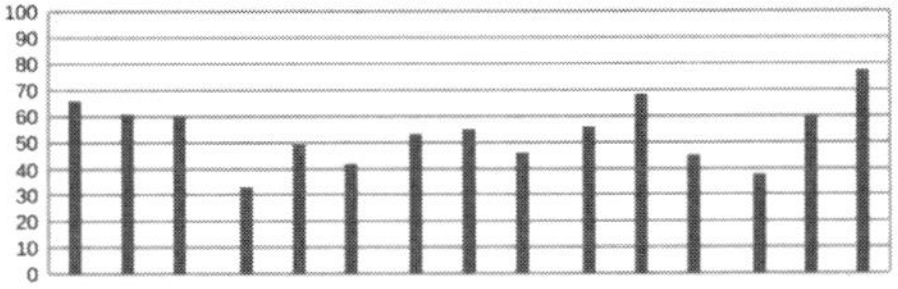

変革・創造			異文化適応			ストレス適応			自己実現			社会的成功		
66	61	60	33	49	42	53	55	46	56	68	45	38	60	77
オリジナリティ	事業創造	挑戦心	交流欲	移動容易性	順応性	批判耐性	負荷耐性	要求・指示耐性	自己理解	向上心	ポジティブさ	一流志向	経済的成功志向	評価志向
62			41			51			56			58		

B

A-① Big 5 基本的性格特性

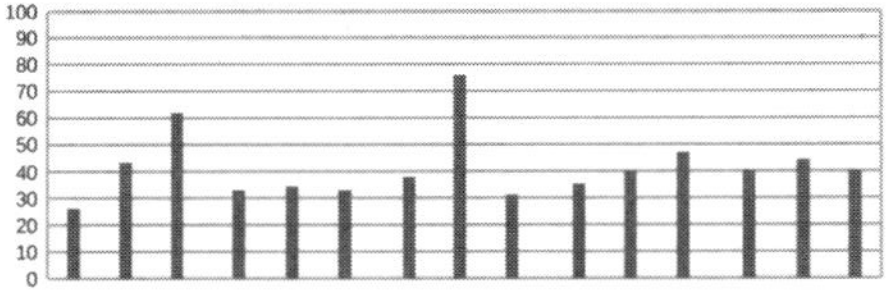

外向性			協調性			良識性			情緒安定性			知的好奇心		
26	43	62	33	34	33	38	76	31	35	40	47	40	44	40
チーム志向	気さくさ	フットワーク	協調優先	多様性への対応	説得・交渉	役割意識	誠実	完遂	安定性	回復力	配慮	情報欲	緻密性	論理性
43			33			49			41			41		

A-② Business Big 5 ビジネス的性格特性

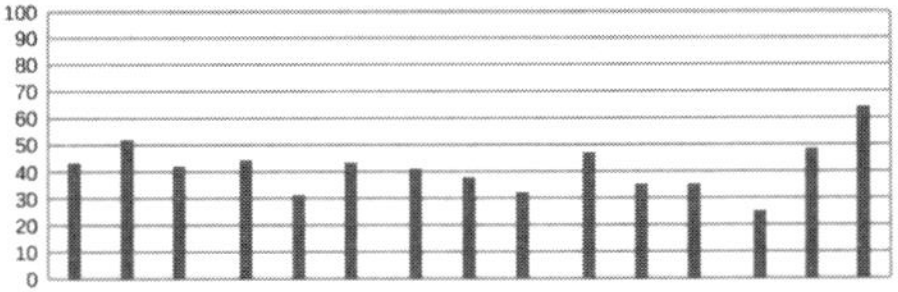

変革・創造			異文化適応			ストレス適応			自己実現			社会的成功		
43	52	42	44	31	43	41	38	32	47	35	35	25	48	64
オリジナリティ	事業創造	挑戦心	交流欲	移動容易性	順応性	批判耐性	負荷耐性	要求・指示耐性	自己理解	向上心	ポジティブさ	一流志向	経済的成功志向	評価志向
46			39			37			39			46		

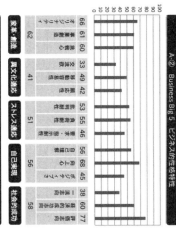

❽の答え：A

解説：「論理性」が高いため、ものごとの構造を立体的に解釈できます。問題が山積みになっていても「どの問題から解決していけばいいか」をすぐに判断できます。

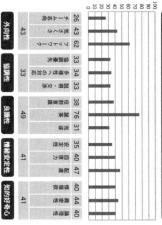

⑩ やると決めたらすぐに行動に移せるタイプは?

A

A-① Big 5 基本的性格特性

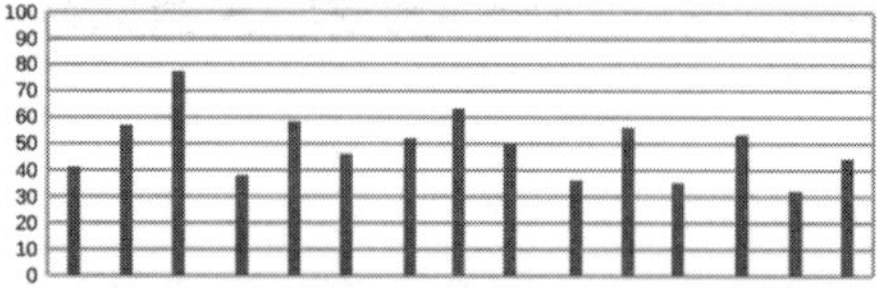

外向性			協調性			良識性			情緒安定性			知的好奇心		
チーム志向	気さくさ	フットワーク	協調優先	多様性への対応	説得・交渉	役割意識	誠実	完遂	安定性	回復力	配慮	情報欲	緻密性	論理性
41	57	77	38	58	46	52	63	50	36	56	35	53	32	44
58			47			55			42			43		

A-② Business Big 5 ビジネス的性格特性

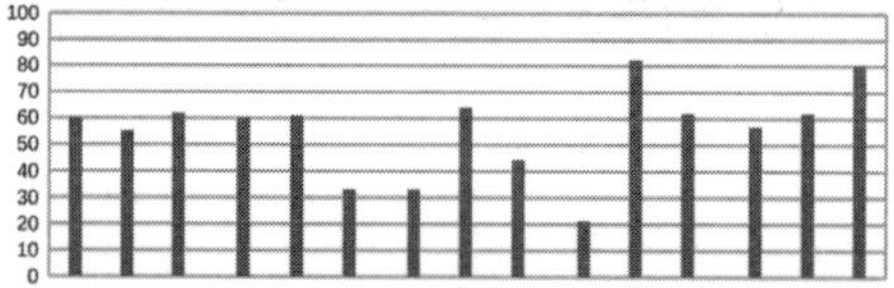

変革・創造			異文化適応			ストレス適応			自己実現			社会的成功		
オリジナリティ	事業創造	挑戦心	交流欲	移動容易性	順応性	批判耐性	負荷耐性	要求・指示耐性	自己理解	向上心	ポジティブさ	一流志向	経済的成功志向	評価志向
60	55	62	60	61	33	33	64	44	21	82	62	57	62	80
59			51			47			55			66		

B

A-① Big 5 基本的性格特性

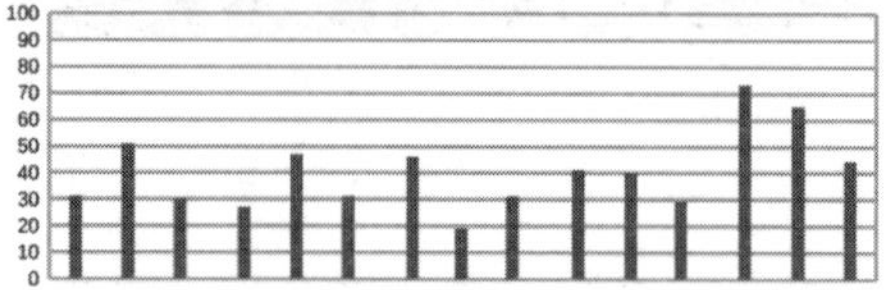

外向性			協調性			良識性			情緒安定性			知的好奇心		
チーム志向	気さくさ	フットワーク	協調優先	多様性への対応	説得・交渉	役割意識	誠実	完遂	安定性	回復力	配慮	情報欲	緻密性	論理性
31	51	30	27	47	31	46	19	31	41	40	29	73	65	44
37			35			32			36			61		

A-② Business Big 5 ビジネス的性格特性

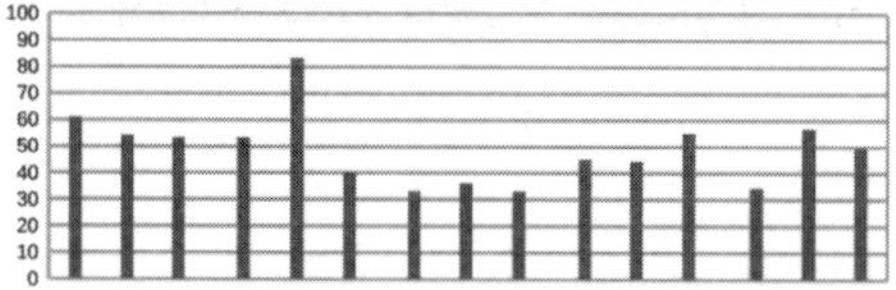

変革・創造			異文化適応			ストレス適応			自己実現			社会的成功		
オリジナリティ	事業創造	挑戦心	交流欲	移動容易性	順応性	批判耐性	負荷耐性	要求・指示耐性	自己理解	向上心	ポジティブさ	一流志向	経済的成功志向	評価志向
61	54	53	53	83	40	33	36	33	45	44	55	34	57	49
56			59			34			48			47		

❾の答え： B　解説:「誠実」が高いため、自分が損するとしてもルールを守ります。「誠実」はマネジャーの必須要素です。

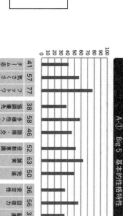

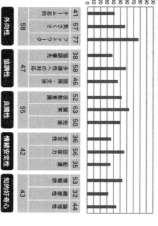

⓫ 打たれ強いタイプは?

A

A-① Big 5 基本的性格特性

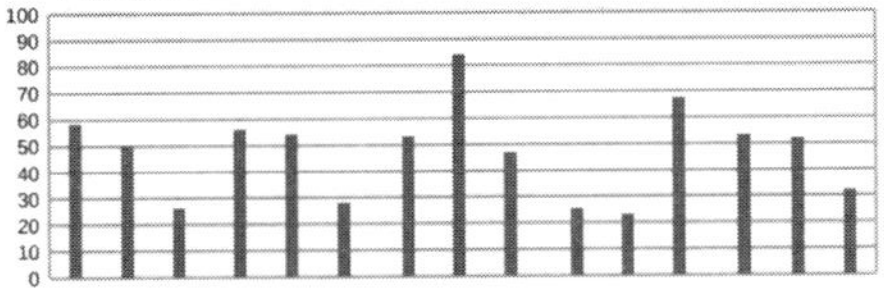

外向性			協調性			良識性			情緒安定性			知的好奇心		
チーム志向	気さくさ	フットワーク	協調優先	多様性への対応	説得・交渉	役割意識	誠実	完遂	安定性	回復力	配慮	情報欲	緻密性	論理性
58	50	26	56	54	28	53	84	47	25	23	67	53	52	32
44			46			61			39			46		

A-② Business Big 5 ビジネス的性格特性

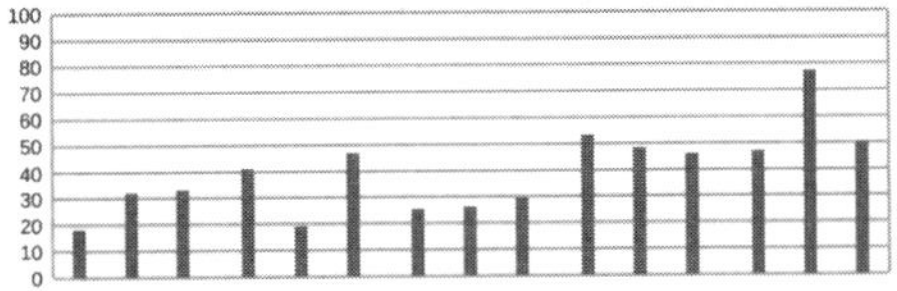

変革・創造			異文化適応			ストレス適応			自己実現			社会的成功		
オリジナリティ	事業創造	挑戦心	交流欲	移動容易性	順応性	批判耐性	負荷耐性	要求・指示耐性	自己理解	向上心	ポジティブさ	一流志向	経済的成功志向	評価志向
18	32	33	41	19	47	25	26	29	53	48	46	47	77	50
27			36			27			49			58		

B

A-① Big 5 基本的性格特性

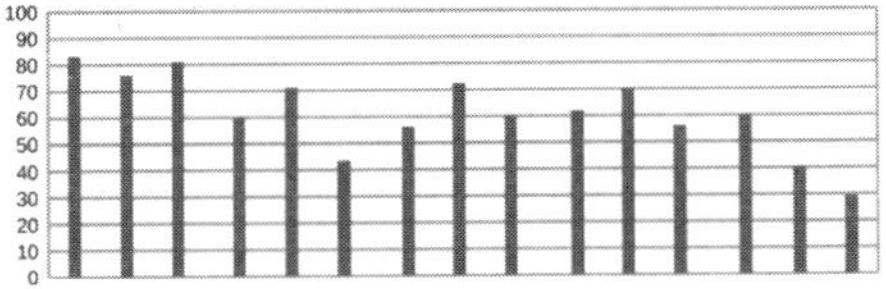

外向性			協調性			良識性			情緒安定性			知的好奇心		
チーム志向	気さくさ	フットワーク	協調優先	多様性への対応	説得・交渉	役割意識	誠実	完遂	安定性	回復力	配慮	情報欲	緻密性	論理性
83	76	81	60	71	43	56	72	60	62	70	56	60	40	29
80			58			63			63			43		

A-② Business Big 5 ビジネス的性格特性

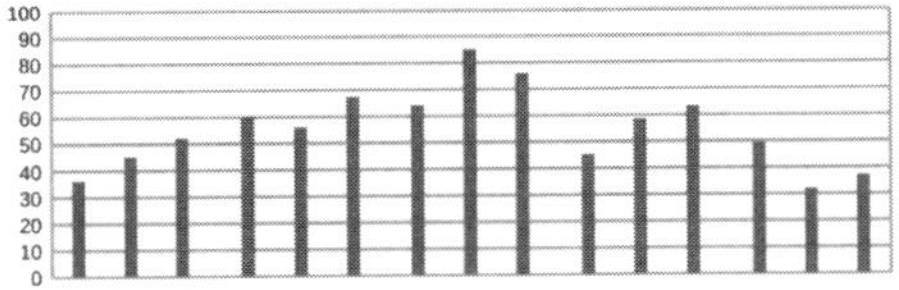

変革・創造			異文化適応			ストレス適応			自己実現			社会的成功		
オリジナリティ	事業創造	挑戦心	交流欲	移動容易性	順応性	批判耐性	負荷耐性	要求・指示耐性	自己理解	向上心	ポジティブさ	一流志向	経済的成功志向	評価志向
36	45	52	60	56	67	64	85	76	45	58	63	49	32	37
44			61			75			55			40		

❿の答え　A　解説:「フットワーク」が高い人は行動的です。フットワークと「緻密性」は対照的で、スピードを重視すると雑になるので緻密性が低くなります。

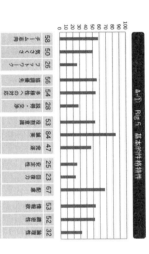

⑫ 自分とは異なる価値観、文化背景でも歩み寄っていけるタイプは？

A

A-① Big 5 基本的性格特性

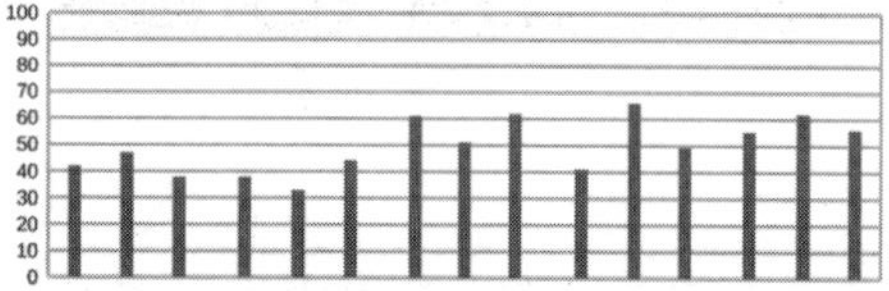

外向性			協調性			良識性			情緒安定性			知的好奇心		
42	47	38	38	33	44	61	51	62	41	66	49	55	62	56
チーム志向	気さくさ	フットワーク	協調優先	多様性への対応	説得・交渉	役割意識	誠実	完遂	安定性	回復力	配慮	情報欲	緻密性	論理性
42			39			58			52			58		

A-② Business Big 5 ビジネス的性格特性

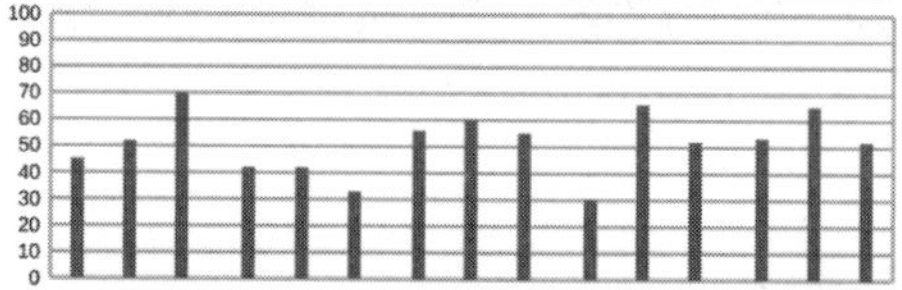

変革・創造			異文化適応			ストレス適応			自己実現			社会的成功		
45	52	70	42	42	33	56	60	55	30	66	52	53	65	52
オリジナリティ	事業創造	挑戦心	交流欲	移動容易性	順応性	批判耐性	負荷耐性	要求・指示耐性	自己理解	向上心	ポジティブさ	一流志向	経済的成功志向	評価志向
56			39			57			49			57		

B

A-① Big 5 基本的性格特性

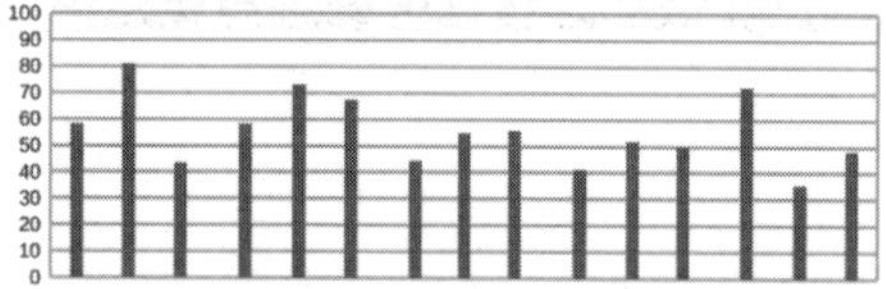

外向性			協調性			良識性			情緒安定性			知的好奇心		
58	81	43	58	73	67	44	55	56	41	52	50	72	35	48
チーム志向	気さくさ	フットワーク	協調優先	多様性への対応	説得・交渉	役割意識	誠実	完遂	安定性	回復力	配慮	情報欲	緻密性	論理性
61			66			52			48			52		

A-② Business Big 5 ビジネス的性格特性

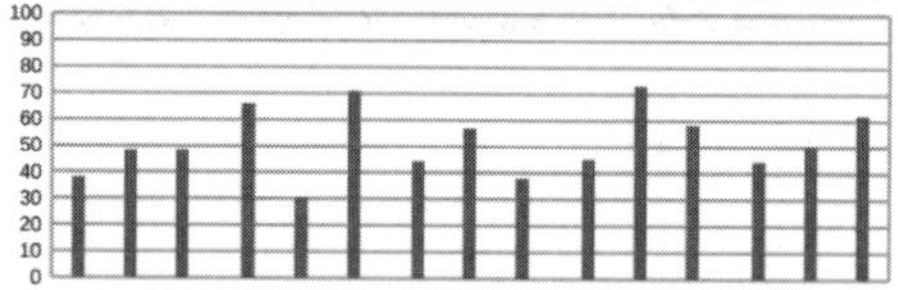

変革・創造			異文化適応			ストレス適応			自己実現			社会的成功		
38	48	48	66	30	71	44	57	38	45	73	58	44	50	62
オリジナリティ	事業創造	挑戦心	交流欲	移動容易性	順応性	批判耐性	負荷耐性	要求・指示耐性	自己理解	向上心	ポジティブさ	一流志向	経済的成功志向	評価志向
44			56			46			58			52		

⑪の答え B 解説:「負荷耐性」が「80」を越えているため、「ものごとに動じにくい」ことがうかがえます。

⓭ どちらかというと気の合う人と付き合いたいと思うタイプは？

A

A-① Big 5　基本的性格特性

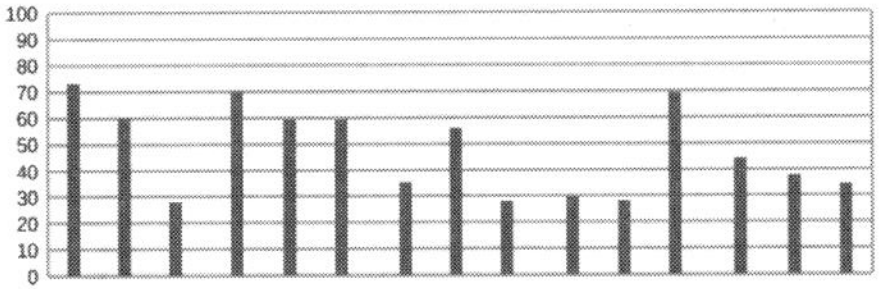

73	60	28	70	59	59	35	56	28	29	28	69	44	38	34
チーム志向	気さくさ	フットワーク	協調優先	多様性への対応	説得・交渉	役割意識	誠実	完遂	安定性	回復力	配慮	情報欲	緻密性	論理性
54			62			40			42			39		
外向性			協調性			良識性			情緒安定性			知的好奇心		

A-② Business Big 5　ビジネス的性格特性

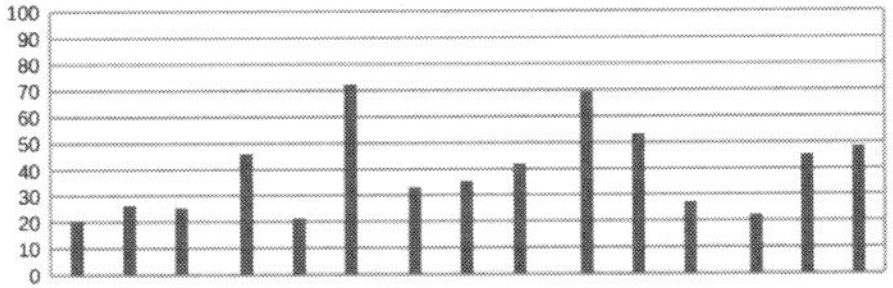

20	26	25	46	21	72	33	35	42	69	53	27	22	45	48
オリジナリティ	事業創造	挑戦心	交流欲	移動容易性	順応性	批判耐性	負荷耐性	要求・指示耐性	自己理解	向上心	ポジティブさ	一流志向	経済的成功志向	評価志向
24			46			37			50			38		
変革・創造			異文化適応			ストレス適応			自己実現			社会的成功		

B

A-① Big 5　基本的性格特性

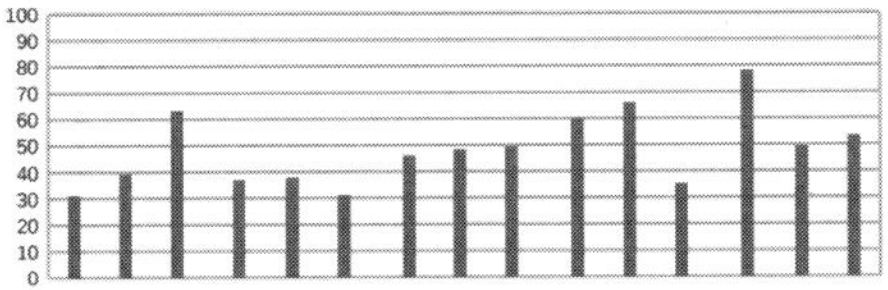

31	39	63	37	38	31	46	48	49	60	66	35	78	49	53
チーム志向	気さくさ	フットワーク	協調優先	多様性への対応	説得・交渉	役割意識	誠実	完遂	安定性	回復力	配慮	情報欲	緻密性	論理性
44			35			47			53			60		
外向性			協調性			良識性			情緒安定性			知的好奇心		

A-② Business Big 5　ビジネス的性格特性

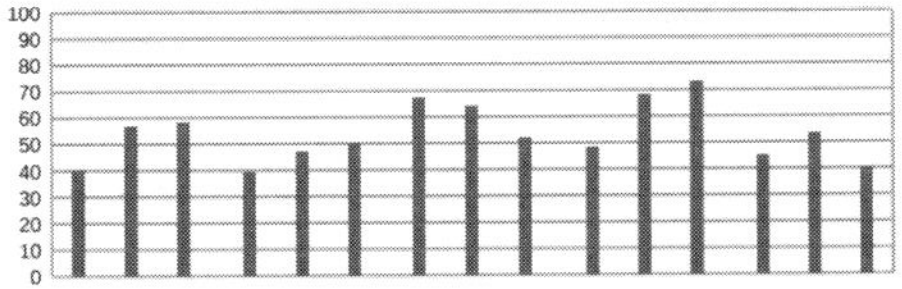

40	57	58	39	47	50	67	64	52	48	68	73	45	53	40
オリジナリティ	事業創造	挑戦心	交流欲	移動容易性	順応性	批判耐性	負荷耐性	要求・指示耐性	自己理解	向上心	ポジティブさ	一流志向	経済的成功志向	評価志向
52			45			61			63			46		
変革・創造			異文化適応			ストレス適応			自己実現			社会的成功		

⓬の答え　B　解説：「気さくさ」と「交流欲」がともに高いため、国籍を問わず、人間関係を築くことができます。外国人技能実習生の面倒をよく見るタイプです。

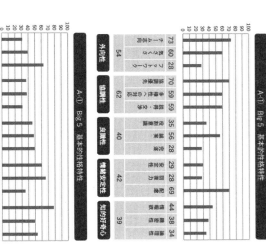

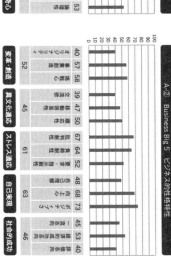

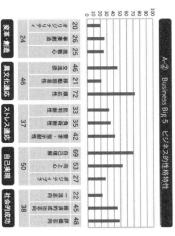

14 思慮深いタイプは?

A

A-① Big 5 基本的性格特性

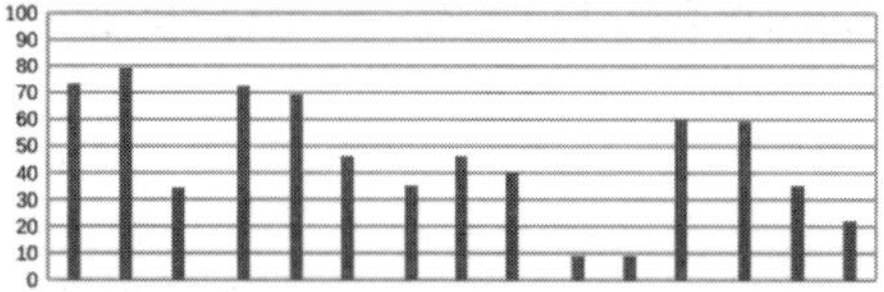

外向性			協調性			良識性			情緒安定性			知的好奇心		
73	79	34	72	69	46	35	46	40	9	9	60	59	35	22
チーム志向	気さくさ	フットワーク	協調優先	多様性への対応	説得・交渉	役割意識	誠実	完遂	安定性	回復力	配慮	情報欲	緻密性	論理性
62			62			40			26			38		

A-② Business Big 5 ビジネス的性格特性

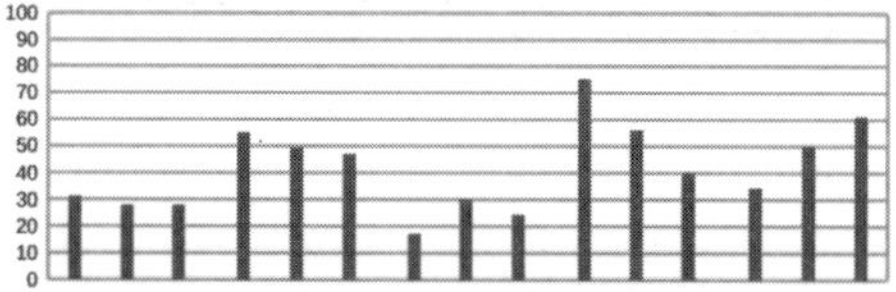

変革・創造			異文化適応			ストレス適応			自己実現			社会的成功		
31	28	28	55	49	47	17	30	24	75	56	40	34	50	61
オリジナリティ	事業創造	挑戦心	交流欲	移動容易性	順応性	批判耐性	負荷耐性	要求・指示耐性	自己理解	向上心	ポジティブさ	一流志向	経済的成功志向	評価志向
29			51			24			57			48		

B

A-① Big 5 基本的性格特性

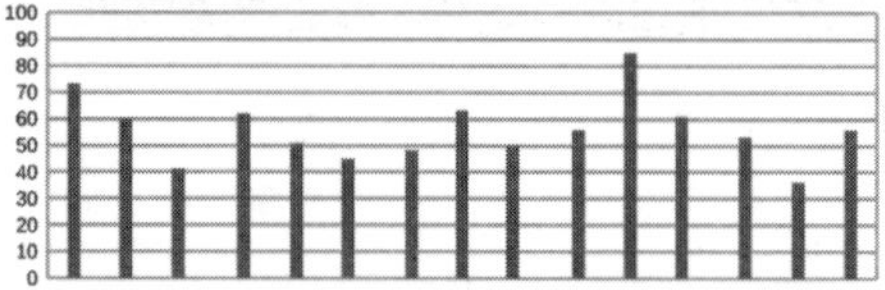

外向性			協調性			良識性			情緒安定性			知的好奇心		
73	60	41	62	51	45	48	63	50	56	85	61	53	36	56
チーム志向	気さくさ	フットワーク	協調優先	多様性への対応	説得・交渉	役割意識	誠実	完遂	安定性	回復力	配慮	情報欲	緻密性	論理性
58			52			54			67			48		

A-② Business Big 5 ビジネス的性格特性

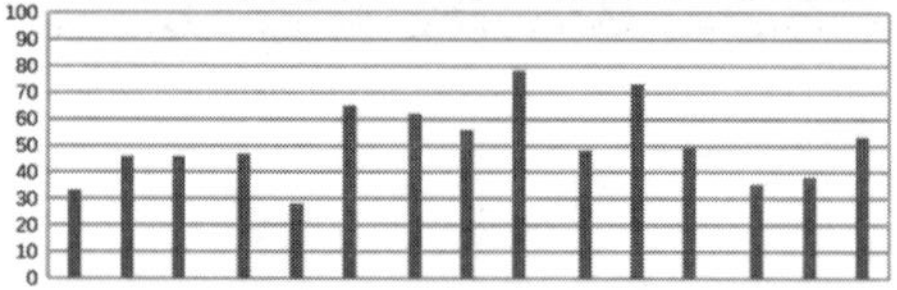

変革・創造			異文化適応			ストレス適応			自己実現			社会的成功		
33	46	46	47	28	65	62	56	78	48	73	49	35	38	53
オリジナリティ	事業創造	挑戦心	交流欲	移動容易性	順応性	批判耐性	負荷耐性	要求・指示耐性	自己理解	向上心	ポジティブさ	一流志向	経済的成功志向	評価志向
42			47			66			57			42		

⑬の答え：B　解説:「協調優先」と「説得・交渉」が低いため(40を下回っているため)、「気の合う人以外とはあまり接したくない」と考えがちです。

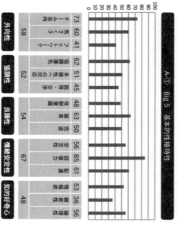

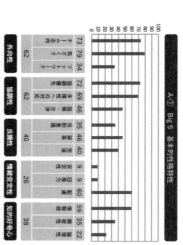

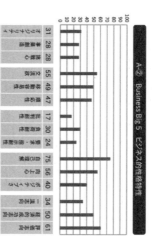

⑮ 残業や休日出勤も苦にならないタイプは?

A

A-① Big 5 基本的性格特性

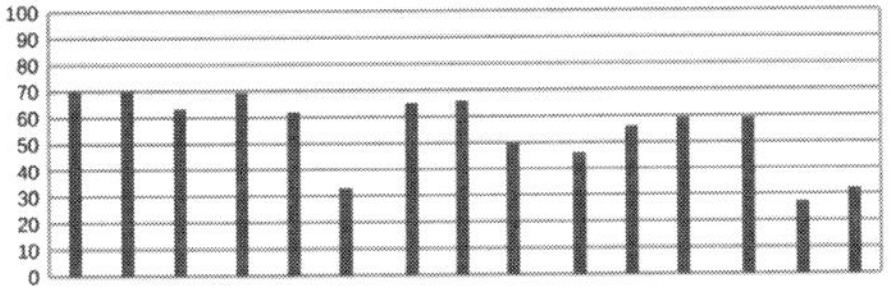

因子	項目	得点	因子得点
外向性	チーム志向	70	68
	気さくさ	70	
	フットワーク	63	
協調性	協調優先	69	55
	多様性への対応	62	
	説得・交渉	33	
良識性	役割意識	65	61
	誠実	66	
	完遂	50	
情緒安定性	安定性	46	54
	回復力	56	
	配慮	59	
知的好奇心	情報欲	59	39
	緻密性	27	
	論理性	32	

A-② Business Big 5 ビジネス的性格特性

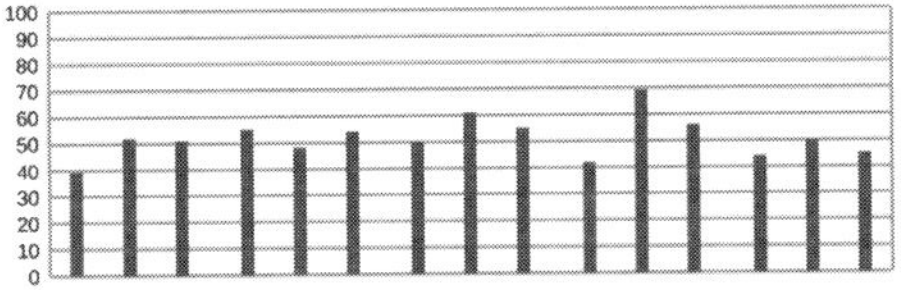

因子	項目	得点	因子得点
変革・創造	オリジナリティ	39	47
	事業創造	52	
	挑戦心	51	
異文化適応	交流欲	55	52
	移動容易性	48	
	順応性	54	
ストレス適応	批判耐性	50	55
	負荷耐性	61	
	要求・指示耐性	55	
自己実現	自己理解	42	56
	向上心	69	
	ポジティブさ	56	
社会的成功	一流志向	44	46
	経済的成功志向	50	
	評価志向	45	

B

A-① Big 5 基本的性格特性

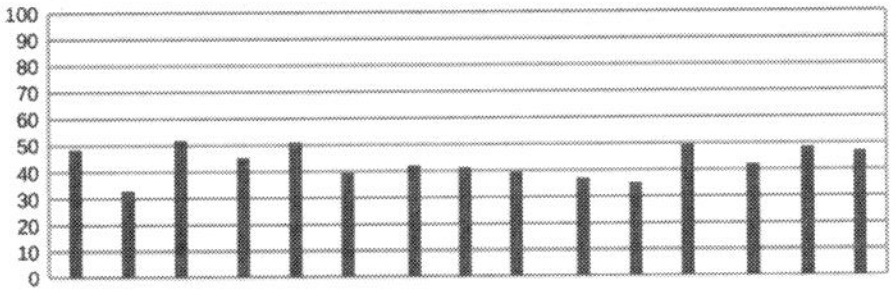

因子	項目	得点	因子得点
外向性	チーム志向	48	45
	気さくさ	33	
	フットワーク	52	
協調性	協調優先	45	45
	多様性への対応	51	
	説得・交渉	39	
良識性	役割意識	42	41
	誠実	41	
	完遂	39	
情緒安定性	安定性	37	40
	回復力	35	
	配慮	49	
知的好奇心	情報欲	42	46
	緻密性	48	
	論理性	47	

A-② Business Big 5 ビジネス的性格特性

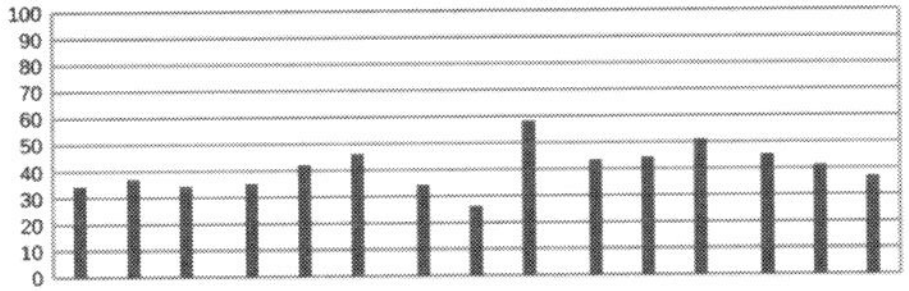

因子	項目	得点	因子得点
変革・創造	オリジナリティ	34	35
	事業創造	37	
	挑戦心	34	
異文化適応	交流欲	35	41
	移動容易性	42	
	順応性	46	
ストレス適応	批判耐性	34	39
	負荷耐性	26	
	要求・指示耐性	58	
自己実現	自己理解	43	46
	向上心	44	
	ポジティブさ	51	
社会的成功	一流志向	45	41
	経済的成功志向	41	
	評価志向	37	

⑭の答え：A

解説:「情緒安定性」は、気持ちの安定具合をあらわしています。「情緒安定性」が低い人は、繊細な人、落ち込みやすい人でもあります。しかもAさんは「配慮」が高く、自分の感情を出さないため、周囲の人は「Aさんが悩んでいる」ことに気づかないことがあります。

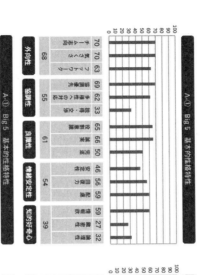

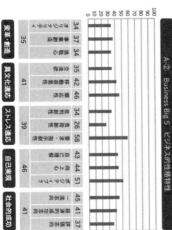

16 人の説得が得意なタイプは?

A

A-① Big 5 基本的性格特性

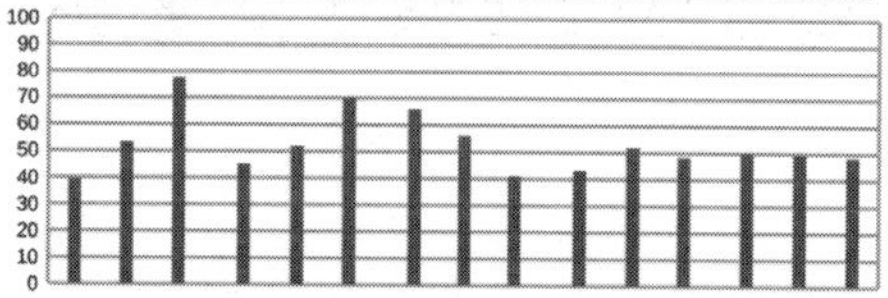

外向性			協調性			良識性			情緒安定性			知的好奇心		
39	53	77	45	52	70	66	56	41	43	52	48	50	49	48
チーム志向	気さくさ	フットワーク	協調優先	多様性への対応	説得・交渉	役割意識	誠実	完遂	安定性	回復力	配慮	情報欲	緻密性	論理性
56			55			54			47			49		

A-② Business Big 5 ビジネス的性格特性

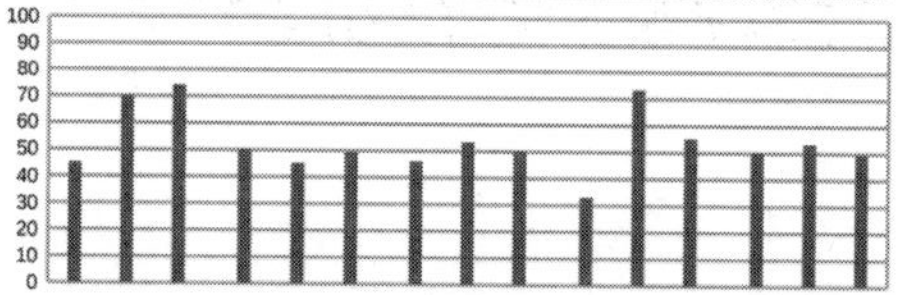

変革・創造			異文化適応			ストレス適応			自己実現			社会的成功		
45	70	74	50	45	49	46	53	50	33	73	55	50	53	49
オリジナリティ	事業創造	挑戦心	交流欲	移動容易性	順応性	批判耐性	負荷耐性	要求・指示耐性	自己理解	向上心	ポジティブさ	一流志向	経済的成功志向	評価志向
63			48			50			54			51		

B

A-① Big 5 基本的性格特性

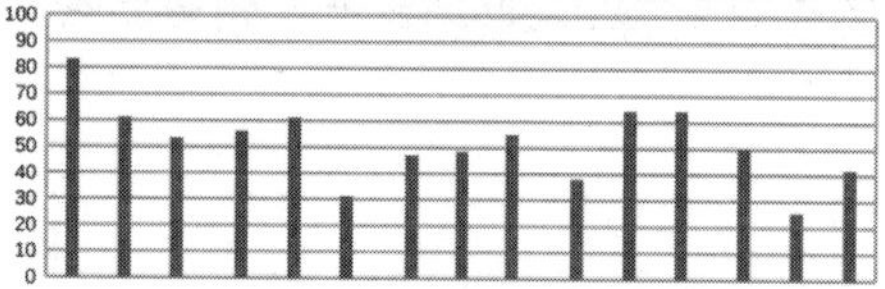

外向性			協調性			良識性			情緒安定性			知的好奇心		
83	61	53	56	61	31	47	48	55	38	64	64	50	25	42
チーム志向	気さくさ	フットワーク	協調優先	多様性への対応	説得・交渉	役割意識	誠実	完遂	安定性	回復力	配慮	情報欲	緻密性	論理性
66			49			50			55			39		

A-② Business Big 5 ビジネス的性格特性

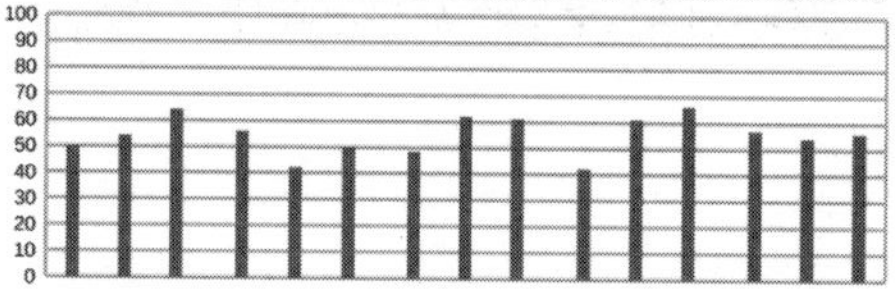

変革・創造			異文化適応			ストレス適応			自己実現			社会的成功		
50	54	64	56	42	50	48	62	61	42	61	66	57	54	56
オリジナリティ	事業創造	挑戦心	交流欲	移動容易性	順応性	批判耐性	負荷耐性	要求・指示耐性	自己理解	向上心	ポジティブさ	一流志向	経済的成功志向	評価志向
56			49			57			56			56		

⑮の答え A 解説:「負荷耐性」が高い人は、忙しい状態を苦にしません。スケジュールがパンパンでも気になりません。

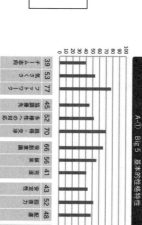

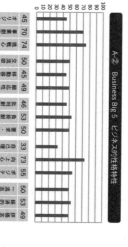

17 顔は笑っているけれど心で泣いているタイプは?

A

A-① Big 5 基本的性格特性

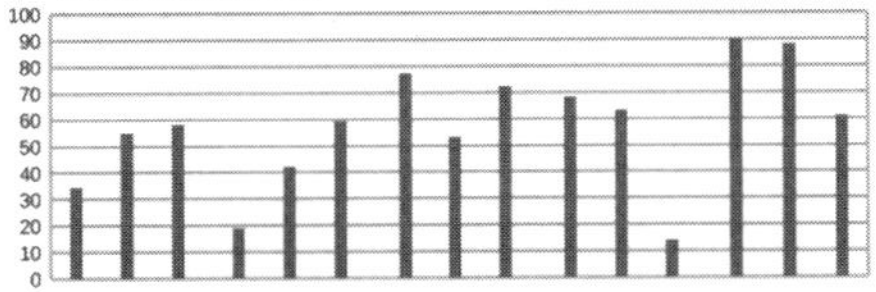

外向性			協調性			良識性			情緒安定性			知的好奇心		
49			40			67			49			80		
チーム志向	気さくさ	フットワーク	協調優先	多様性への対応	説得・交渉	役割意識	誠実	完遂	安定性	回復力	配慮	情報欲	緻密性	論理性
34	55	58	19	42	59	77	53	72	68	63	14	90	88	61

A-② Business Big 5 ビジネス的性格特性

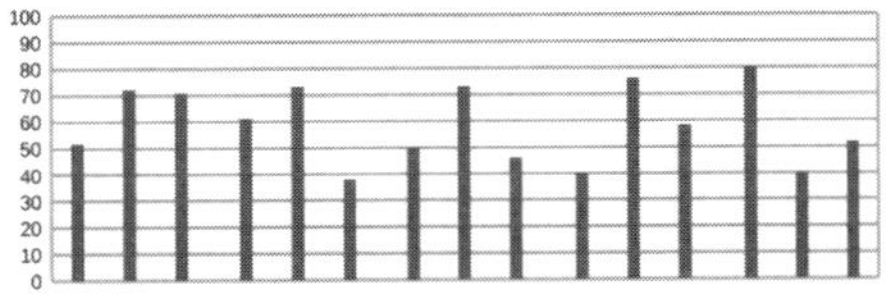

変革・創造			異文化適応			ストレス適応			自己実現			社会的成功		
65			57			56			58			57		
オリジナリティ	事業創造	挑戦心	交流欲	移動容易性	順応性	批判耐性	負荷耐性	要求・指示耐性	自己理解	向上心	ポジティブさ	一流志向	経済的成功志向	評価志向
52	72	71	61	73	38	50	73	46	40	76	58	80	40	52

B

A-① Big 5 基本的性格特性

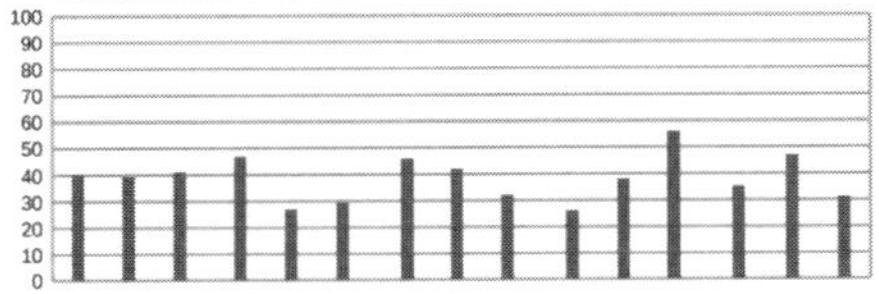

外向性			協調性			良識性			情緒安定性			知的好奇心		
40			34			40			40			37		
チーム志向	気さくさ	フットワーク	協調優先	多様性への対応	説得・交渉	役割意識	誠実	完遂	安定性	回復力	配慮	情報欲	緻密性	論理性
40	39	41	47	27	29	46	42	32	26	38	56	35	47	31

A-② Business Big 5 ビジネス的性格特性

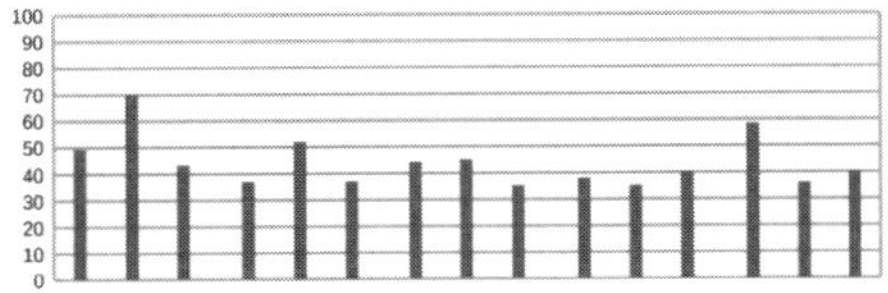

変革・創造			異文化適応			ストレス適応			自己実現			社会的成功		
54			42			41			37			45		
オリジナリティ	事業創造	挑戦心	交流欲	移動容易性	順応性	批判耐性	負荷耐性	要求・指示耐性	自己理解	向上心	ポジティブさ	一流志向	経済的成功志向	評価志向
49	70	43	37	52	37	44	45	35	38	35	40	58	36	40

⑯の答え A 解説:「協調優先」よりも「説得・交渉」が上回っています。「論理性」も高く出る傾向があります。

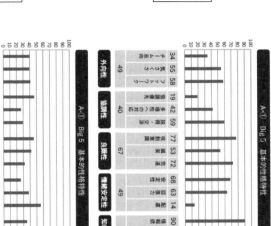

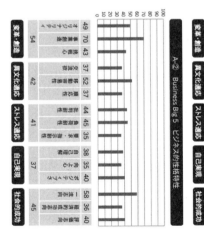

18 内心では2次会に行きたくないと思っているタイプは？

A

A-① Big 5 基本的性格特性

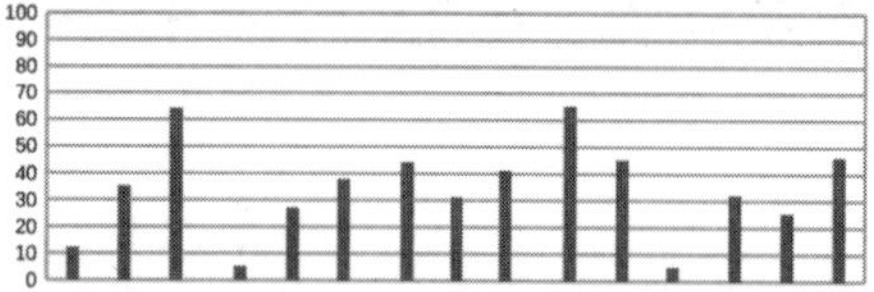

外向性			協調性			良識性			情緒安定性			知的好奇心		
12	35	64	5	27	38	44	31	41	65	45	5	32	25	46
チーム志向	気さくさ	フットワーク	協調優先	多様性への対応	説得・交渉	役割意識	誠実	完遂	安定性	回復力	配慮	情報欲	緻密性	論理性
37			22			39			36			34		

A-② Business Big 5 ビジネス的性格特性

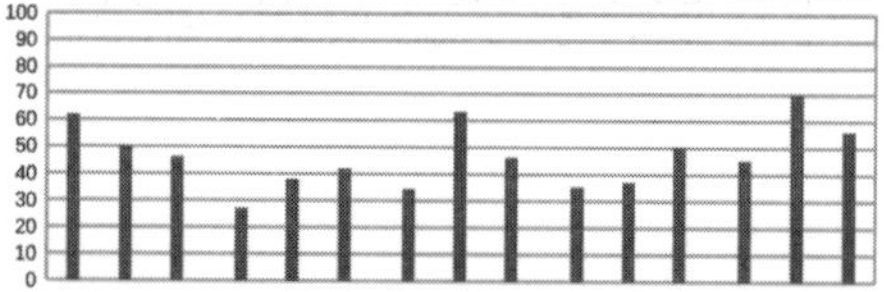

変革・創造			異文化適応			ストレス適応			自己実現			社会的成功		
62	50	46	27	38	42	34	63	46	35	37	50	45	70	56
オリジナリティ	事業創造	挑戦心	交流欲	移動容易性	順応性	批判耐性	負荷耐性	要求・指示耐性	自己理解	向上心	ポジティブさ	一流志向	経済的成功志向	評価志向
53			35			48			40			57		

B

A-① Big 5 基本的性格特性

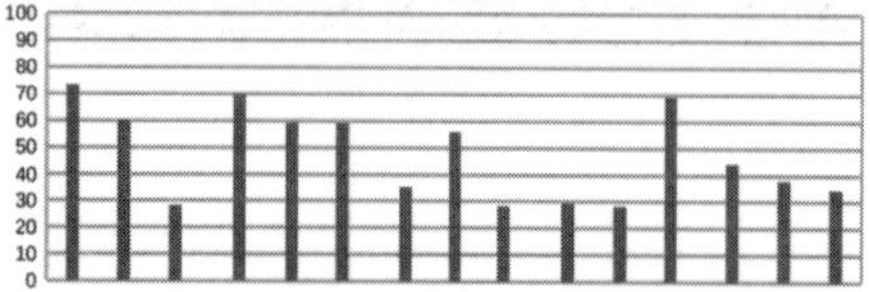

外向性			協調性			良識性			情緒安定性			知的好奇心		
73	60	28	70	59	59	35	56	28	29	28	69	44	38	34
チーム志向	気さくさ	フットワーク	協調優先	多様性への対応	説得・交渉	役割意識	誠実	完遂	安定性	回復力	配慮	情報欲	緻密性	論理性
54			62			40			42			39		

A-② Business Big 5 ビジネス的性格特性

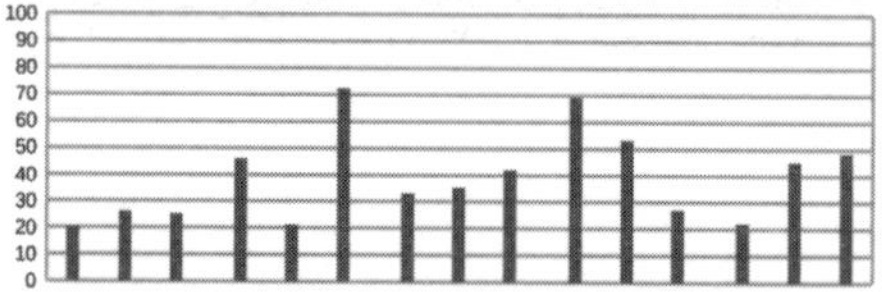

変革・創造			異文化適応			ストレス適応			自己実現			社会的成功		
20	26	25	46	21	72	33	35	42	69	53	27	22	45	48
オリジナリティ	事業創造	挑戦心	交流欲	移動容易性	順応性	批判耐性	負荷耐性	要求・指示耐性	自己理解	向上心	ポジティブさ	一流志向	経済的成功志向	評価志向
24			46			37			50			38		

⑰の答え　B　「配慮」が高くて「安定性」と「回復力」が低い人は、「人当たりがよい」「人の顔色や気持ちに敏感」といった特徴があります。

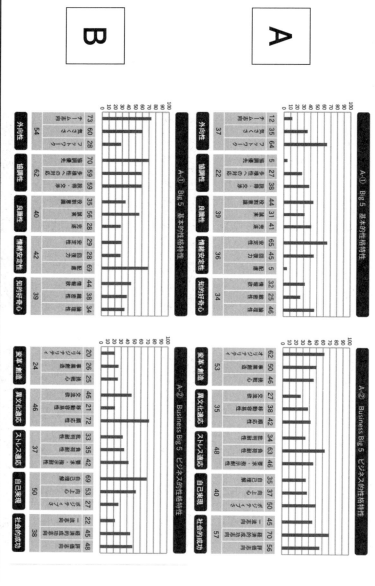

19 第一印象と面接ウケがよいタイプは？

A

A-① Big 5 基本的性格特性

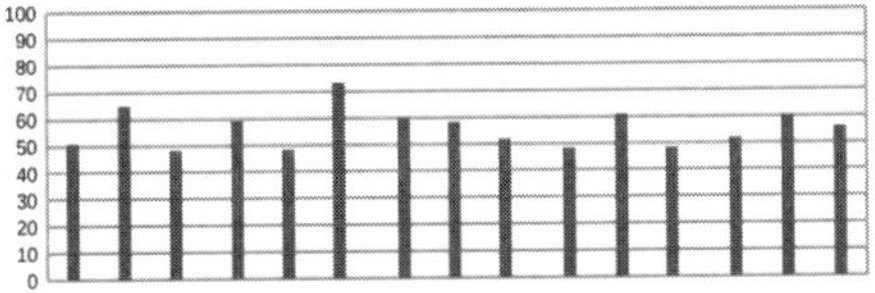

分類	項目	得点	総合
外向性	チーム志向	51	55
	気さくさ	65	
	フットワーク	48	
協調性	協調優先	59	60
	多様性への対応	48	
	説得・交渉	73	
良識性	役割意識	60	57
	誠実	58	
	完遂	52	
情緒安定性	安定性	48	53
	回復力	61	
	配慮	48	
知的好奇心	情報欲	52	56
	緻密性	60	
	論理性	56	

A-② Business Big 5 ビジネス的性格特性

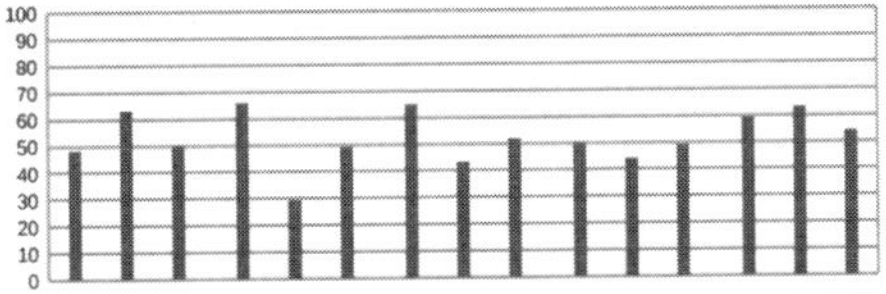

分類	項目	得点	総合
変革・創造	オリジナリティ	48	53
	事業創造	63	
	挑戦心	50	
異文化適応	交流欲	66	48
	移動容易性	29	
	順応性	49	
ストレス適応	批判耐性	65	53
	負荷耐性	43	
	要求・指示耐性	52	
自己実現	自己理解	50	48
	向上心	44	
	ポジティブさ	49	
社会的成功	一流志向	59	59
	経済的成功志向	63	
	評価志向	54	

B

A-① Big 5 基本的性格特性

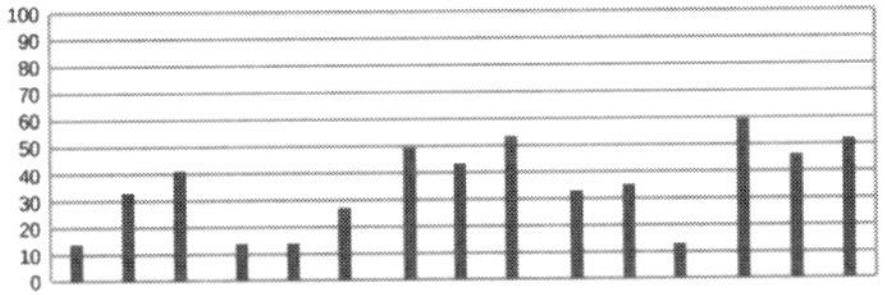

分類	項目	得点	総合
外向性	チーム志向	14	30
	気さくさ	33	
	フットワーク	41	
協調性	協調優先	14	19
	多様性への対応	14	
	説得・交渉	27	
良識性	役割意識	49	48
	誠実	43	
	完遂	53	
情緒安定性	安定性	33	27
	回復力	35	
	配慮	13	
知的好奇心	情報欲	59	52
	緻密性	46	
	論理性	52	

A-② Business Big 5 ビジネス的性格特性

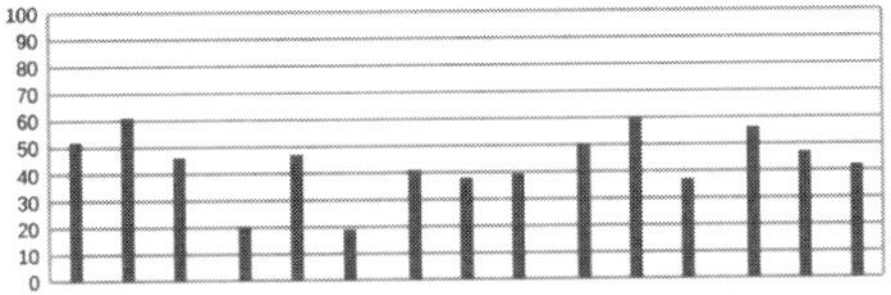

分類	項目	得点	総合
変革・創造	オリジナリティ	52	53
	事業創造	61	
	挑戦心	46	
異文化適応	交流欲	20	29
	移動容易性	47	
	順応性	19	
ストレス適応	批判耐性	41	39
	負荷耐性	38	
	要求・指示耐性	39	
自己実現	自己理解	50	49
	向上心	60	
	ポジティブさ	37	
社会的成功	一流志向	56	49
	経済的成功志向	47	
	評価志向	42	

⑱の答え　A　解説：「気さくさ」と「交流欲」が低いため、人との交流を持ちたがらない傾向にあります。

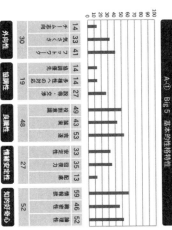

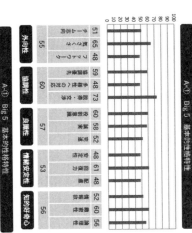

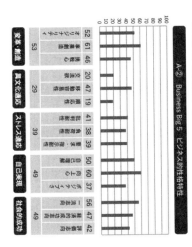

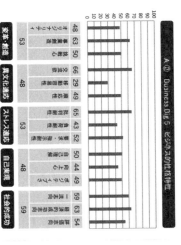

⑳ 自己有能感が高いタイプ(いつも前向きな人)は?

A

A-① Big 5 基本的性格特性

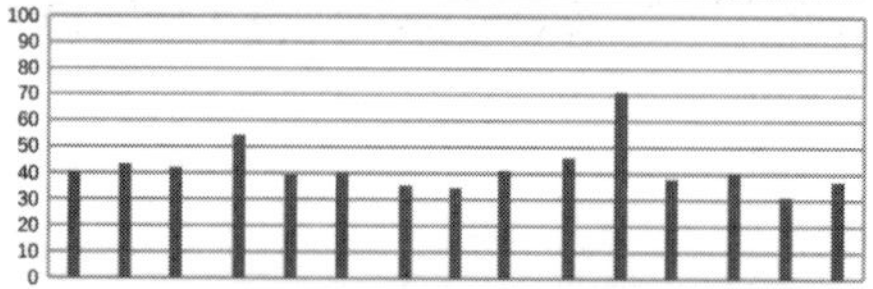

外向性			協調性			良識性			情緒安定性			知的好奇心		
チーム志向	気さくさ	フットワーク	協調優先	多様性への対応	説得・交渉	役割意識	誠実	完遂	安定性	回復力	配慮	情報欲	緻密性	論理性
40	43	42	54	39	40	35	34	41	46	71	38	40	31	37
42			44			37			52			36		

A-② Business Big 5 ビジネス的性格特性

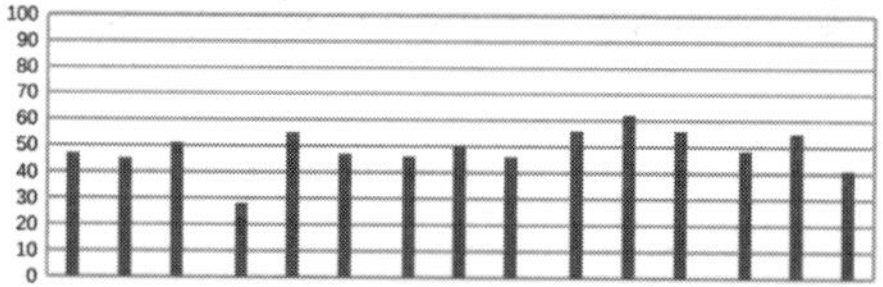

変革・創造			異文化適応			ストレス適応			自己実現			社会的成功		
オリジナリティ	事業創造	挑戦心	交流欲	移動容易性	順応性	批判耐性	負荷耐性	要求・指示耐性	自己理解	向上心	ポジティブさ	一流志向	経済的成功志向	評価志向
47	45	51	28	55	47	46	50	46	56	62	56	48	55	41
48			44			47			58			48		

B

A-① Big 5 基本的性格特性

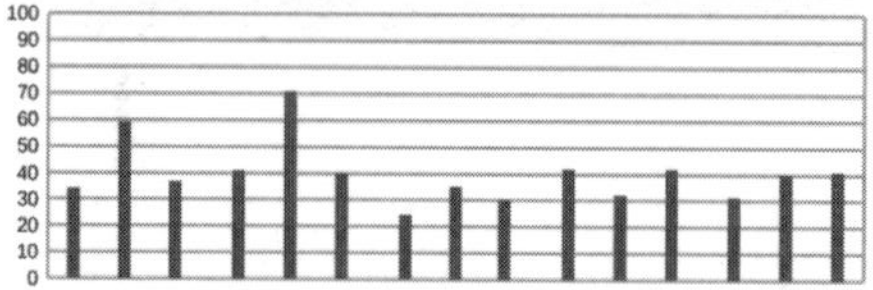

外向性			協調性			良識性			情緒安定性			知的好奇心		
チーム志向	気さくさ	フットワーク	協調優先	多様性への対応	説得・交渉	役割意識	誠実	完遂	安定性	回復力	配慮	情報欲	緻密性	論理性
34	59	37	41	71	40	24	35	30	42	32	42	31	40	41
43			51			30			39			37		

A-② Business Big 5 ビジネス的性格特性

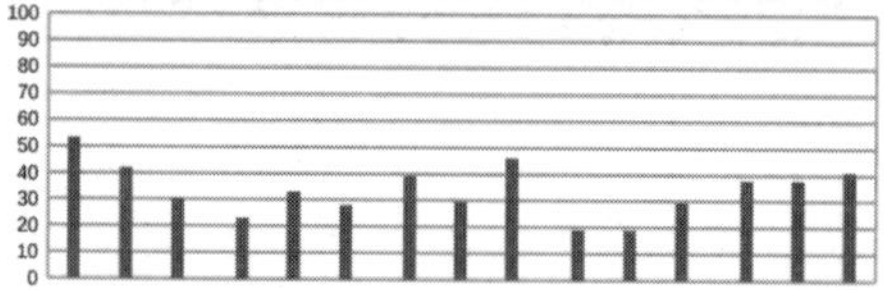

変革・創造			異文化適応			ストレス適応			自己実現			社会的成功		
オリジナリティ	事業創造	挑戦心	交流欲	移動容易性	順応性	批判耐性	負荷耐性	要求・指示耐性	自己理解	向上心	ポジティブさ	一流志向	経済的成功志向	評価志向
53	42	30	23	33	28	39	29	46	19	19	29	38	38	41
41			28			38			22			39		

⑲の答え： A

解説:「チーム志向」「気さくさ」「協調優先」「誠実」「配慮」の数値がすべて高い人は、「相手のことを優先する」「和を乱さない」傾向があるため、好印象を与えます。ですが一方で、人当たりのよさを武器に「人を騙す」こともできるため、要注意人物でもあります。

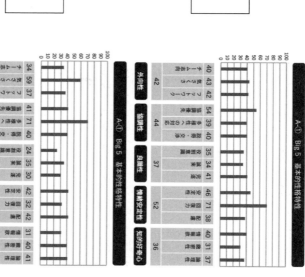

21 根拠の確認できた意見なら、人に遠慮なく言ってしまうタイプは?

A

A-① Big 5 基本的性格特性

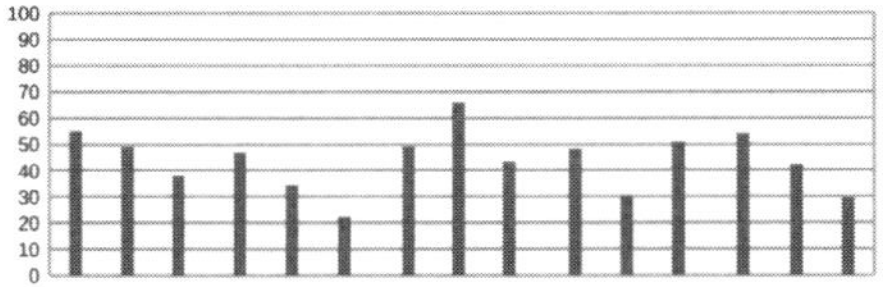

外向性			協調性			良識性			情緒安定性			知的好奇心		
チーム志向	気さくさ	フットワーク	協調優先	多様性への対応	説得・交渉	役割意識	誠実	完遂	安定性	回復力	配慮	情報欲	緻密性	論理性
55	49	38	47	34	22	49	66	43	48	30	51	54	42	29
47			34			53			43			42		

A-② Business Big 5 ビジネス的性格特性

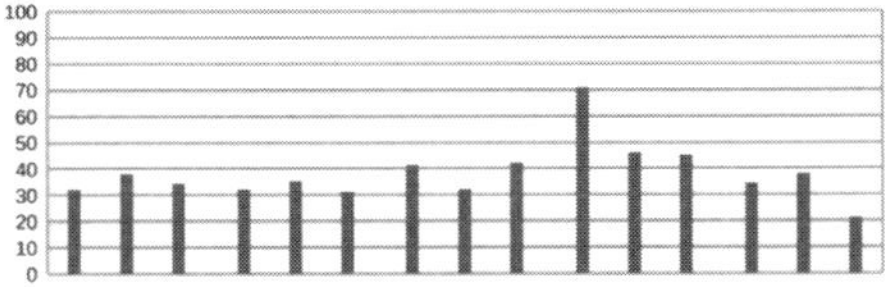

変革・創造			異文化適応			ストレス適応			自己実現			社会的成功		
オリジナリティ	事業創造	挑戦心	交流欲	移動容易性	順応性	批判耐性	負荷耐性	要求・指示耐性	自己理解	向上心	ポジティブさ	一流志向	経済的成功志向	評価志向
32	38	34	32	35	31	41	32	42	71	46	45	34	38	21
35			32			38			54			31		

B

A-① Big 5 基本的性格特性

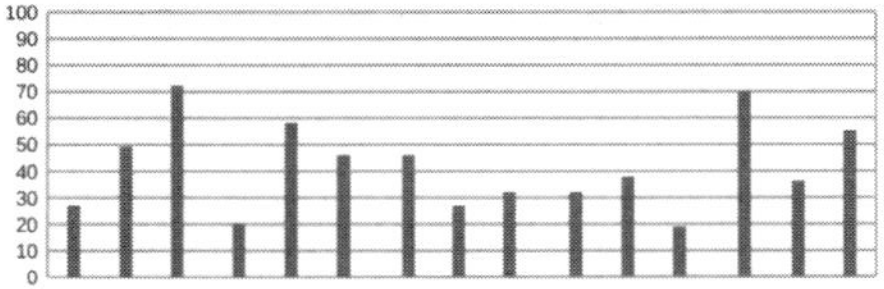

外向性			協調性			良識性			情緒安定性			知的好奇心		
チーム志向	気さくさ	フットワーク	協調優先	多様性への対応	説得・交渉	役割意識	誠実	完遂	安定性	回復力	配慮	情報欲	緻密性	論理性
27	49	72	20	58	46	46	27	32	32	38	19	70	36	55
49			41			35			30			53		

A-② Business Big 5 ビジネス的性格特性

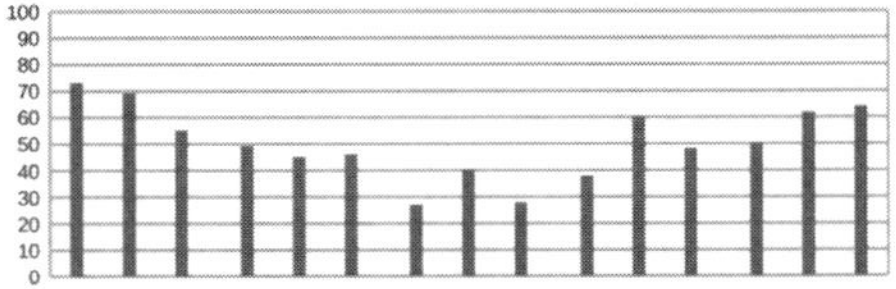

変革・創造			異文化適応			ストレス適応			自己実現			社会的成功		
オリジナリティ	事業創造	挑戦心	交流欲	移動容易性	順応性	批判耐性	負荷耐性	要求・指示耐性	自己理解	向上心	ポジティブさ	一流志向	経済的成功志向	評価志向
73	69	55	49	45	46	27	40	28	38	60	48	50	62	64
66			47			31			49			59		

⑳の答え : A

解説:「ポジティブさ」と「向上心」が高い人は「私はやればできる!」という自信を持っています。「ポジティブさ」と「向上心」が低い人は「自己劣等感」タイプで、やる前から「どうせ無理だ」と消極的になりがちです。

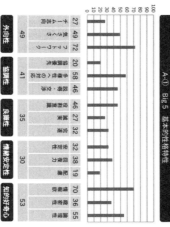

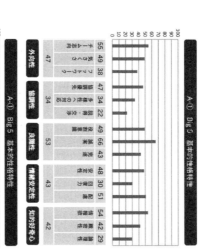

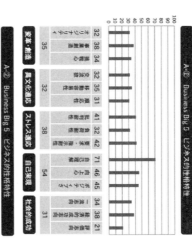

22 新サービスの開発、新事業の立ち上げなどのイノベーションを起こせるタイプは?

A

A-① Big 5 基本的性格特性

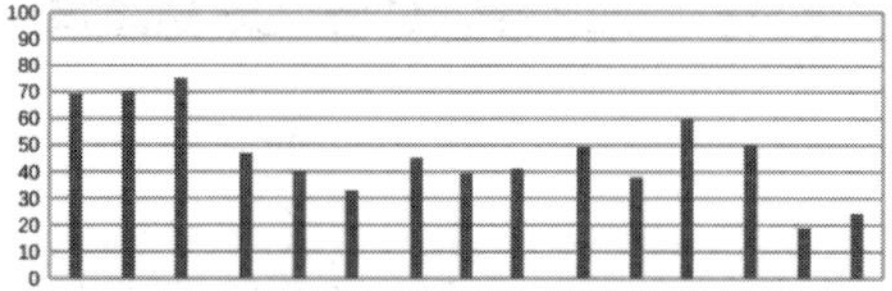

外向性			協調性			良識性			情緒安定性			知的好奇心		
69	70	75	47	40	33	45	39	41	49	38	60	50	19	24
チーム志向	気さくさ	フットワーク	協調優先	多様性への対応	説得・交渉	役割意識	誠実	完遂	安定性	回復力	配慮	情報欲	緻密性	論理性
71			40			42			49			31		

A-② Business Big 5 ビジネス的性格特性

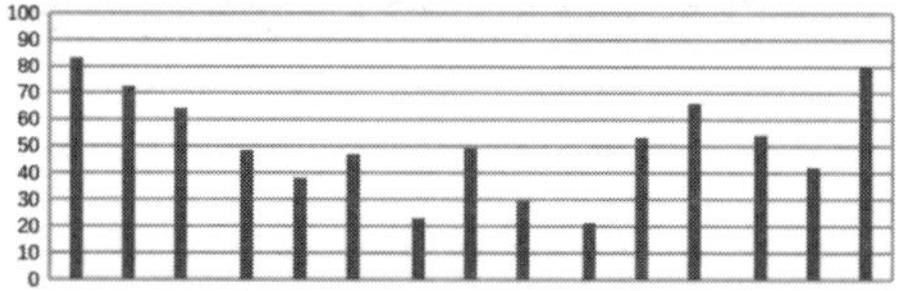

変革・創造			異文化適応			ストレス適応			自己実現			社会的成功		
83	72	64	48	38	47	23	49	29	21	53	66	54	42	80
オリジナリティ	事業創造	挑戦心	交流欲	移動容易性	順応性	批判耐性	負荷耐性	要求・指示耐性	自己理解	向上心	ポジティブさ	一流志向	経済的成功志向	評価志向
73			44			34			47			59		

B

A-① Big 5 基本的性格特性

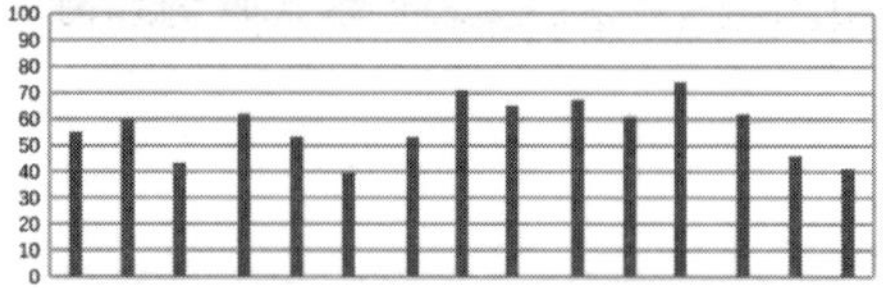

外向性			協調性			良識性			情緒安定性			知的好奇心		
55	60	43	62	53	39	53	71	65	67	61	74	62	46	41
チーム志向	気さくさ	フットワーク	協調優先	多様性への対応	説得・交渉	役割意識	誠実	完遂	安定性	回復力	配慮	情報欲	緻密性	論理性
53			51			63			67			50		

A-② Business Big 5 ビジネス的性格特性

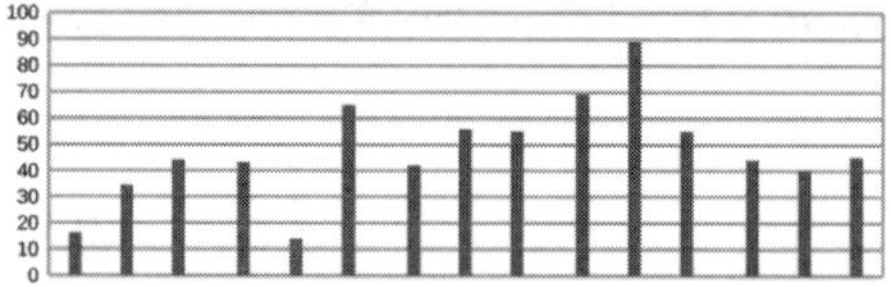

変革・創造			異文化適応			ストレス適応			自己実現			社会的成功		
16	34	44	43	14	65	42	56	55	69	89	55	44	40	45
オリジナリティ	事業創造	挑戦心	交流欲	移動容易性	順応性	批判耐性	負荷耐性	要求・指示耐性	自己理解	向上心	ポジティブさ	一流志向	経済的成功志向	評価志向
31			41			51			71			43		

㉑の答え : B

解説:「論理性」が高いため、客観的に証明されていることを正しいと感じ、その上で「配慮」と「誠実」が低いため、「嫌われることも関係なく論破」する傾向があります。

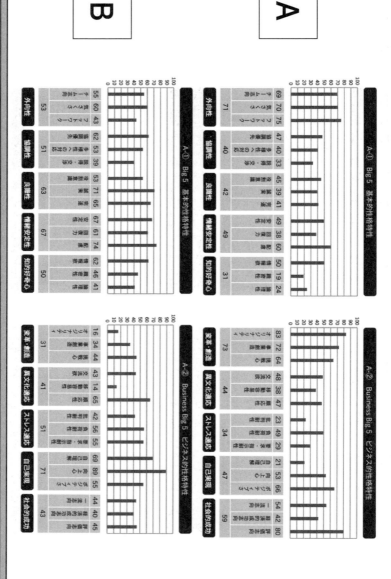

㉓ 人の心の痛みがわかるタイプは?

A

A-① Big 5 基本的性格特性

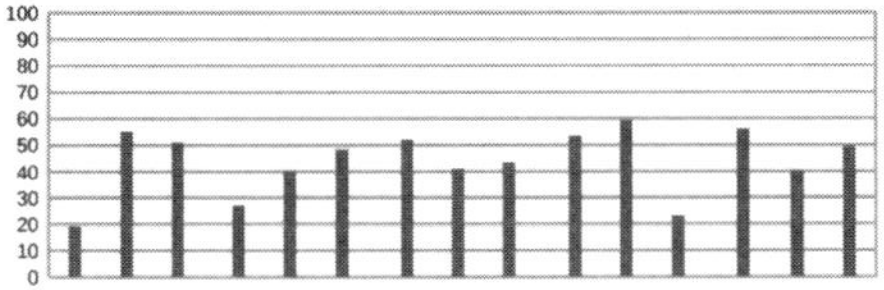

因子	因子得点	項目	得点
外向性	42	チーム志向	19
		気さくさ	55
		フットワーク	51
協調性	39	協調優先	27
		多様性への対応	40
		説得・交渉	48
良識性	45	役割意識	52
		誠実	41
		完遂	43
情緒安定性	45	安定性	53
		回復力	59
		配慮	23
知的好奇心	49	情報欲	56
		緻密性	40
		論理性	49

A-② Business Big 5 ビジネス的性格特性

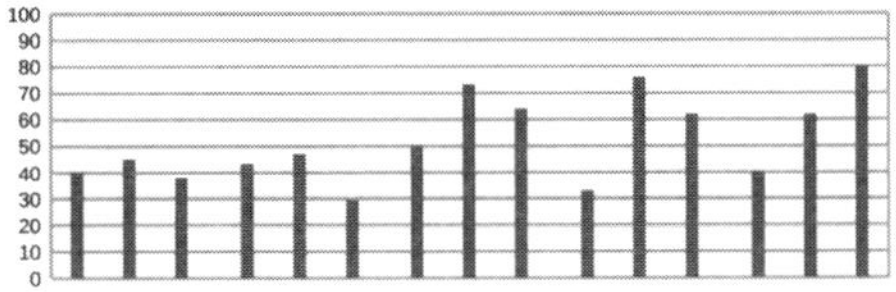

因子	因子得点	項目	得点
変革・創造	41	オリジナリティ	40
		事業創造	45
		挑戦心	38
異文化適応	40	交流欲	43
		移動容易性	47
		順応性	29
ストレス適応	62	批判耐性	50
		負荷耐性	73
		要求・指示耐性	64
自己実現	57	自己理解	33
		向上心	76
		ポジティブさ	62
社会的成功	61	一流志向	40
		経済的成功志向	62
		評価志向	80

B

A-① Big 5 基本的性格特性

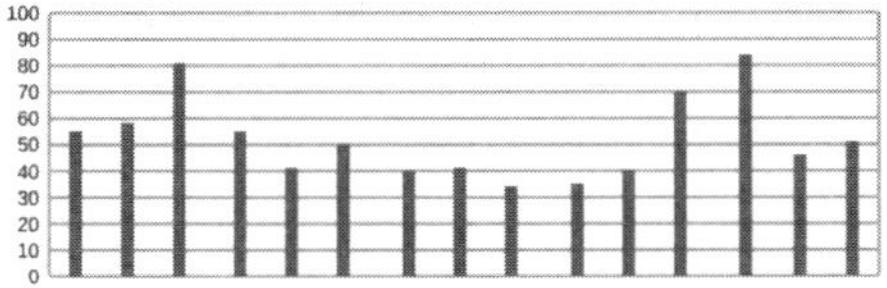

因子	因子得点	項目	得点
外向性	65	チーム志向	55
		気さくさ	58
		フットワーク	81
協調性	49	協調優先	55
		多様性への対応	41
		説得・交渉	50
良識性	38	役割意識	40
		誠実	41
		完遂	34
情緒安定性	48	安定性	35
		回復力	40
		配慮	70
知的好奇心	60	情報欲	84
		緻密性	46
		論理性	51

A-② Business Big 5 ビジネス的性格特性

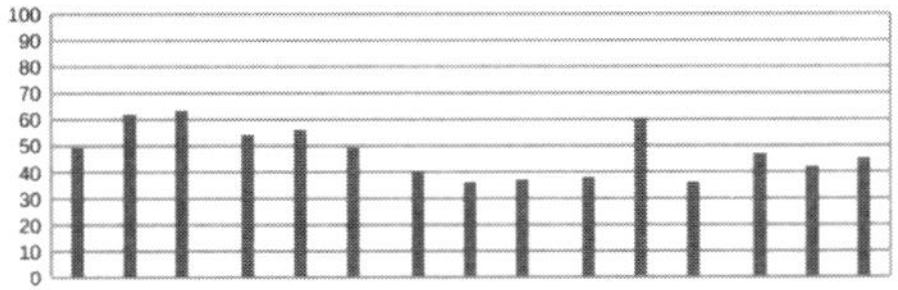

因子	因子得点	項目	得点
変革・創造	58	オリジナリティ	49
		事業創造	62
		挑戦心	63
異文化適応	53	交流欲	54
		移動容易性	56
		順応性	49
ストレス適応	37	批判耐性	40
		負荷耐性	36
		要求・指示耐性	37
自己実現	45	自己理解	38
		向上心	60
		ポジティブさ	36
社会的成功	45	一流志向	47
		経済的成功志向	42
		評価志向	45

㉒の答え A

解説:「オリジナリティ」「事業創造」「挑戦心」が高いため、変革を成し遂げる力があります。

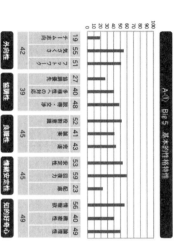

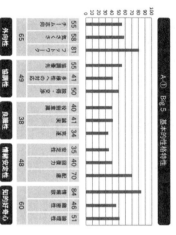

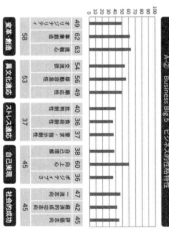

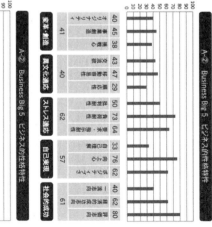

24 使命感・責任感を持って仕事をし、ルールを守り最後までやり遂げるタイプは?

A

A-① Big 5 基本的性格特性

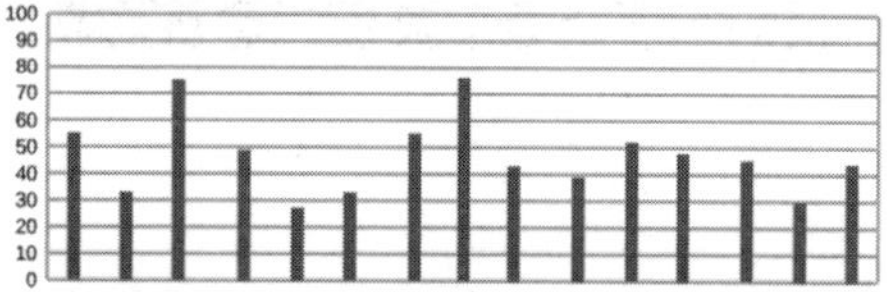

外向性			協調性			良識性			情緒安定性			知的好奇心		
チーム志向	気さくさ	フットワーク	協調優先	多様性への対応	説得・交渉	役割意識	誠実	完遂	安定性	回復力	配慮	情報欲	緻密性	論理性
55	33	75	49	27	33	55	76	43	39	52	48	45	30	44
54			36			58			46			40		

A-② Business Big 5 ビジネス的性格特性

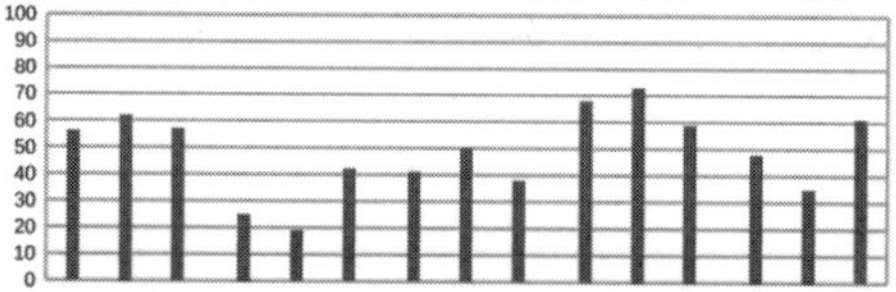

変革・創造			異文化適応			ストレス適応			自己実現			社会的成功		
オリジナリティ	事業創造	挑戦心	交流欲	移動容易性	順応性	批判耐性	負荷耐性	要求・指示耐性	自己理解	向上心	ポジティブさ	一流志向	経済的成功志向	評価志向
56	62	57	25	19	42	41	50	38	68	73	59	48	35	61
58			29			43			67			48		

B

A-① Big 5 基本的性格特性

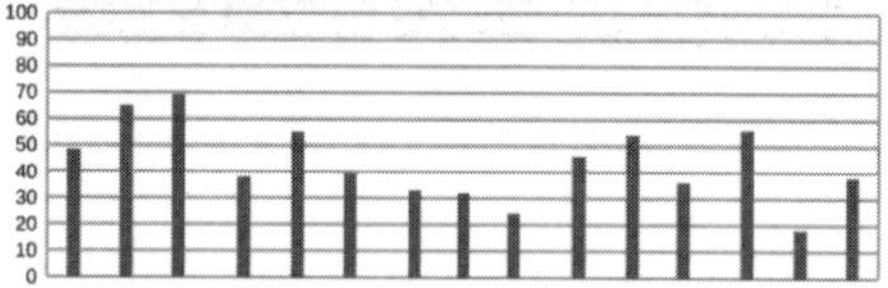

外向性			協調性			良識性			情緒安定性			知的好奇心		
チーム志向	気さくさ	フットワーク	協調優先	多様性への対応	説得・交渉	役割意識	誠実	完遂	安定性	回復力	配慮	情報欲	緻密性	論理性
48	65	69	38	55	39	33	32	24	46	54	36	56	18	38
61			44			30			45			37		

A-② Business Big 5 ビジネス的性格特性

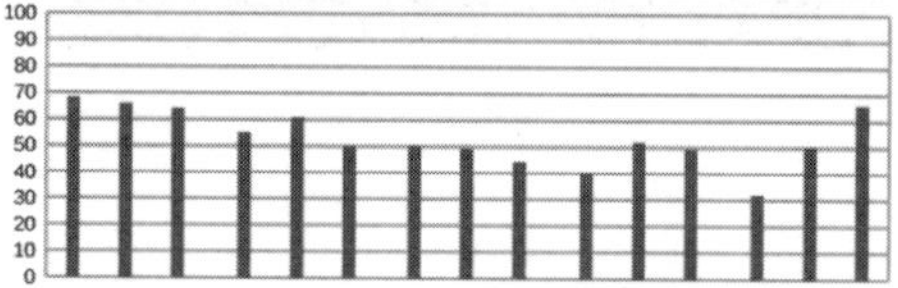

変革・創造			異文化適応			ストレス適応			自己実現			社会的成功		
オリジナリティ	事業創造	挑戦心	交流欲	移動容易性	順応性	批判耐性	負荷耐性	要求・指示耐性	自己理解	向上心	ポジティブさ	一流志向	経済的成功志向	評価志向
68	66	64	55	61	50	50	49	44	40	52	49	32	50	66
66			55			48			47			50		

㉓の答え：B　解説:「ストレス適応」が低く、なおかつ「配慮」が高いため、人の痛みに寄り添えます。

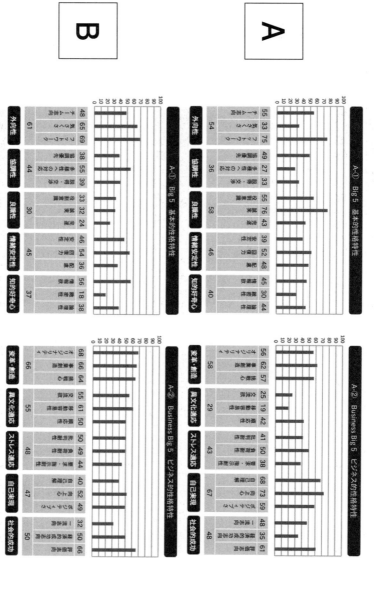

25 自分の意見を言わず、まわりに合わせようとするタイプは？

A

A-① Big 5 基本的性格特性

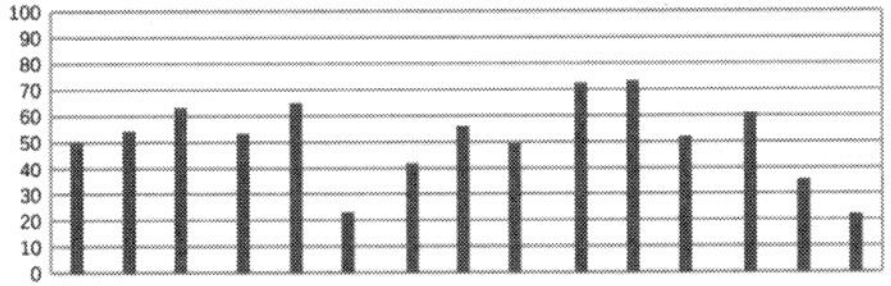

外向性			協調性			良識性			情緒安定性			知的好奇心		
チーム志向	気さくさ	フットワーク	協調優先	多様性への対応	説得・交渉	役割意識	誠実	完遂	安定性	回復力	配慮	情報欲	緻密性	論理性
50	54	63	53	65	23	42	56	49	72	73	52	61	35	22
56			47			49			66			39		

A-② Business Big 5 ビジネス的性格特性

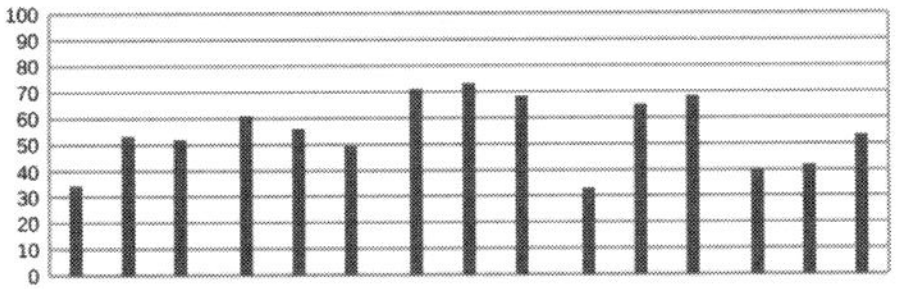

変革・創造			異文化適応			ストレス適応			自己実現			社会的成功		
オリジナリティ	事業創造	挑戦心	交流欲	移動容易性	順応性	批判耐性	負荷耐性	要求・指示耐性	自己理解	向上心	ポジティブさ	一流志向	経済的成功志向	評価志向
34	53	52	61	56	49	71	73	68	33	65	68	40	42	53
46			55			71			55			45		

B

A-① Big 5 基本的性格特性

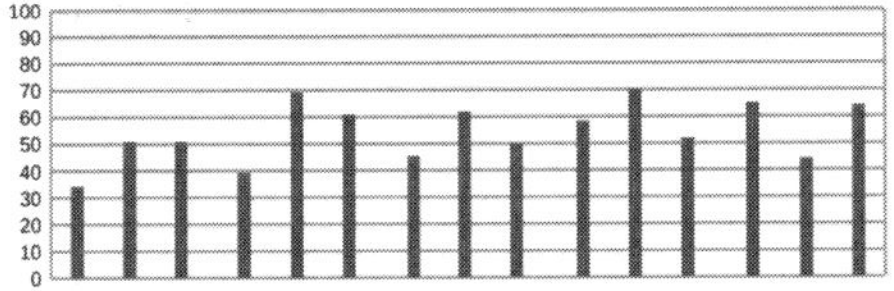

外向性			協調性			良識性			情緒安定性			知的好奇心		
チーム志向	気さくさ	フットワーク	協調優先	多様性への対応	説得・交渉	役割意識	誠実	完遂	安定性	回復力	配慮	情報欲	緻密性	論理性
34	51	51	39	69	61	45	62	50	58	70	52	65	44	64
46			56			52			60			57		

A-② Business Big 5 ビジネス的性格特性

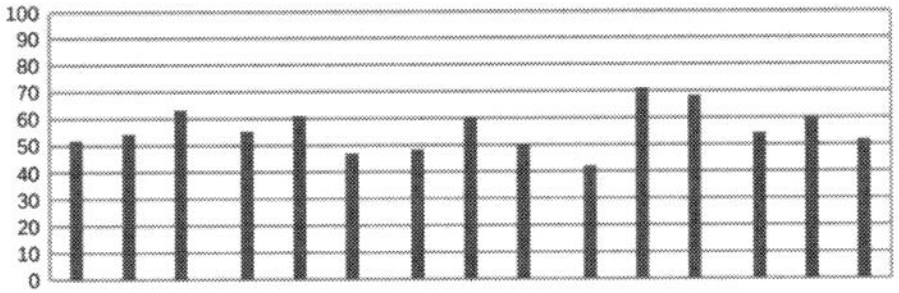

変革・創造			異文化適応			ストレス適応			自己実現			社会的成功		
オリジナリティ	事業創造	挑戦心	交流欲	移動容易性	順応性	批判耐性	負荷耐性	要求・指示耐性	自己理解	向上心	ポジティブさ	一流志向	経済的成功志向	評価志向
52	54	63	55	61	47	48	60	50	42	71	68	54	60	52
56			54			53			61			55		

㉔の答え A 解説：「良識性」が高い人は、仕事を完遂する能力があります。マネジャーに必要な特性です。

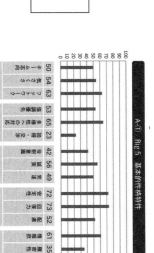

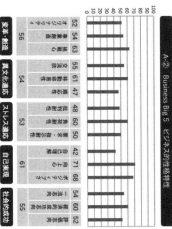

26 すべてのものごとに動じないタイプは?

A

A-① Big 5 基本的性格特性

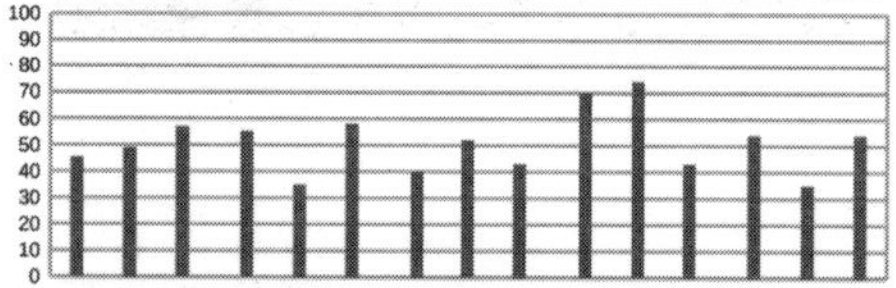

外向性			協調性			良識性			情緒安定性			知的好奇心		
チーム志向	気さくさ	フットワーク	協調優先	多様性への対応	説得・交渉	役割意識	誠実	完遂	安定性	回復力	配慮	情報欲	緻密性	論理性
45	49	57	55	35	58	40	52	43	70	74	43	54	35	54
51			49			45			63			48		

A-② Business Big 5 ビジネス的性格特性

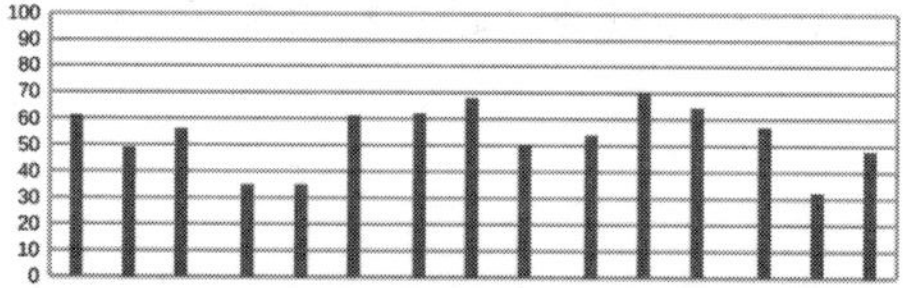

変革・創造			異文化適応			ストレス適応			自己実現			社会的成功		
オリジナリティ	事業創造	挑戦心	交流欲	移動容易性	順応性	批判耐性	負荷耐性	要求・指示耐性	自己理解	向上心	ポジティブさ	一流志向	経済的成功志向	評価志向
61	49	56	35	35	61	62	68	50	54	70	64	57	32	48
55			44			60			63			46		

B

A-① Big 5 基本的性格特性

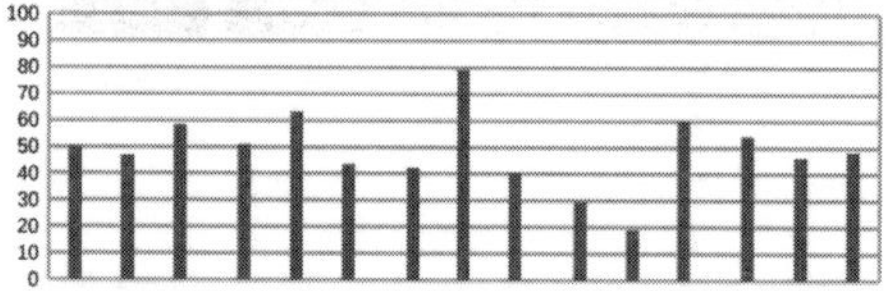

外向性			協調性			良識性			情緒安定性			知的好奇心		
チーム志向	気さくさ	フットワーク	協調優先	多様性への対応	説得・交渉	役割意識	誠実	完遂	安定性	回復力	配慮	情報欲	緻密性	論理性
50	47	58	51	63	43	42	79	40	29	19	60	54	46	48
52			53			54			36			49		

A-② Business Big 5 ビジネス的性格特性

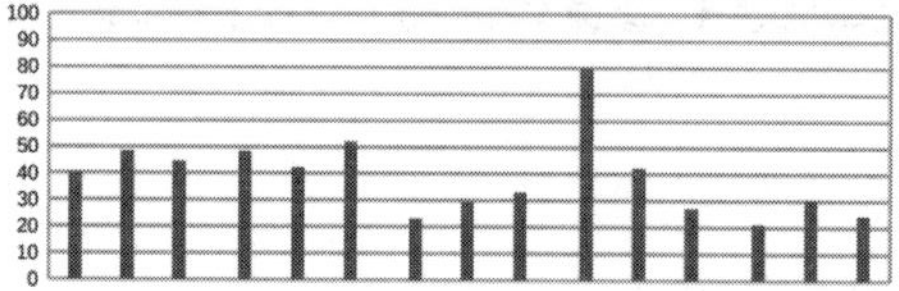

変革・創造			異文化適応			ストレス適応			自己実現			社会的成功		
オリジナリティ	事業創造	挑戦心	交流欲	移動容易性	順応性	批判耐性	負荷耐性	要求・指示耐性	自己理解	向上心	ポジティブさ	一流志向	経済的成功志向	評価志向
40	48	44	48	42	52	23	29	33	80	42	27	21	30	24
44			47			28			50			25		

㉕の答え : A 解説:「協調優先」が高く「説得・交渉」が低い人は、まわりに合わせようとする傾向があります。このタイプは自分の意見を披露することに消極的なので、「あなたはどう思う?」と問いかけることがマネジメントのコツです。

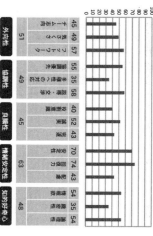

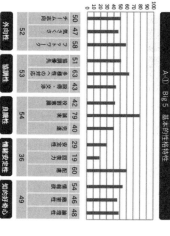

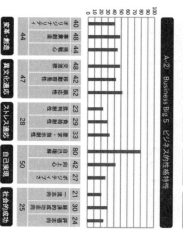

27 論理的ではなく、感性・感覚で判断していくタイプは?

A

A-① Big 5 基本的性格特性

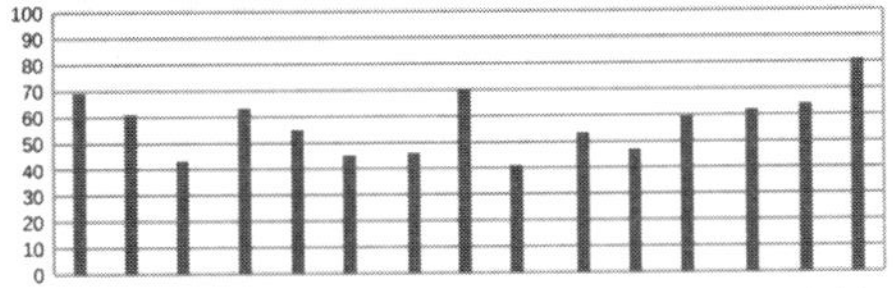

外向性			協調性			良識性			情緒安定性			知的好奇心		
58			55			52			53			69		
チーム志向	気さくさ	フットワーク	協調優先	多様性への対応	説得・交渉	役割意識	誠実	完遂	安定性	回復力	配慮	情報欲	緻密性	論理性
69	61	43	63	55	45	46	70	41	53	47	59	62	64	81

A-② Business Big 5 ビジネス的性格特性

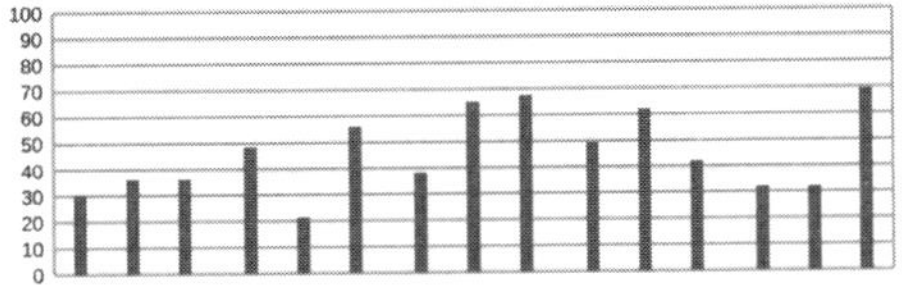

変革・創造			異文化適応			ストレス適応			自己実現			社会的成功		
34			42			56			51			45		
オリジナリティ	事業創造	挑戦心	交流欲	移動容易性	順応性	批判耐性	負荷耐性	要求・指示耐性	自己理解	向上心	ポジティブさ	一流志向	経済的成功志向	評価志向
30	36	36	48	21	56	38	65	67	49	62	42	32	32	69

B

A-① Big 5 基本的性格特性

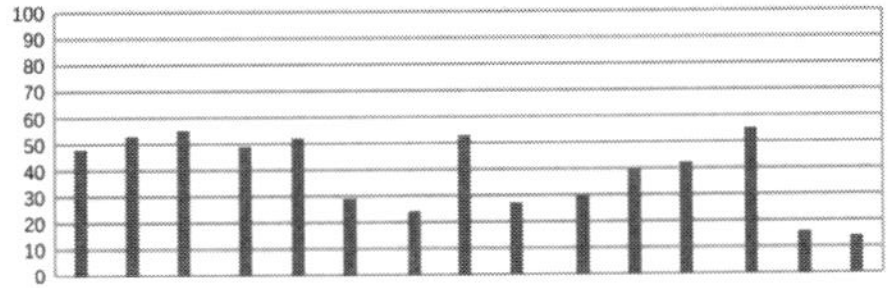

外向性			協調性			良識性			情緒安定性			知的好奇心		
52			43			35			37			28		
チーム志向	気さくさ	フットワーク	協調優先	多様性への対応	説得・交渉	役割意識	誠実	完遂	安定性	回復力	配慮	情報欲	緻密性	論理性
48	53	55	49	52	29	24	53	27	30	40	42	55	16	14

A-② Business Big 5 ビジネス的性格特性

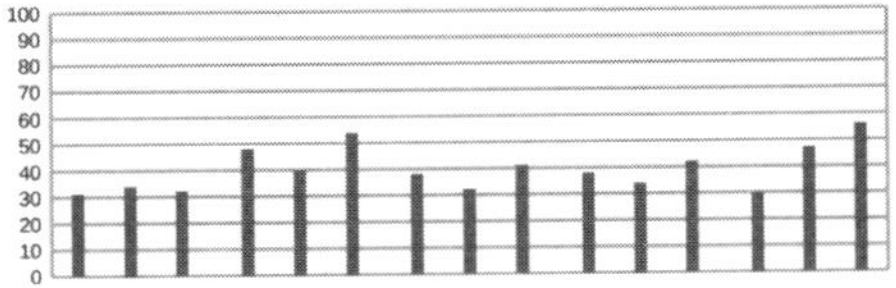

変革・創造			異文化適応			ストレス適応			自己実現			社会的成功		
32			47			37			38			45		
オリジナリティ	事業創造	挑戦心	交流欲	移動容易性	順応性	批判耐性	負荷耐性	要求・指示耐性	自己理解	向上心	ポジティブさ	一流志向	経済的成功志向	評価志向
31	34	32	48	40	54	38	32	41	38	34	42	30	47	56

㉖の答え：A　解説:「ストレス適応」と「情緒安定性」(とくに「回復力」「安定性」)が高い人は、どのような状況でも落ち着いて対処します。

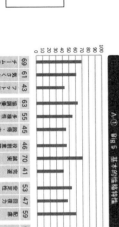

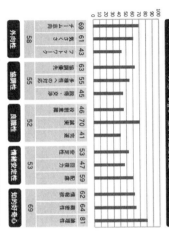

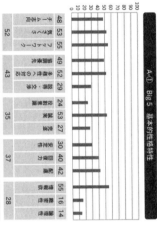

28 人を裏切らないタイプは?

A

A-① Big 5 基本的性格特性

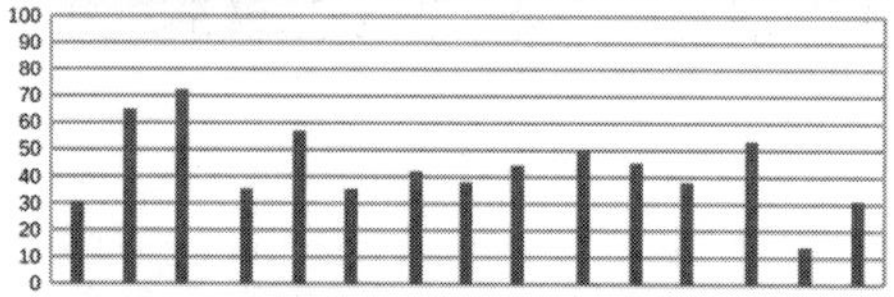

外向性			協調性			良識性			情緒安定性			知的好奇心		
チーム志向	気さくさ	フットワーク	協調優先	多様性への対応	説得・交渉	役割意識	誠実	完遂	安定性	回復力	配慮	情報欲	緻密性	論理性
30	65	72	35	57	35	42	38	44	50	45	38	53	14	31
55			42			41			44			33		

A-② Business Big 5 ビジネス的性格特性

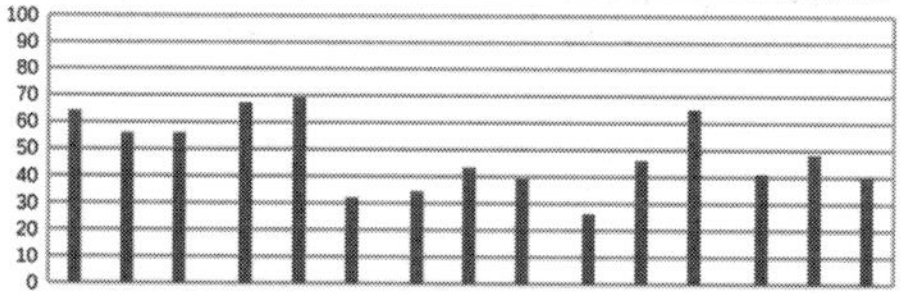

変革・創造			異文化適応			ストレス適応			自己実現			社会的成功		
オリジナリティ	事業創造	挑戦心	交流欲	移動容易性	順応性	批判耐性	負荷耐性	要求・指示耐性	自己理解	向上心	ポジティブさ	一流志向	経済的成功志向	評価志向
64	56	56	67	69	32	34	43	39	26	46	65	41	48	40
59			56			39			46			43		

B

A-① Big 5 基本的性格特性

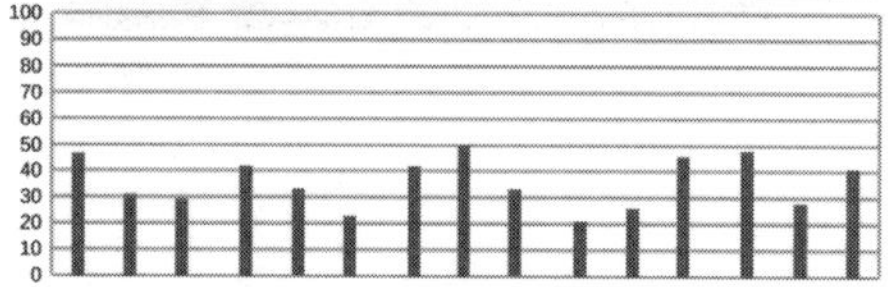

外向性			協調性			良識性			情緒安定性			知的好奇心		
チーム志向	気さくさ	フットワーク	協調優先	多様性への対応	説得・交渉	役割意識	誠実	完遂	安定性	回復力	配慮	情報欲	緻密性	論理性
47	31	29	42	33	23	42	50	33	21	26	46	48	28	41
36			33			42			31			39		

A-② Business Big 5 ビジネス的性格特性

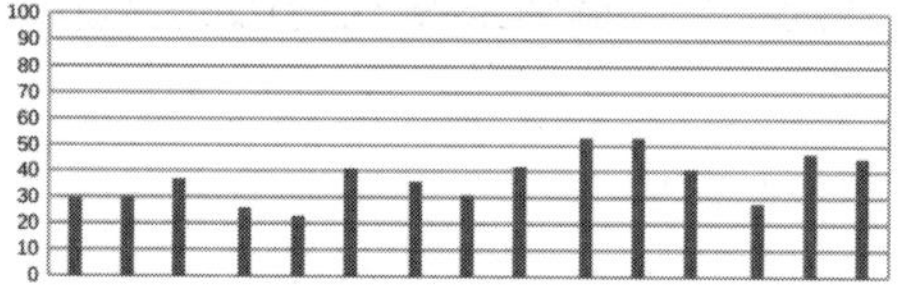

変革・創造			異文化適応			ストレス適応			自己実現			社会的成功		
オリジナリティ	事業創造	挑戦心	交流欲	移動容易性	順応性	批判耐性	負荷耐性	要求・指示耐性	自己理解	向上心	ポジティブさ	一流志向	経済的成功志向	評価志向
30	30	37	26	23	41	36	31	42	53	53	41	28	47	45
32			30			36			49			40		

㉗の答え B 解説:「論理性」と「緻密性」が低い人は、空気に合わせるなど直感でものごとを考える傾向があります。

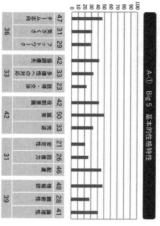

29 自分の信念を曲げないタイプは?

A

A-① Big 5 基本的性格特性

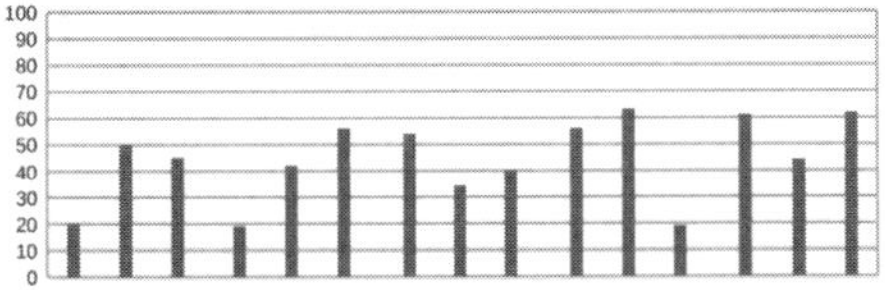

外向性			協調性			良識性			情緒安定性			知的好奇心		
20	50	45	19	42	56	54	34	40	56	63	19	61	44	62
チーム志向	気さくさ	フットワーク	協調優先	多様性への対応	説得・交渉	役割意識	誠実	完遂	安定性	回復力	配慮	情報欲	緻密性	論理性
38			39			43			46			56		

A-② Business Big 5 ビジネス的性格特性

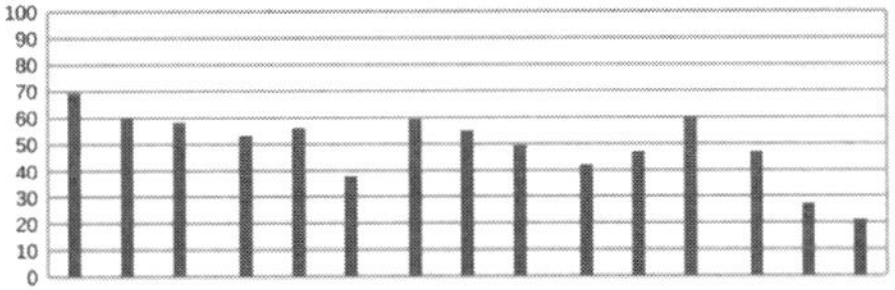

変革・創造			異文化適応			ストレス適応			自己実現			社会的成功		
69	60	58	53	56	38	59	55	49	42	47	60	47	27	21
オリジナリティ	事業創造	挑戦心	交流欲	移動容易性	順応性	批判耐性	負荷耐性	要求・指示耐性	自己理解	向上心	ポジティブさ	一流志向	経済的成功志向	評価志向
62			49			54			50			32		

B

A-① Big 5 基本的性格特性

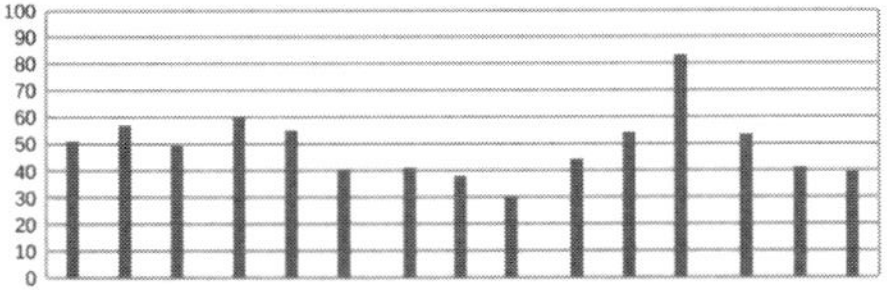

外向性			協調性			良識性			情緒安定性			知的好奇心		
51	57	49	60	55	40	41	38	30	44	54	83	53	41	39
チーム志向	気さくさ	フットワーク	協調優先	多様性への対応	説得・交渉	役割意識	誠実	完遂	安定性	回復力	配慮	情報欲	緻密性	論理性
53			52			36			60			44		

A-② Business Big 5 ビジネス的性格特性

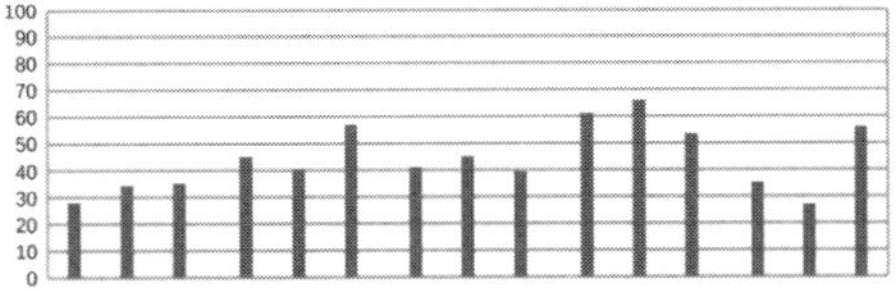

変革・創造			異文化適応			ストレス適応			自己実現			社会的成功		
28	34	35	45	40	57	41	45	39	61	66	53	35	27	56
オリジナリティ	事業創造	挑戦心	交流欲	移動容易性	順応性	批判耐性	負荷耐性	要求・指示耐性	自己理解	向上心	ポジティブさ	一流志向	経済的成功志向	評価志向
32			47			42			60			40		

㉘の答え：B

解説:「チーム志向」「協調優先」が高い人は、周囲との関係性を大切にします。「誠実」が高いので真面目であり、「安定性」「回復力」が低いことから繊細な人であることがわかります。

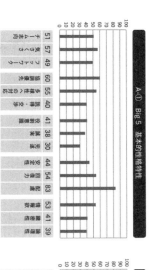

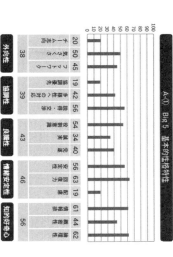

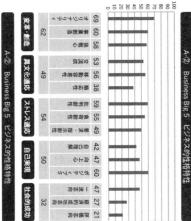

30 壁をぶち破る突破型のリーダータイプは?

A

A-① Big 5 基本的性格特性

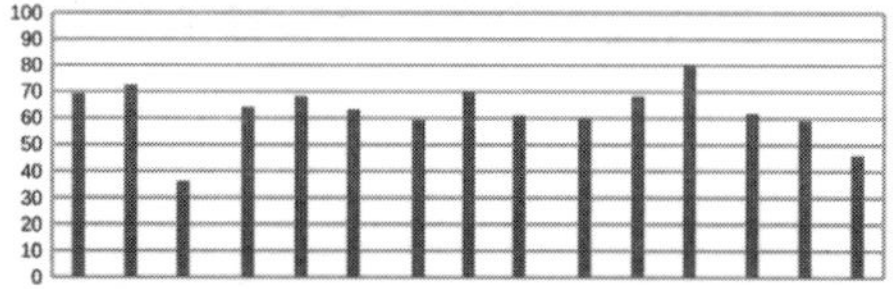

外向性			協調性			良識性			情緒安定性			知的好奇心		
チーム志向	気さくさ	フットワーク	協調優先	多様性への対応	説得・交渉	役割意識	誠実	完遂	安定性	回復力	配慮	情報欲	緻密性	論理性
69	72	36	64	68	63	59	70	61	60	68	80	62	59	46
59			65			63			70			56		

A-② Business Big 5 ビジネス的性格特性

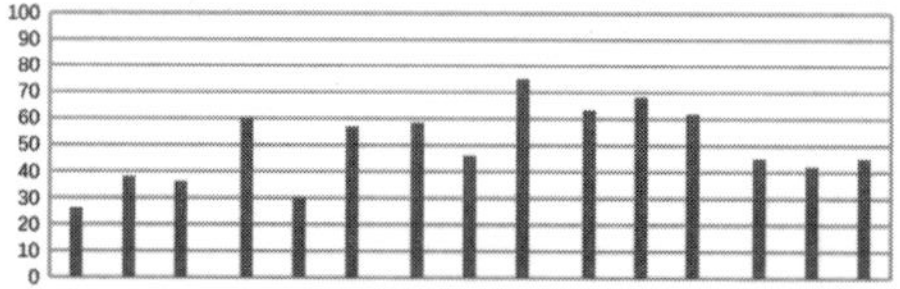

変革・創造			異文化適応			ストレス適応			自己実現			社会的成功		
オリジナリティ	事業創造	挑戦心	交流欲	移動容易性	順応性	批判耐性	負荷耐性	要求・指示耐性	自己理解	向上心	ポジティブさ	一流志向	経済的成功志向	評価志向
26	38	36	60	30	57	58	46	75	63	68	62	45	42	45
33			49			60			64			44		

B

A-① Big 5 基本的性格特性

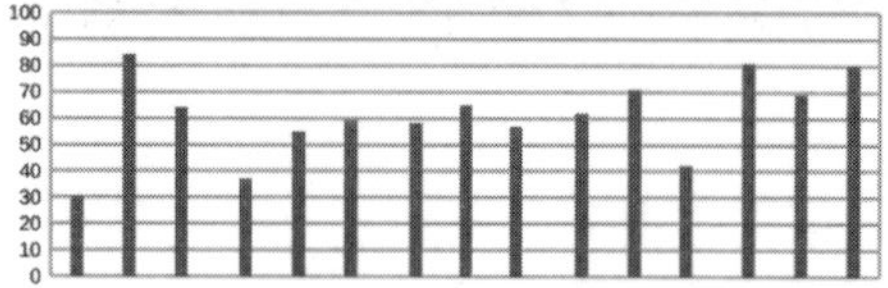

外向性			協調性			良識性			情緒安定性			知的好奇心		
チーム志向	気さくさ	フットワーク	協調優先	多様性への対応	説得・交渉	役割意識	誠実	完遂	安定性	回復力	配慮	情報欲	緻密性	論理性
30	84	64	37	55	59	58	65	57	62	71	42	81	69	80
59			50			60			58			77		

A-② Business Big 5 ビジネス的性格特性

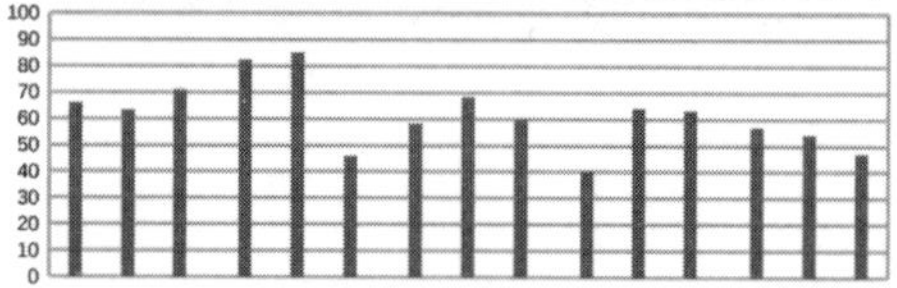

変革・創造			異文化適応			ストレス適応			自己実現			社会的成功		
オリジナリティ	事業創造	挑戦心	交流欲	移動容易性	順応性	批判耐性	負荷耐性	要求・指示耐性	自己理解	向上心	ポジティブさ	一流志向	経済的成功志向	評価志向
66	63	71	82	85	46	58	68	60	40	64	63	57	54	47
67			71			62			56			53		

㉙の答え　A

解説:「協調優先」と「配慮」が低い人は、他人に合わせることよりも、自分の考えを優先するタイプです。

31 臨機応変にものごとを判断できるタイプは？

A

A-① Big 5 基本的性格特性

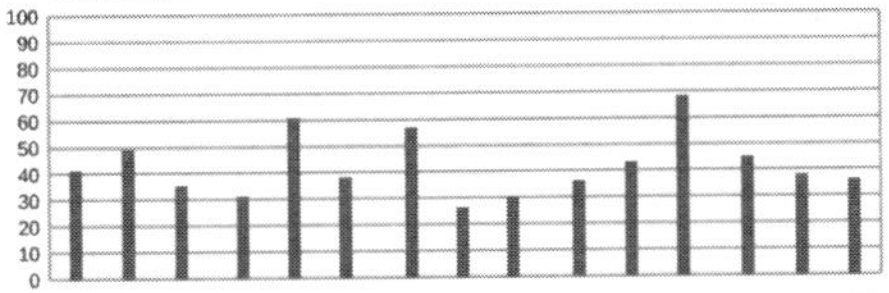

外向性			協調性			良識性			情緒安定性			知的好奇心		
チーム志向	気さくさ	フットワーク	協調優先	多様性への対応	説得・交渉	役割意識	誠実	完遂	安定性	回復力	配慮	情報欲	緻密性	論理性
41	49	35	31	61	38	57	26	30	36	43	68	45	38	36
42			43			37			49			39		

A-② Business Big 5 ビジネス的性格特性

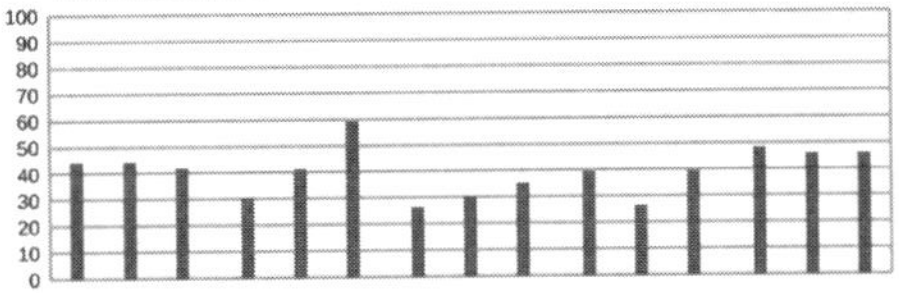

変革・創造			異文化適応			ストレス適応			自己実現			社会的成功		
オリジナリティ	事業創造	挑戦心	交流欲	移動容易性	順応性	批判耐性	負荷耐性	要求・指示耐性	自己理解	向上心	ポジティブさ	一流志向	経済的成功志向	評価志向
44	44	42	30	41	59	26	30	35	39	26	39	48	46	46
43			43			30			35			47		

B

A-① Big 5 基本的性格特性

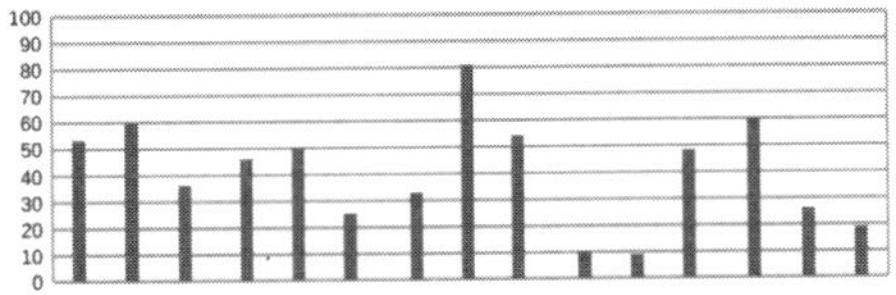

外向性			協調性			良識性			情緒安定性			知的好奇心		
チーム志向	気さくさ	フットワーク	協調優先	多様性への対応	説得・交渉	役割意識	誠実	完遂	安定性	回復力	配慮	情報欲	緻密性	論理性
53	60	36	46	50	25	33	81	54	10	9	48	60	26	19
49			40			56			22			35		

A-② Business Big 5 ビジネス的性格特性

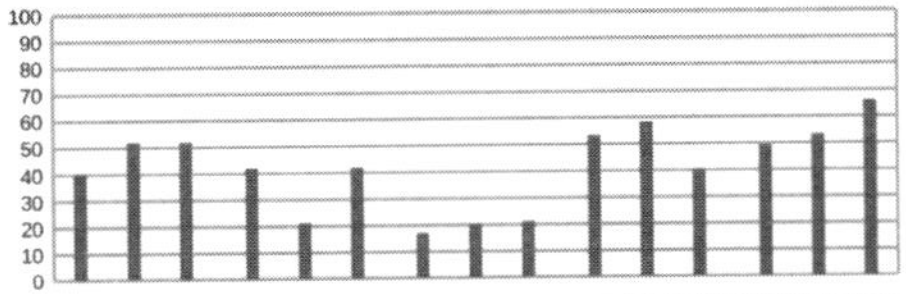

変革・創造			異文化適応			ストレス適応			自己実現			社会的成功		
オリジナリティ	事業創造	挑戦心	交流欲	移動容易性	順応性	批判耐性	負荷耐性	要求・指示耐性	自己理解	向上心	ポジティブさ	一流志向	経済的成功志向	評価志向
40	52	52	42	21	42	17	20	21	53	58	40	49	53	66
48			35			19			50			56		

㉚の答え：B

解説：「オリジナリティ」と「移動容易性」が高いため、従来の考え方にとらわれず、新しいもの、人と違うものを生み出そうとする特性があります。また、「協調優先」が低いので、自分の力でグイグイと引っ張っていく、自分と違っていてもウェルカムなタイプです。

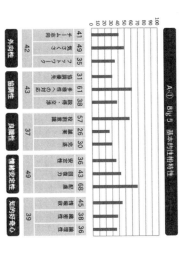

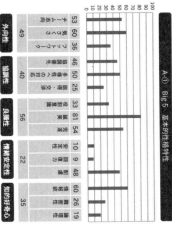

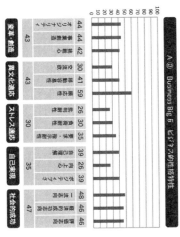

㉜ 人の嘘を見抜けるタイプは？

A

A-① Big 5 基本的性格特性

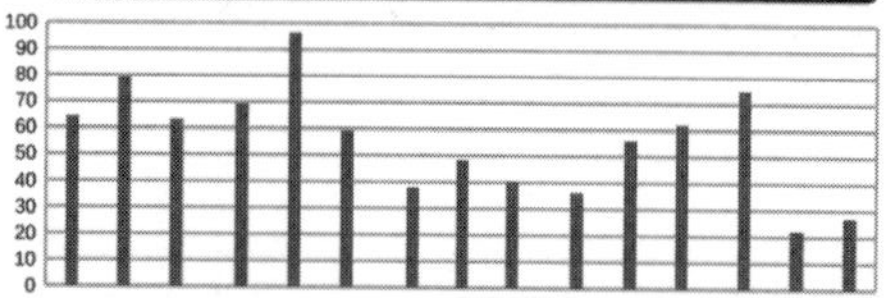

外向性			協調性			良識性			情緒安定性			知的好奇心		
チーム志向	気さくさ	フットワーク	協調優先	多様性への対応	説得・交渉	役割意識	誠実	完遂	安定性	回復力	配慮	情報欲	緻密性	論理性
64	79	63	69	96	59	38	48	40	36	56	62	75	22	27
69			75			42			51			41		

A-② Business Big 5 ビジネス的性格特性

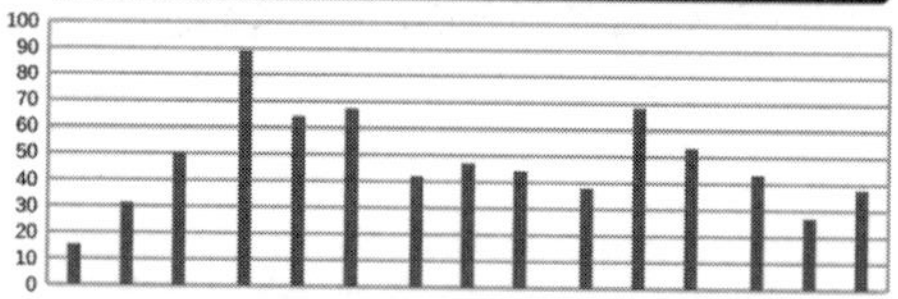

変革・創造			異文化適応			ストレス適応			自己実現			社会的成功		
オリジナリティ	事業創造	挑戦心	交流欲	移動容易性	順応性	批判耐性	負荷耐性	要求・指示耐性	自己理解	向上心	ポジティブさ	一流志向	経済的成功志向	評価志向
15	31	50	89	64	67	42	47	44	38	68	53	43	27	38
32			73			44			53			36		

B

A-① Big 5 基本的性格特性

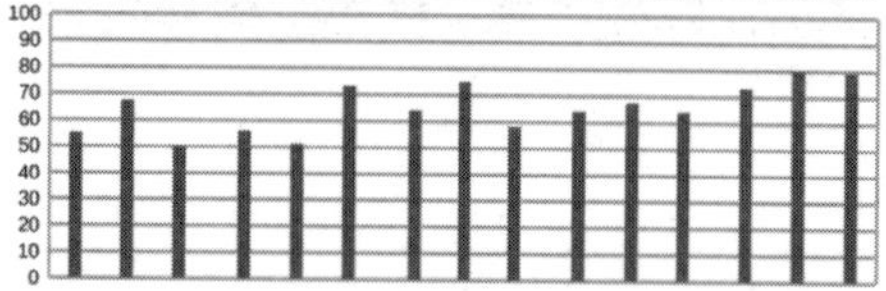

外向性			協調性			良識性			情緒安定性			知的好奇心		
チーム志向	気さくさ	フットワーク	協調優先	多様性への対応	説得・交渉	役割意識	誠実	完遂	安定性	回復力	配慮	情報欲	緻密性	論理性
55	67	50	56	51	73	64	75	58	64	67	64	73	80	79
58			60			66			65			77		

A-② Business Big 5 ビジネス的性格特性

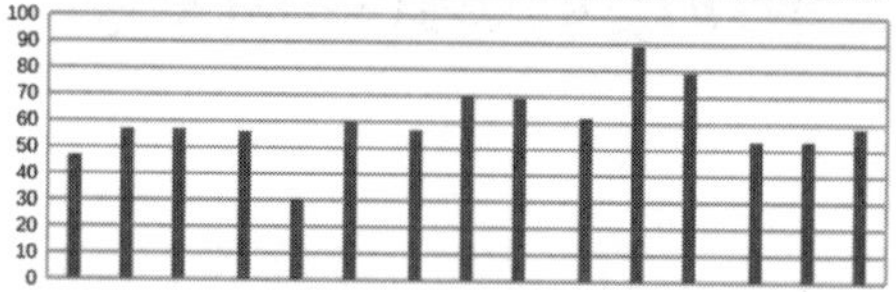

変革・創造			異文化適応			ストレス適応			自己実現			社会的成功		
オリジナリティ	事業創造	挑戦心	交流欲	移動容易性	順応性	批判耐性	負荷耐性	要求・指示耐性	自己理解	向上心	ポジティブさ	一流志向	経済的成功志向	評価志向
47	57	57	56	30	60	57	70	69	62	89	79	53	53	58
53			49			65			77			54		

㉛の答え：A　解説:「誠実」が低い人は、任務やルールに縛られることを嫌うため、柔軟に考えることができます。

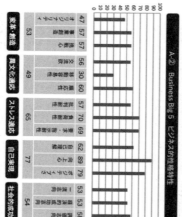

33 給料・待遇がよい会社を見つけると転職する可能性が高いタイプは?

A

A-① Big 5 基本的性格特性

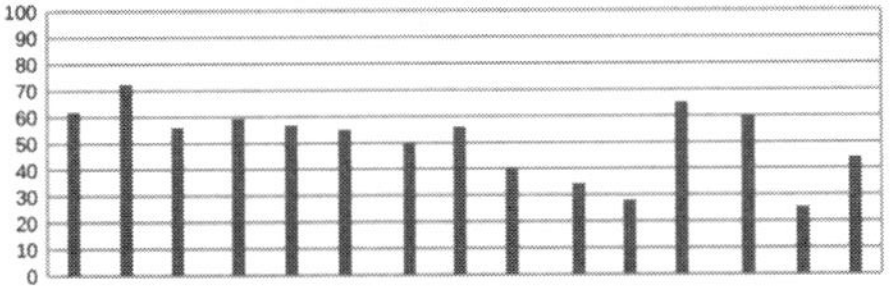

外向性			協調性			良識性			情緒安定性			知的好奇心		
チーム志向	気さくさ	フットワーク	協調優先	多様性への対応	説得・交渉	役割意識	誠実	完遂	安定性	回復力	配慮	情報欲	緻密性	論理性
62	72	56	59	57	55	50	56	40	34	28	65	60	25	44
64			57			49			43			43		

A-② Business Big 5 ビジネス的性格特性

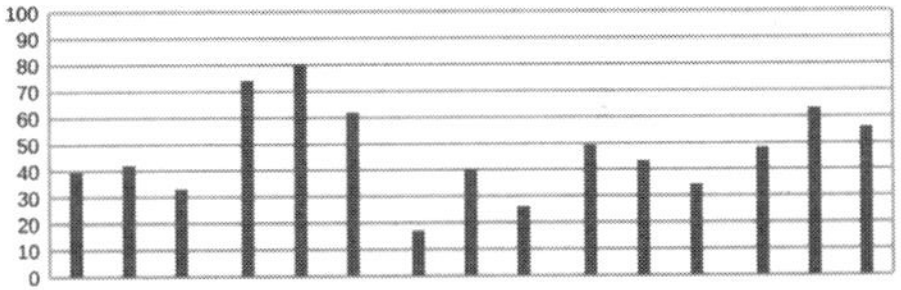

変革・創造			異文化適応			ストレス適応			自己実現			社会的成功		
オリジナリティ	事業創造	挑戦心	交流欲	移動容易性	順応性	批判耐性	負荷耐性	要求・指示耐性	自己理解	向上心	ポジティブさ	一流志向	経済的成功志向	評価志向
39	42	33	74	80	62	17	40	26	49	43	34	48	63	56
38			72			28			42			56		

B

A-① Big 5 基本的性格特性

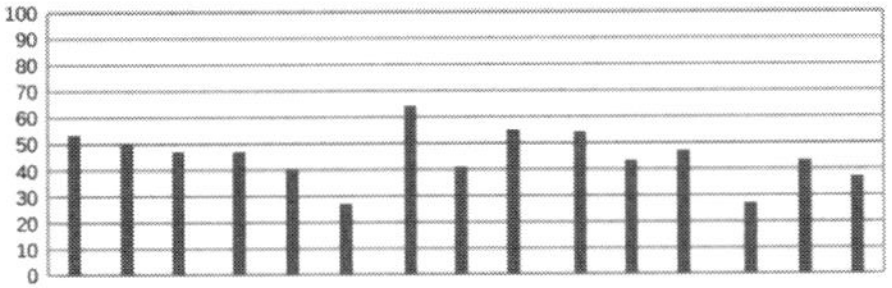

外向性			協調性			良識性			情緒安定性			知的好奇心		
チーム志向	気さくさ	フットワーク	協調優先	多様性への対応	説得・交渉	役割意識	誠実	完遂	安定性	回復力	配慮	情報欲	緻密性	論理性
53	50	47	47	40	27	64	41	55	54	43	47	27	43	37
50			38			53			48			36		

A-② Business Big 5 ビジネス的性格特性

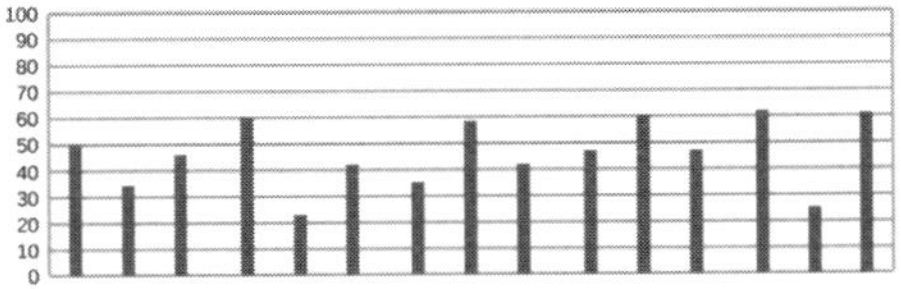

変革・創造			異文化適応			ストレス適応			自己実現			社会的成功		
オリジナリティ	事業創造	挑戦心	交流欲	移動容易性	順応性	批判耐性	負荷耐性	要求・指示耐性	自己理解	向上心	ポジティブさ	一流志向	経済的成功志向	評価志向
50	34	46	60	23	42	35	58	42	47	60	47	62	25	61
44			42			45			51			49		

㉜の答え B 解説:「論理性」と「緻密性」が高い人は、ものごとの構造、論理的な矛盾、人の嘘を見抜くことに長けています。

34 繊細すぎるあまり、少しの刺激でバーンアウトする（燃え尽きる）可能性が高いタイプは？

A

A-① Big 5 基本的性格特性

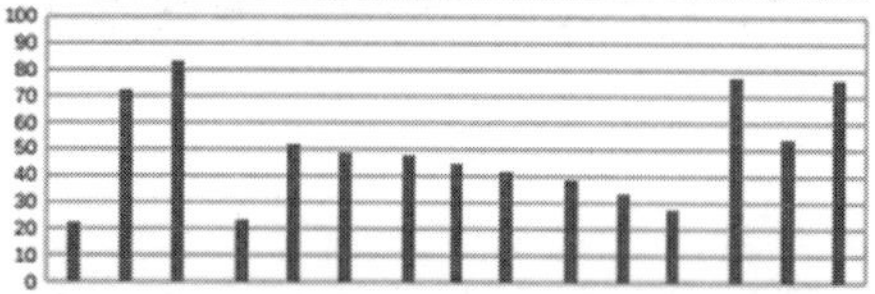

因子	因子得点	下位尺度	得点
外向性	59	チーム志向	22
		気さくさ	72
		フットワーク	83
協調性	41	協調優先	23
		多様性への対応	51
		説得・交渉	48
良識性	44	役割意識	47
		誠実	44
		完遂	41
情緒安定性	33	安定性	38
		回復力	33
		配慮	27
知的好奇心	69	情報欲	77
		厳密性	53
		論理性	76

A-② Business Big 5 ビジネス的性格特性

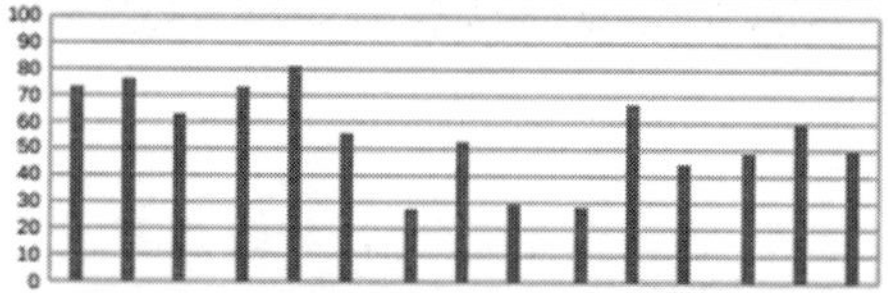

因子	因子得点	下位尺度	得点
変革・創造	71	オリジナリティ	73
		事業創造	76
		挑戦心	63
異文化適応	69	交流欲	73
		移動容易性	81
		順応性	55
ストレス適応	36	批判耐性	27
		負荷耐性	52
		要求・指示耐性	29
自己実現	47	自己理解	28
		向上心	67
		ポジティブさ	44
社会的成功	52	一途志向	48
		経済的成功志向	60
		評価志向	49

B

A-① Big 5 基本的性格特性

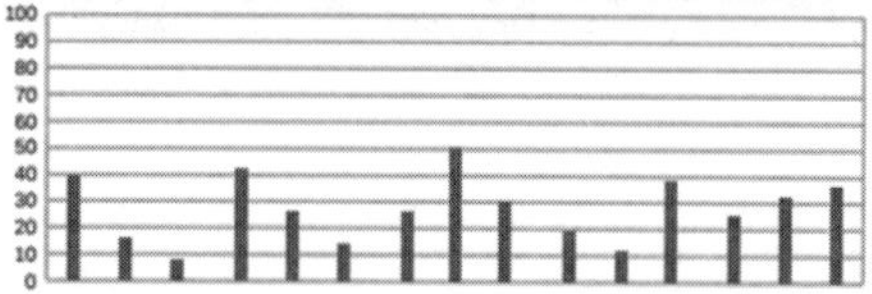

因子	因子得点	下位尺度	得点
外向性	21	チーム志向	39
		気さくさ	16
		フットワーク	8
協調性	27	協調優先	42
		多様性への対応	26
		説得・交渉	14
良識性	35	役割意識	26
		誠実	50
		完遂	30
情緒安定性	23	安定性	19
		回復力	12
		配慮	38
知的好奇心	31	情報欲	25
		厳密性	32
		論理性	36

A-② Business Big 5 ビジネス的性格特性

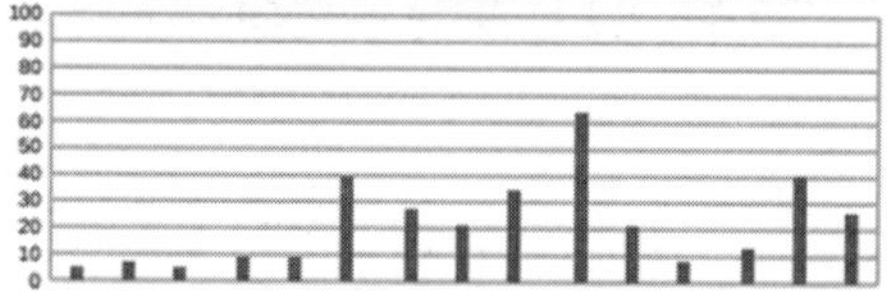

因子	因子得点	下位尺度	得点
変革・創造	5	オリジナリティ	5
		事業創造	7
		挑戦心	5
異文化適応	19	交流欲	9
		移動容易性	9
		順応性	39
ストレス適応	27	批判耐性	27
		負荷耐性	21
		要求・指示耐性	34
自己実現	31	自己理解	64
		向上心	21
		ポジティブさ	8
社会的成功	26	一途志向	13
		経済的成功志向	40
		評価志向	26

㉝の答え A 解説:「経済的成功志向」と「移動容易性」がどちらも高い人は「条件のよいほう」を選択しやすいです。

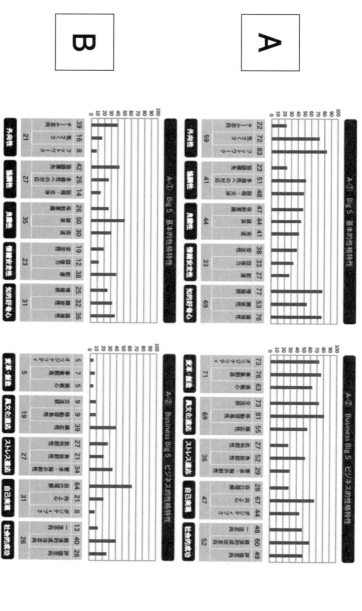

35 新卒採用の担当者に向いてるタイプは?

A

A-① Big 5 基本的性格特性

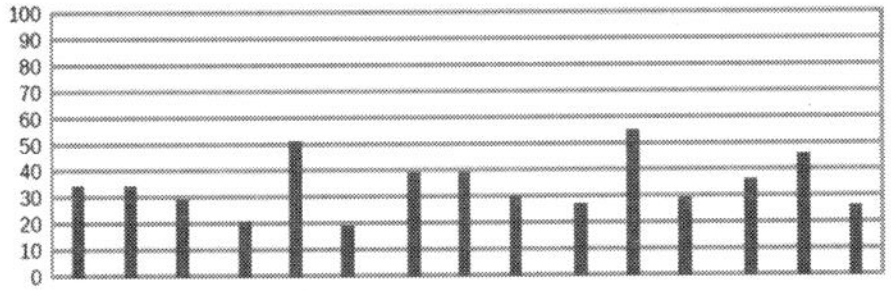

外向性			協調性			良識性			情緒安定性			知的好奇心		
チーム志向	気さくさ	フットワーク	協調優先	多様性への対応	説得・交渉	役割意識	誠実	完遂	安定性	回復力	配慮	情報欲	緻密性	論理性
34	34	29	21	51	19	39	39	30	27	55	29	36	46	26
32			30			36			37			36		

A-② Business Big 5 ビジネス的性格特性

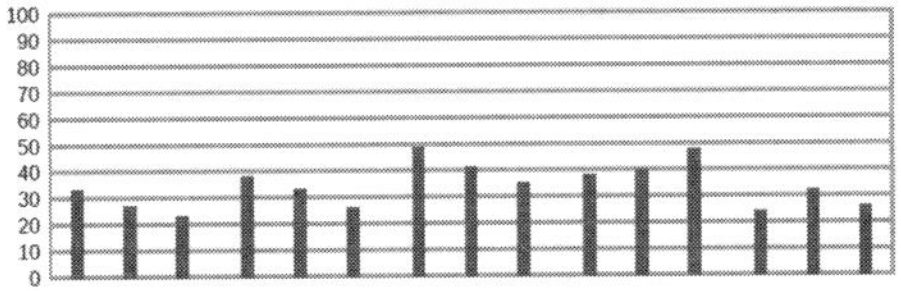

変革・創造			異文化適応			ストレス適応			自己実現			社会的成功		
オリジナリティ	事業創造	挑戦心	交流欲	移動容易性	順応性	批判耐性	負荷耐性	要求・指示耐性	自己理解	向上心	ポジティブさ	一流志向	経済的成功志向	評価志向
33	27	23	38	33	26	49	41	35	38	40	48	24	32	26
28			32			41			42			27		

B

A-① Big 5 基本的性格特性

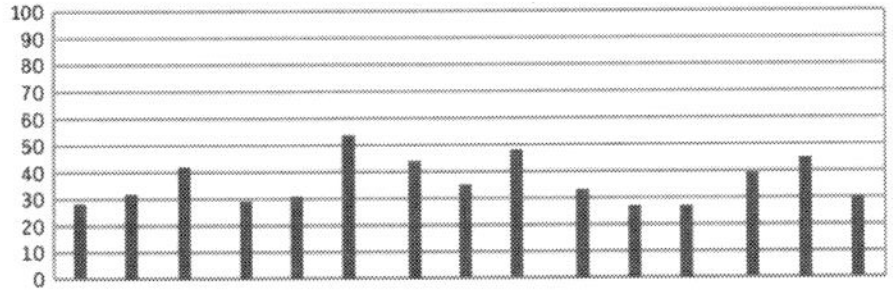

外向性			協調性			良識性			情緒安定性			知的好奇心		
チーム志向	気さくさ	フットワーク	協調優先	多様性への対応	説得・交渉	役割意識	誠実	完遂	安定性	回復力	配慮	情報欲	緻密性	論理性
28	32	42	29	31	54	44	35	48	33	27	27	39	45	30
34			38			42			29			38		

A-② Business Big 5 ビジネス的性格特性

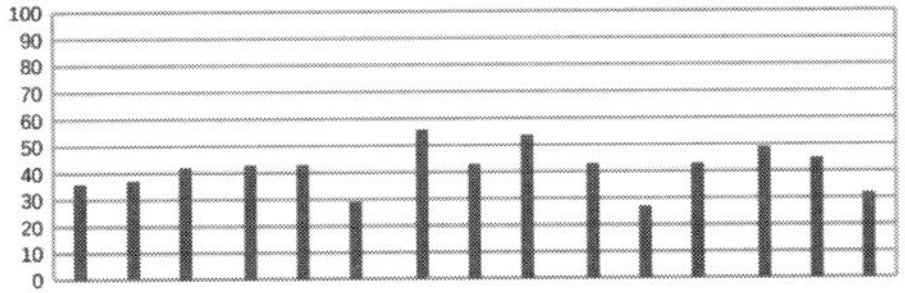

変革・創造			異文化適応			ストレス適応			自己実現			社会的成功		
オリジナリティ	事業創造	挑戦心	交流欲	移動容易性	順応性	批判耐性	負荷耐性	要求・指示耐性	自己理解	向上心	ポジティブさ	一流志向	経済的成功志向	評価志向
36	37	42	43	43	29	56	43	54	43	27	43	49	45	32
39			38			51			37			42		

34の答え：B 解説:「25以下」の因子が「8つ以上」ある人は、武蔵野では採用しません。

36 おしゃべりが好きで会話が弾むタイプは?

A

A-① Big 5 基本的性格特性

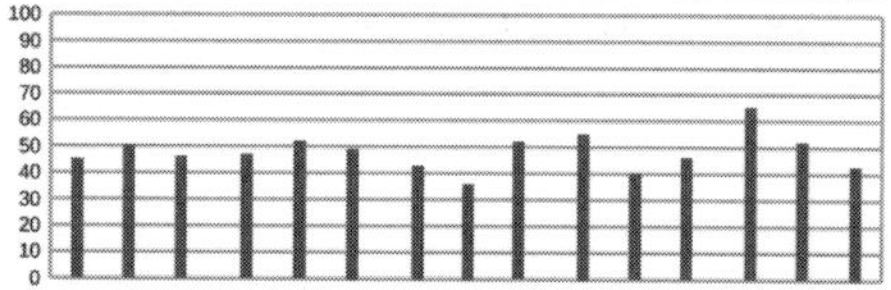

外向性			協調性			良識性			情緒安定性			知的好奇心		
チーム志向	気さくさ	フットワーク	協調優先	多様性への対応	説得・交渉	役割意識	誠実	完遂	安定性	回復力	配慮	情報欲	緻密性	論理性
45	50	46	47	52	49	43	36	52	55	40	46	65	52	43
47			50			44			47			53		

A-② Business Big 5 ビジネス的性格特性

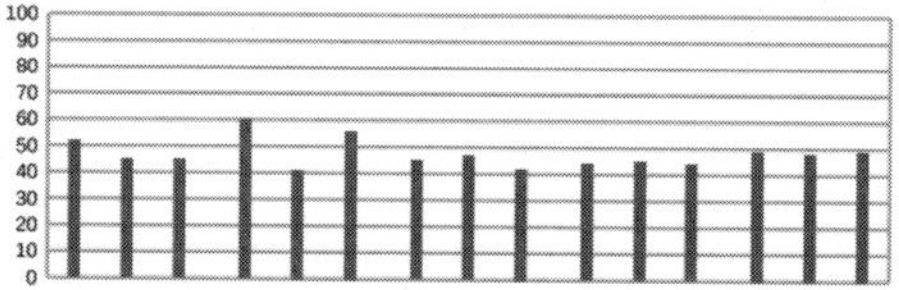

変革・創造			異文化適応			ストレス適応			自己実現			社会的成功		
オリジナリティ	事業創造	挑戦心	交流欲	移動容易性	順応性	批判耐性	負荷耐性	要求・指示耐性	自己理解	向上心	ポジティブさ	一流志向	経済的成功志向	評価志向
52	45	45	60	41	56	45	47	42	44	45	44	49	48	49
47			52			45			44			48		

B

A-① Big 5 基本的性格特性

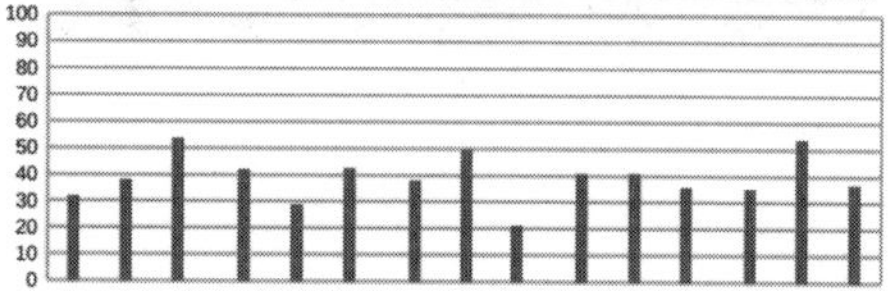

外向性			協調性			良識性			情緒安定性			知的好奇心		
チーム志向	気さくさ	フットワーク	協調優先	多様性への対応	説得・交渉	役割意識	誠実	完遂	安定性	回復力	配慮	情報欲	緻密性	論理性
32	38	54	42	29	43	38	50	21	41	41	36	35	54	37
41			38			36			39			42		

A-② Business Big 5 ビジネス的性格特性

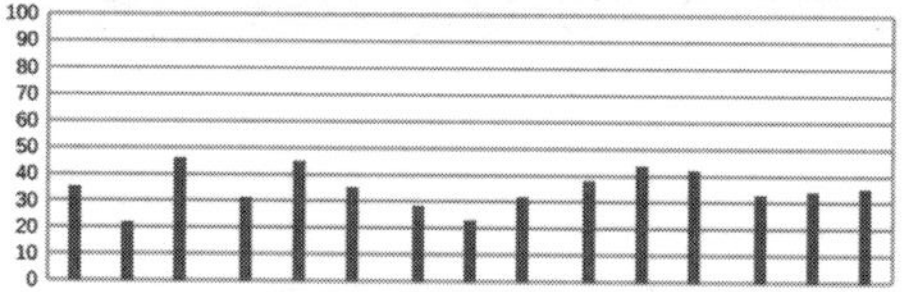

変革・創造			異文化適応			ストレス適応			自己実現			社会的成功		
オリジナリティ	事業創造	挑戦心	交流欲	移動容易性	順応性	批判耐性	負荷耐性	要求・指示耐性	自己理解	向上心	ポジティブさ	一流志向	経済的成功志向	評価志向
35	22	46	31	45	35	28	23	32	38	44	42	33	34	35
34			37			28			41			34		

㉟の答え　B　解説:「説得・交渉」が高い人は、学生の志望度があがるよう説得していくことが得意です。

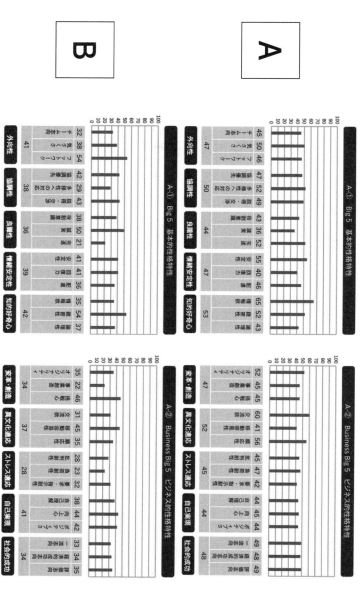

「仕事への動機」について

【仕事への動機】

達成動機

達成・成功に向けて努力する動機。偶然や他人に結果を任せるよりも、自分の責任でやってみたい。

親和動機

競争的な状況よりもコミュニケーションを大切にし、相互理解をベースに気持ちよく働きたい動機。

権力動機

権力を行使してコントロールしたい動機。競争状況を好み、信望を得たり他人に影響力を行使したい。

安全動機

安心・安全を求め、失敗、挫折、困難な状況を回避しようとする動機。

❶ 他人に影響（インパクト）を与え、コントロールしたいと思うタイプは？

A

1	安全動機	安心・安全を求め、失敗、挫折、困難な状況を回避しようとする動機	63
2	達成動機	達成・成功に向けて努力する動機。偶然や他人に結果を任せるよりも、自分の責任でやってみたい	58
3	親和動機	競争的な状況よりもコミュニケーションを大切にし、相互理解をベースに気持ちよく働きたい動機	58
4	権力動機	権力を行使してコントロールしたい動機。競争状況を好み、信望を得たり他人に影響力を行使したい	56

B

1	権力動機	権力を行使してコントロールしたい動機。競争状況を好み、信望を得たり他人に影響力を行使したい	94
2	達成動機	達成・成功に向けて努力する動機。偶然や他人に結果を任せるよりも、自分の責任でやってみたい	83
3	親和動機	競争的な状況よりもコミュニケーションを大切にし、相互理解をベースに気持ちよく働きたい動機	69
4	安全動機	安心・安全を求め、失敗、挫折、困難な状況を回避しようとする動機	17

㊱の答え　A　解説：「気さくさ」「多様性への対応」「交流欲」が高い人は、積極的にコミュニケーションをとろうとする傾向にあります。

❷「失敗しても俺が責任とるから!」と言われるとモチベーションが上がるタイプは?

A

1	権力動機	権力を行使してコントロールしたい動機。競争状況を好み、信望を得たり他人に影響力を行使したい	88
2	達成動機	達成・成功に向けて努力する動機。偶然や他人に結果を任せるよりも、自分の責任でやってみたい	81
3	親和動機	競争的な状況よりもコミュニケーションを大切にし、相互理解をベースに気持ちよく働きたい動機	60
4	安全動機	安心・安全を求め、失敗、挫折、困難な状況を回避しようとする動機	38

B

1	安全動機	安心・安全を求め、失敗、挫折、困難な状況を回避しようとする動機	65
2	権力動機	権力を行使してコントロールしたい動機。競争状況を好み、信望を得たり他人に影響力を行使したい	41
3	親和動機	競争的な状況よりもコミュニケーションを大切にし、相互理解をベースに気持ちよく働きたい動機	39
4	達成動機	達成・成功に向けて努力する動機。偶然や他人に結果を任せるよりも、自分の責任でやってみたい	22

❶の答え : B 解説:「権力動機」が高い人は、自分の考えた商品・サービスを世の中に広めていこうとします。

❸ 「大丈夫!　嫌われないから!」と言われるとモチベーションが上がるタイプは?

A

1	親和動機	競争的な状況よりもコミュニケーションを大切にし、相互理解をベースに気持ちよく働きたい動機	69
2	権力動機	権力を行使してコントロールしたい動機。競争状況を好み、信望を得たり他人に影響力を行使したい	47
3	安全動機	安心・安全を求め、失敗、挫折、困難な状況を回避しようとする動機	44
4	達成動機	達成・成功に向けて努力する動機。偶然や他人に結果を任せるよりも、自分の責任でやってみたい	37

B

1	達成動機	達成・成功に向けて努力する動機。偶然や他人に結果を任せるよりも、自分の責任でやってみたい	69
2	権力動機	権力を行使してコントロールしたい動機。競争状況を好み、信望を得たり他人に影響力を行使したい	53
3	安全動機	安心・安全を求め、失敗、挫折、困難な状況を回避しようとする動機	21
4	親和動機	競争的な状況よりもコミュニケーションを大切にし、相互理解をベースに気持ちよく働きたい動機	17

❷の答え：B

解説:「安全動機」が高いため、「失敗を回避するために安全で確実な行動を取る」「受けた仕事の精度が高い」といった傾向があります。「どんな結果になってもいいから、安心してやりなさい」と失敗を許容してあげると、力を発揮します。

❹ チャレンジングな仕事がしたいタイプは?

A

1	達成動機	達成・成功に向けて努力する動機。偶然や他人に結果を任せるよりも、自分の責任でやってみたい	92
2	親和動機	競争的な状況よりもコミュニケーションを大切にし、相互理解をベースに気持ちよく働きたい動機	65
3	権力動機	権力を行使してコントロールしたい動機。競争状況を好み、信望を得たり他人に影響力を行使したい	59
4	安全動機	安心・安全を求め、失敗、挫折、困難な状況を回避しようとする動機	21

B

1	安全動機	安心・安全を求め、失敗、挫折、困難な状況を回避しようとする動機	73
2	権力動機	権力を行使してコントロールしたい動機。競争状況を好み、信望を得たり他人に影響力を行使したい	60
3	親和動機	競争的な状況よりもコミュニケーションを大切にし、相互理解をベースに気持ちよく働きたい動機	52
4	達成動機	達成・成功に向けて努力する動機。偶然や他人に結果を任せるよりも、自分の責任でやってみたい	37

❸の答え：A

解説：「親和動機」が高い人は、人との関係性を重視するため、和を乱すことが少ないタイプです。親和動機が高い上司は組織内の相互理解を重視するため、「部下が辞めにくい」傾向にあります。

❺ 安心安全が担保されていると行動できるタイプは?

A

1	達成動機	達成・成功に向けて努力する動機。偶然や他人に結果を任せるよりも、自分の責任でやってみたい	86
2	親和動機	競争的な状況よりもコミュニケーションを大切にし、相互理解をベースに気持ちよく働きたい動機	65
3	権力動機	権力を行使してコントロールしたい動機。競争状況を好み、信望を得たり他人に影響力を行使したい	53
4	安全動機	安心・安全を求め、失敗、挫折、困難な状況を回避しようとする動機	46

B

1	安全動機	安心・安全を求め、失敗、挫折、困難な状況を回避しようとする動機	71
2	親和動機	競争的な状況よりもコミュニケーションを大切にし、相互理解をベースに気持ちよく働きたい動機	65
3	達成動機	達成・成功に向けて努力する動機。偶然や他人に結果を任せるよりも、自分の責任でやってみたい	53
4	権力動機	権力を行使してコントロールしたい動機。競争状況を好み、信望を得たり他人に影響力を行使したい	25

❹の答え　A　解説:「達成動機」が「92」もあるため、「何が何でも達成しよう」と考えます。営業パーソン向きです。

❻「人の群れの中にいたほうが安心だ」と考えるタイプは？

A

1	親和動機	競争的な状況よりもコミュニケーションを大切にし、相互理解をベースに気持ちよく働きたい動機	87
2	達成動機	達成・成功に向けて努力する動機。偶然や他人に結果を任せるよりも、自分の責任でやってみたい	63
3	安全動機	安心・安全を求め、失敗、挫折、困難な状況を回避しようとする動機	50
4	権力動機	権力を行使してコントロールしたい動機。競争状況を好み、信望を得たり他人に影響力を行使したい	16

B

1	達成動機	達成・成功に向けて努力する動機。偶然や他人に結果を任せるよりも、自分の責任でやってみたい	86
2	権力動機	権力を行使してコントロールしたい動機。競争状況を好み、信望を得たり他人に影響力を行使したい	84
3	親和動機	競争的な状況よりもコミュニケーションを大切にし、相互理解をベースに気持ちよく働きたい動機	46
4	安全動機	安心・安全を求め、失敗、挫折、困難な状況を回避しようとする動機	29

❺の答え：B　解説：「安全動機」高く、リスクを完全に避けようとするタイプです。

「ソーシャルスタイル」について

【ソーシャルスタイル】

● ドライバー（行動派）

- はっきりした主張を持ち、指示や質問を嫌う。
- 独立心、競争心が強い。
- イエス、ノーがはっきりしている。即断即決する。
- リスクを恐れず、目標達成へまい進する。
- 論理やデータを重視する。情に流されない。

● エクスプレッシブ（感覚派）

- 前向きで明るく、周囲のムードを盛り上げる。
- 表情が豊かで話し好き。
- 外向的で、多くのことに関心を払う。
- 雰囲気や情に流されやすい。
- 面倒見がいい。

● アナリティカル（思考派）

- 慎重に検討した上で最善解を出す。
- 丁寧で誠実。速さよりも質の高さを重視する。
- 形式や論理を重視し、その場しのぎを嫌う。
- イエス、ノーを即答しない。
- 細かいことをおろそかにしない。

● エミアブル（協調派）

- 自分よりも他者を優先し、主役よりも脇役を好む。
- 相手の役に立つことに喜びを感じる。
- みんなの意見を取り入れようとする。
- 周囲に配慮しながら進める。
- 評価や顔色を気にしやすい。

❶ 舵を切り、アクセル吹かして「俺についてこい!」のタイプは?

A　ドライバー

B　アナリティカル

C　エクスプレッシブ

D　エミアブル

❻の答え　A　解説:「権力動機」が低いため、「人の上には立ちたくない」と考えます。

❷ 細部にこだわり、整合性を重んじるタイプは?

A　ドライバー

B　アナリティカル

C　エクスプレッシブ

D　エミアブル

❶の答え　A　解説:はっきりした主張を持ち、統率的です。リスクを恐れず、情に流されず、目標達成への執念があります。ドライバーは、年々減少傾向にあります。

3 何かをするときに先陣を切るよりも誰かのあとをついていくタイプは?

A　ドライバー

B　アナリティカル

C　エクスプレッシブ

D　エミアブル

❷の答え：B　解説:アナリティカルは、緻密さ、正確さ、整合性を大切にします。

❹ 腕組んで足組んで、結論からモノを言うことを要求するタイプは?

A　ドライバー

B　アナリティカル

C　エクスプレッシブ

D　エミアブル

❸の答え　D　解説:エミアブルは、縁の下の力持ちタイプです。主役よりも脇役を好みます。自分から率先して行動するより、誰かの指示に従うほうが力を発揮します。

5 悪気のないお調子者タイプは?
(根拠がないことでもよかれと思ってやる)

A　ドライバー

B　アナリティカル

C　エクスプレッシブ

D　エミアブル

❹の答え　A

解説:独立心、競争心が強く、即断即決即できるタイプです。ドライバーは結論から話し、アナリティカルは順序立てて話をするため、ドライバーとアナリティカルが会話をすると、摩擦が生じることもあります。

❻ 縁の下の力持ち。困っている人がいたら助けずにはいられないタイプは？

A　ドライバー

B　アナリティカル

C　エクスプレッシブ

D　エミアブル

❺の答え　C

解説：エクスプレッシブは、面倒見がよく外交的です。エクスプレッシブの数値が、アナリティカルの数字よりも「20以上高い」と、お調子者タイプ（状況やまわりの雰囲気にすぐ反応し、気軽に場を盛り上げる人）と判定できます。

7 シーンとしている空気に耐えられないタイプは?

A　ドライバー

B　アナリティカル

C　エクスプレッシブ

D　エミアブル

❻の答え：D

解説:自分より人を優先し、主役よりも脇役を好みます。努力を惜しまず、人を支えていくタイプです。明確な指示や依頼があったほうが力を発揮します。

❽ エミアブルの新卒社員にメンター（お世話役）をつけるならどのタイプがよいか？

A ドライバー

B アナリティカル

C エクスプレッシブ

D エミアブル

❼の答え：C

解説：ムードメーカーですが、場を盛り上げるだけ盛り上げて、話を着地させないことがあります。「エクスプレッシブが異常に高く、他のスタイルが低い」場合、場をわきまえずに好き勝手に話し始める傾向があります。

❾ 今の若い世代に多いタイプはどれか?

A　ドライバー

B　アナリティカル

C　エクスプレッシブ

D　エミアブル

❽の答え：D

解説：同じソーシャルスタイルの人と組み合わせたほうが、相互理解が高まります。エミアブルの先輩は、エミアブルの後輩の気持ちを理解できるため、適切なアドバイスができます。

⑩ ドライバーとの接し方は?（意思決定をうながすときはどちらがいいか）

A

２つの提案を持っていき、
選択させる。

B

ひとつの提案を持っていき、
承認を得る。

❾の答え　D　解説:新卒学生の6割を超えています。これからのマネジメントに求められているのは、「エミアブルを輝かせること」です。

⑪ アナリティカルとの接し方は?(新しい事業などを考えてほしい場合は)

A

予算も期日も自由でいいので、
新規事業をつくってください。

B

予算は１００万円以内で、
○○な事業をつくってください。

⑩の答え：A　解説:ドライバーは、自分で判断したいタイプのため、「2つの案があるのですが、どちらがいいと思いますか?」と選択肢を与えます。

⑫ ドライバー×ドライバーの関係性はどちらか？

A

ポジティブで口が達者。調子がいいだけと思われていることもありそう。相手にとって仲よくすることはそれほど大切なことでもない。無駄話や長い話は減らして、真剣、端的に話を進めていくことで信頼を勝ち得る。

B

人から指図されることが大嫌いな２人。自分の意見を押し通そうとすると相手は反発するばかり。スムーズに仕事を進めていくならば、あえて相手を立てることを意識する「No. ２のポジション」も賢いやり方。

⑪の答え：B　解説：アナリティカルは細部にこだわるため、具体的な指示を与えます。整合性を重視する人は、論理性や一貫性を求める傾向があるため、数字やデータを用いて説明をすると、理解をうながすことが可能です。

⑬ アナリティカル×アナリティカルの関係性はどちらか?

A

ゴールに向かって淡々と仕事を進めていく2人は、よきパートナーになる。ただ、クリエイティブなことや他との協働はお互いに苦手。いざというときにそこをフォローできるメンバーを混ぜ、できるだけ新鮮な環境を意識していく。

B

相手の飛躍したアイデアや意見が抽象的すぎて、反発を覚えることも少なくない。指摘をするときは全否定してはいけない。相手はすぐにやる気を失う。アイデアのよいところも探して、簡潔に伝えることが大切。

⑫の答え B 解説:Aはドライバーとエクスプレッシブの関係性です。

14 エミアブルからみたドライバーのイメージはどちらか？

A

すぐ怒る、怖い、キツイと思ってしまう。

B

感情表現が薄く、自分の考えを積極的に出さない。

⑬の答え：A　解説:Bはアナリティカルとエクスプレッシブの関係性です。

⑮ アナリティカルから見たエクスプレッシブの関係性はどちらか?

A 相手の飛躍したアイデアや意見が抽象的すぎて、反発を覚える。

B 気が合い、楽しく盛り上がれる。

⑭の答え：A

解説:エミアブルには、相手とのよい関係性を築き、「穏やかにことを進めたい」という気持ちがあります。自分の主張をはっきりと口にだすドライバーに対しては、「怖い」というイメージを持っています。

⑯ エクスプレッシブからみたエミアブルの特徴はどちらか?

A 話しかけにくい。

B 頼みごとをしやすい。

⑮の答え A 解説:アナリティカルは、細部にこだわり整合性を大切にします。

17 人当たりがよく、細かいことを言わないタイプは?

A

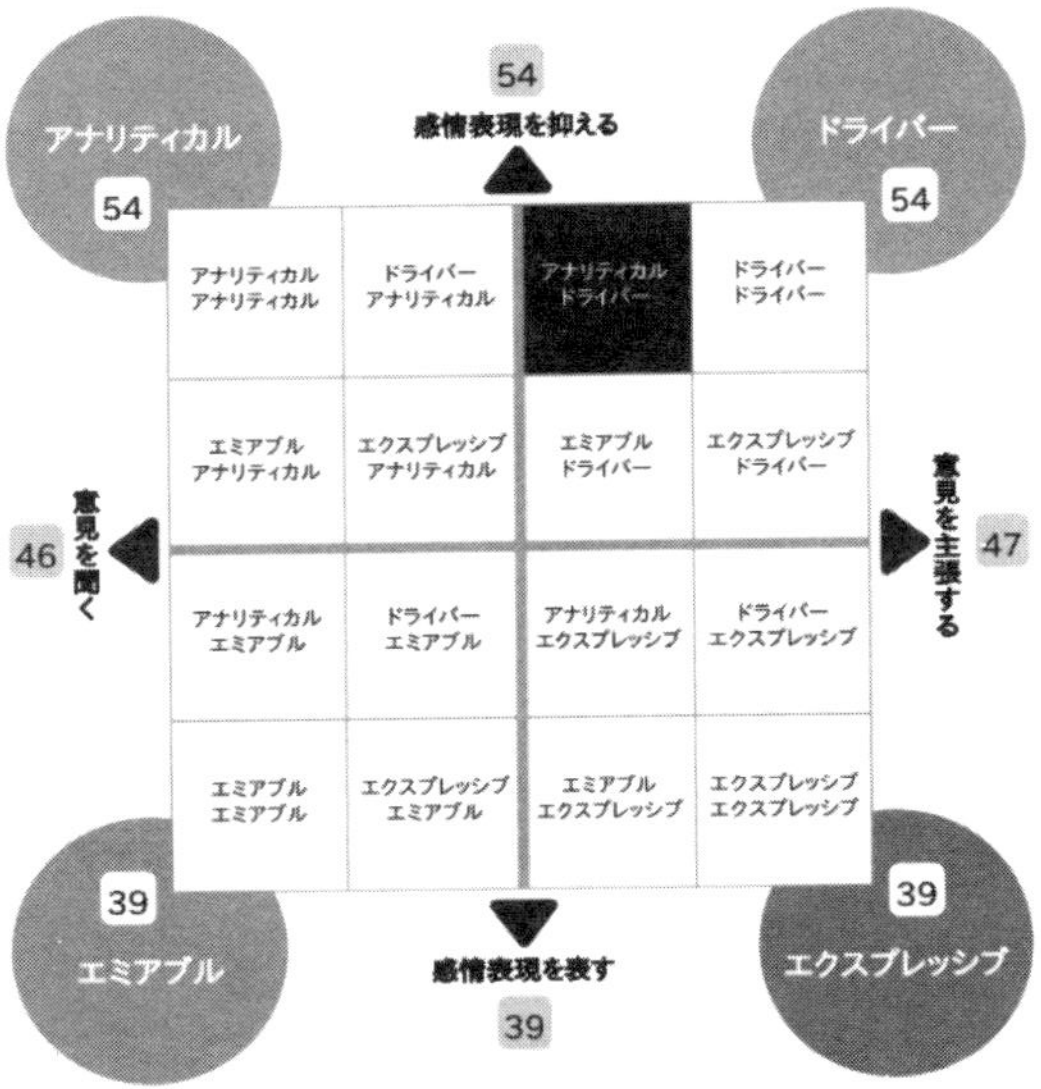

B

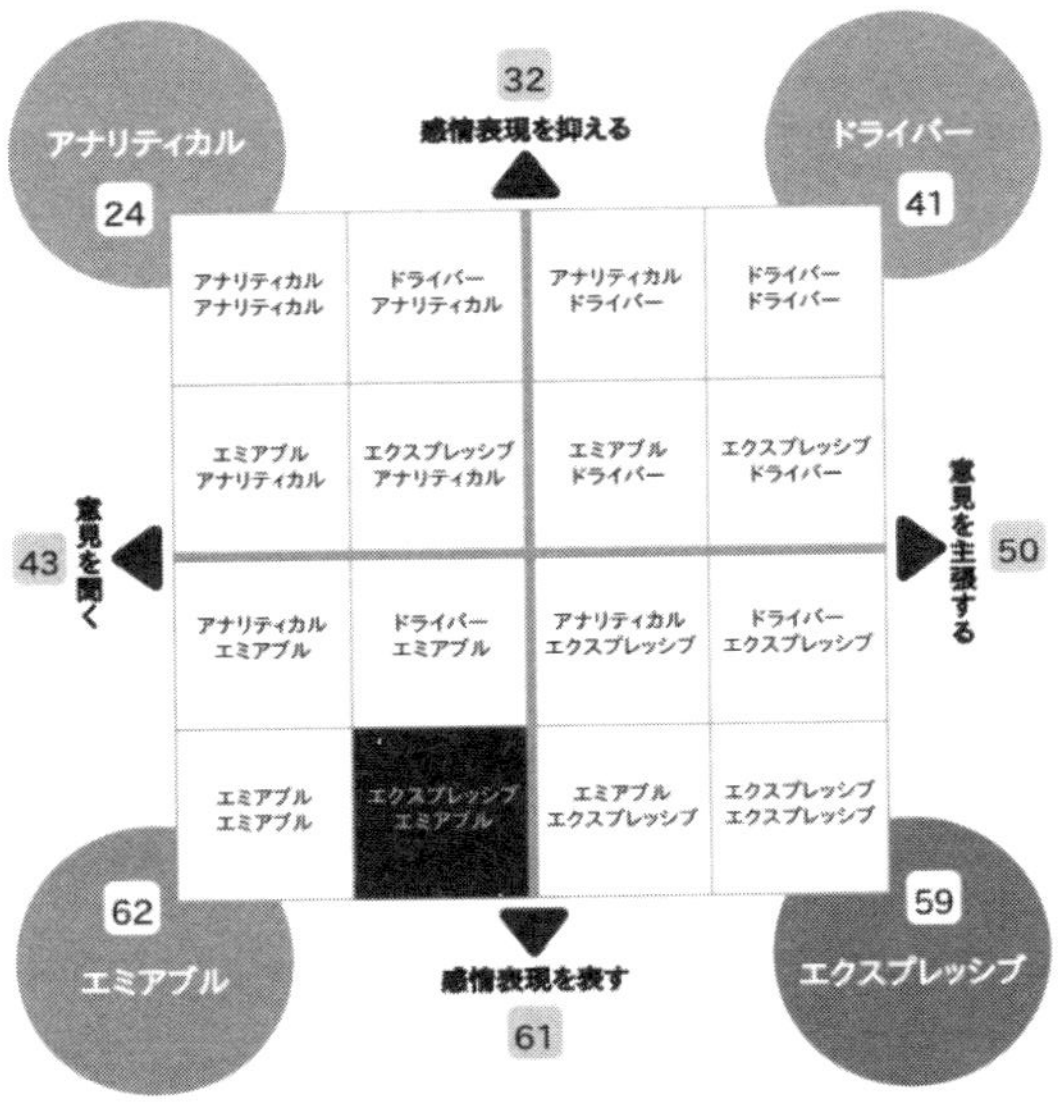

⑯の答え：B

解説:エミアブルは聞き上手なので、エクスプレッシブにとっては頼みやすい存在です。ただし、都合を考えずに無茶振りしてくることもあるので、エミアブルにとって「断る勇気」も大切です。

18 自己主張がなく相手に合わせていくタイプは?

A

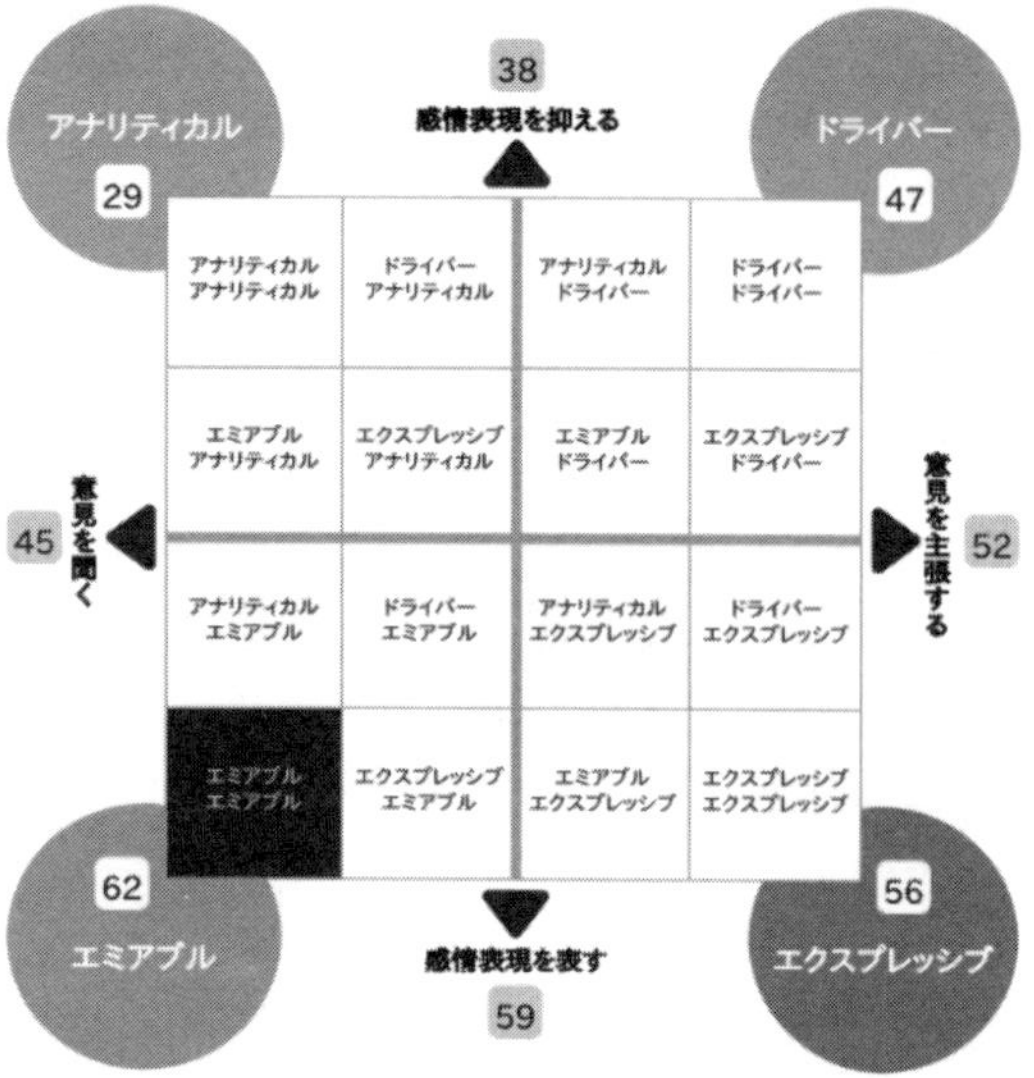

B

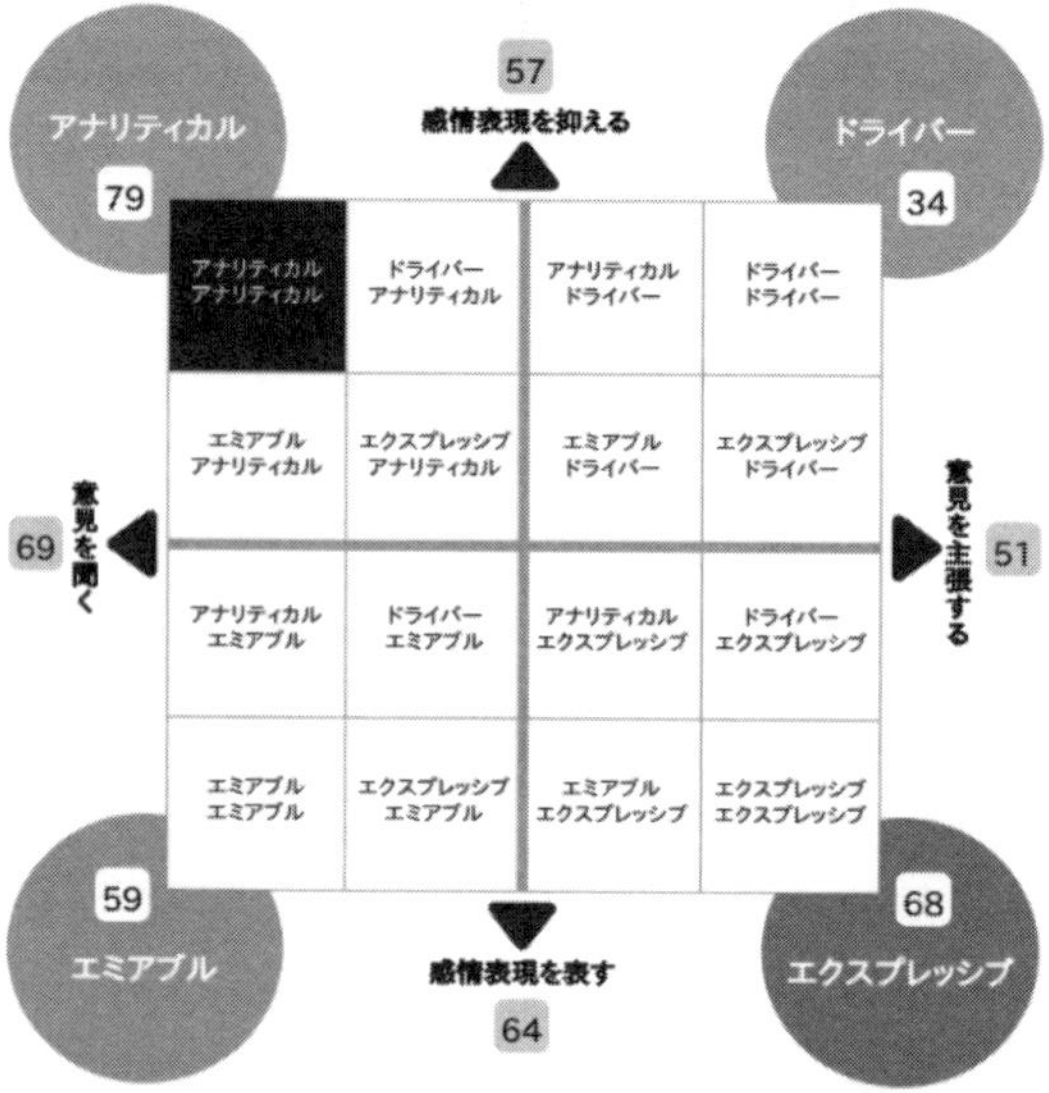

⑰の答え：B　解説:エミアブルとエクスプレッシブが高い人は、「細かいことを気にしない上に、人の話を聞く」傾向にあるため、人当たりのよい印象を与えます。

19 部下から見ると怖そうに見えるタイプは?

A

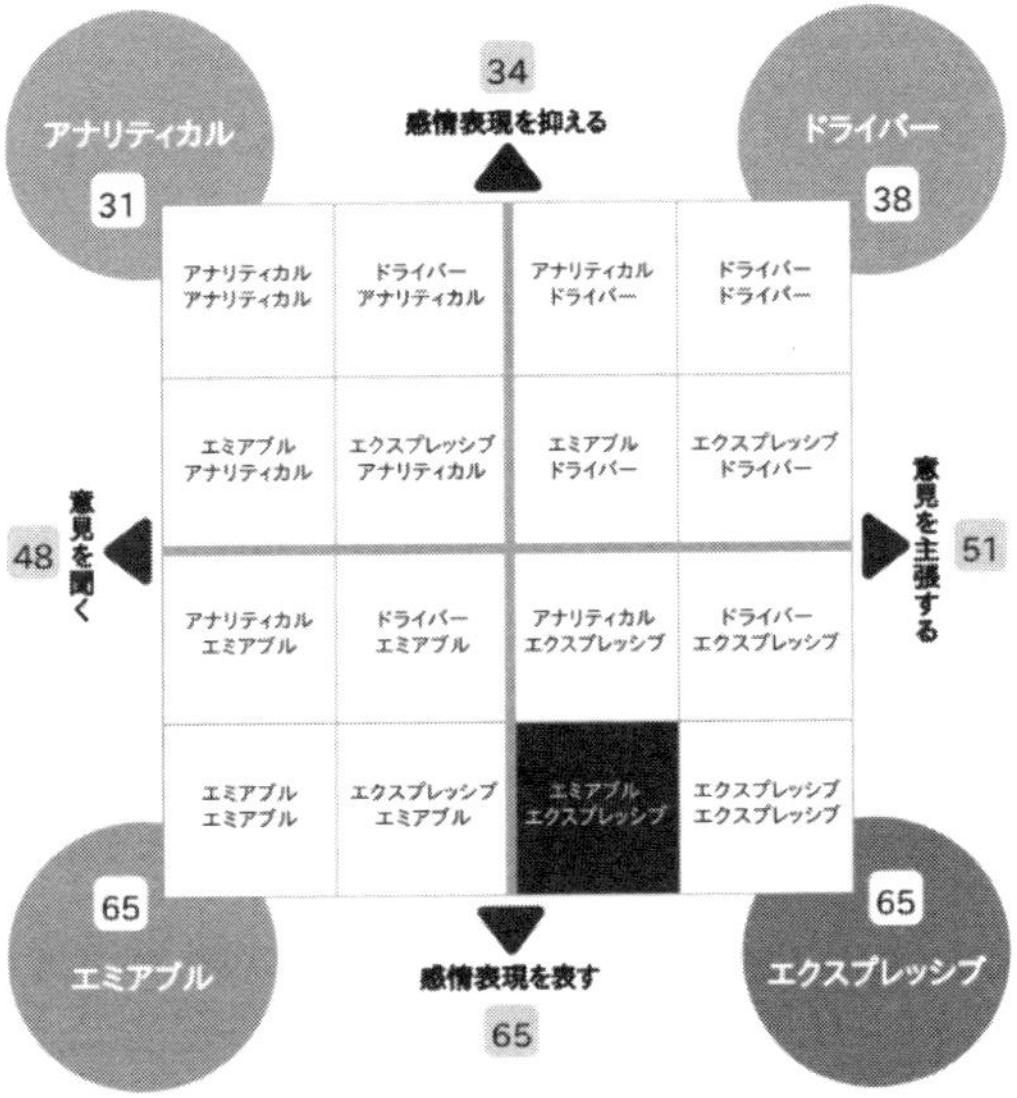

B

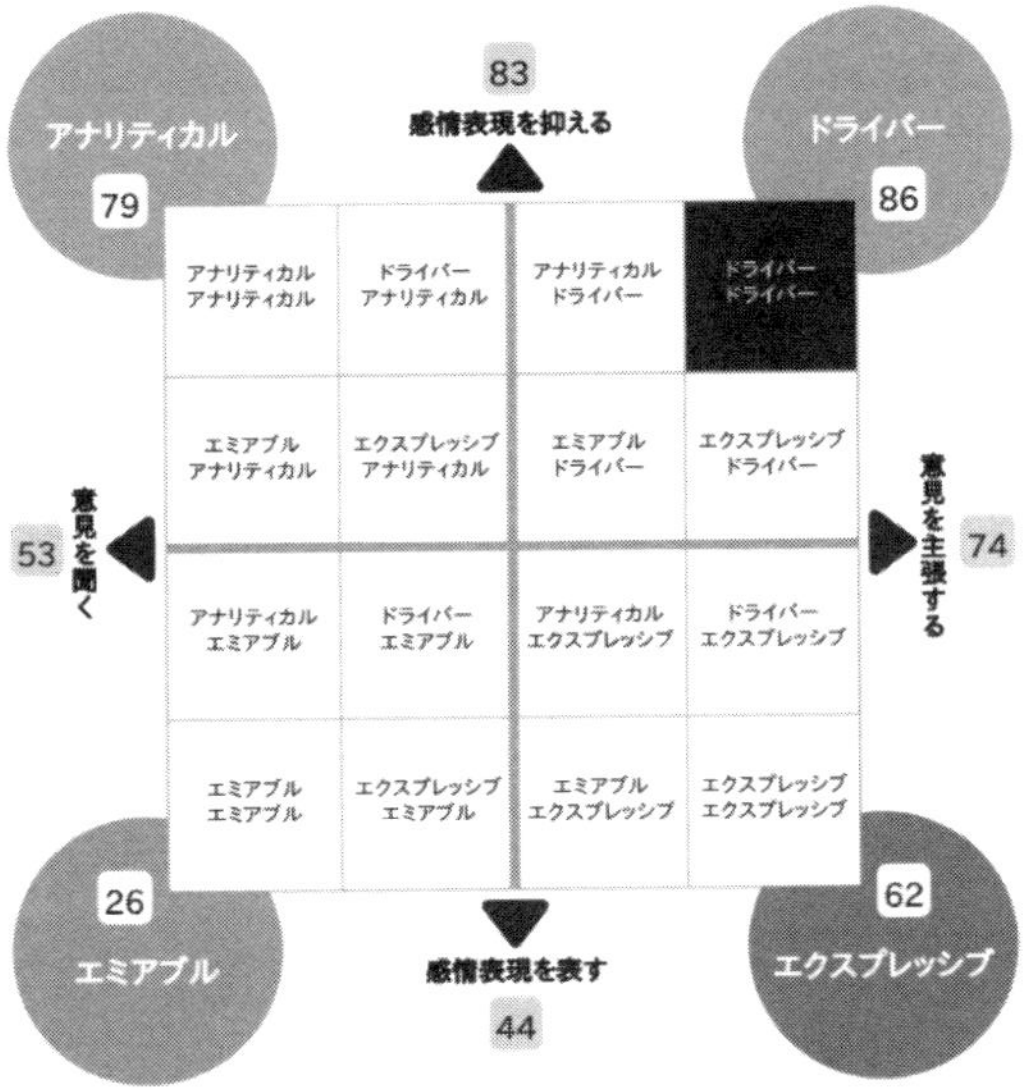

⑱の答え：A　解説:エミアブルとエクスプレッシブが高く、その上、アナリティカルが低い(20〜30程度)の人は、「何かに引っ張られるタイプ」「感性・感覚で生きていくタイプ」といえます。

「上司と部下の関係性」について

1 部下①～③に対して、上司はA～Dの誰が最適ですか？

※同じ上司は２回使えません

部下

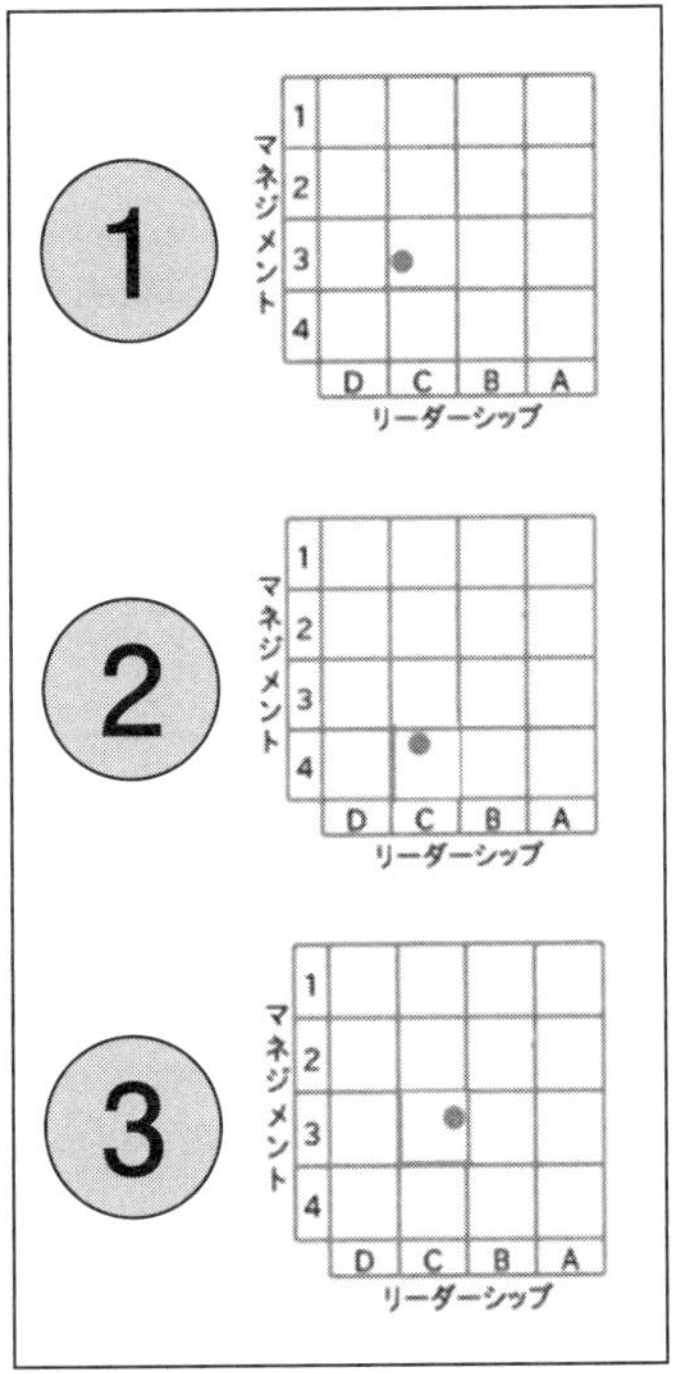

上司

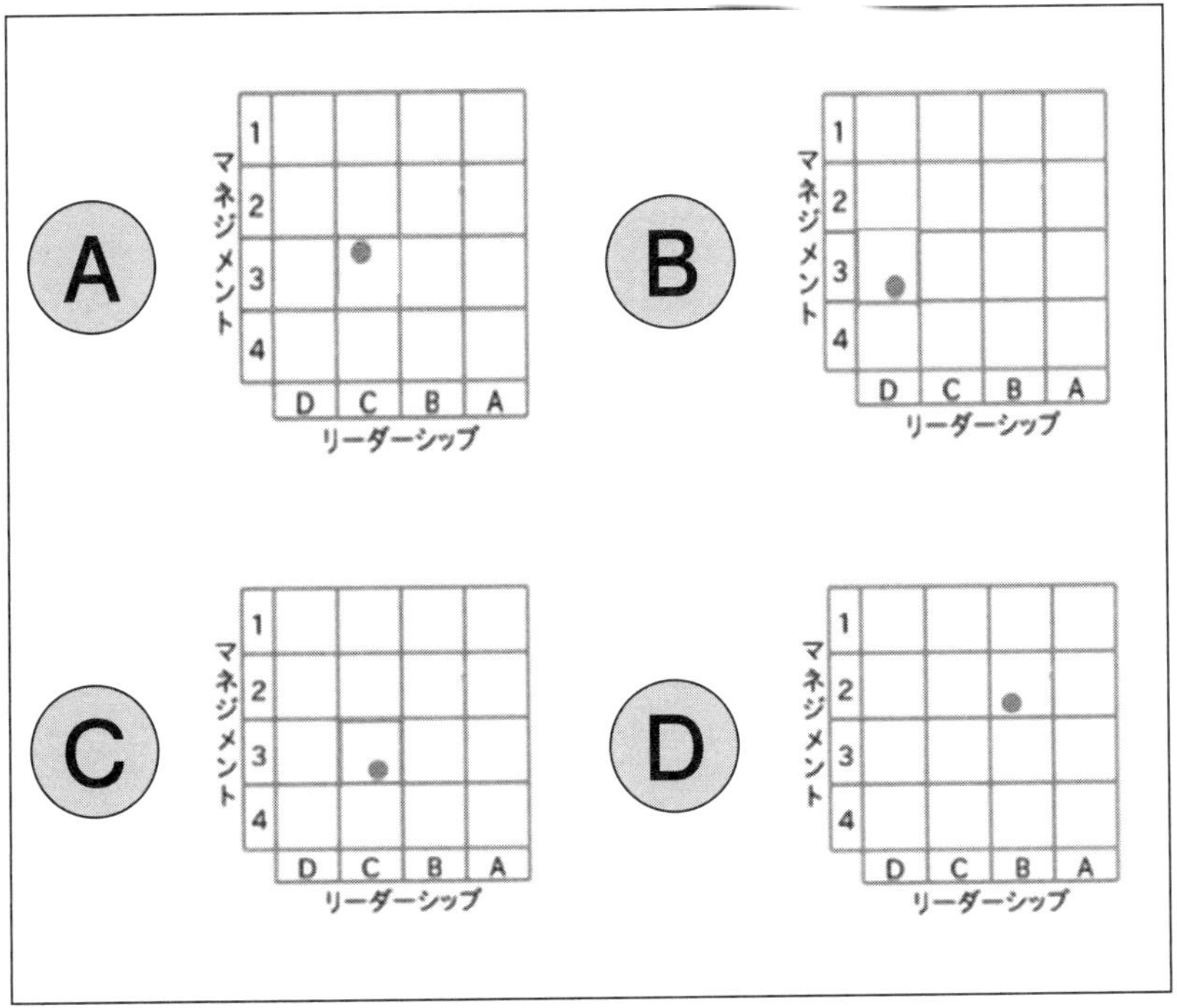

⑲の答え：B　アナリティカルとドライバーが高い人は、整合性を重んじながらまわりを引っ張るタイプです。仕事ができる反面、いい加減なことを言うとスパっと切り捨てるため、周囲からは怖い人だと思われます。

❷ この上司に対して部下①～③はそれぞれ適しているか、「○か×か」で答えてください。

上司

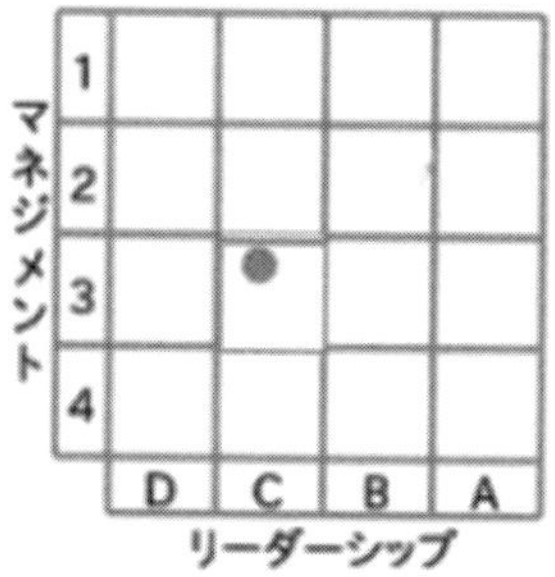

部下

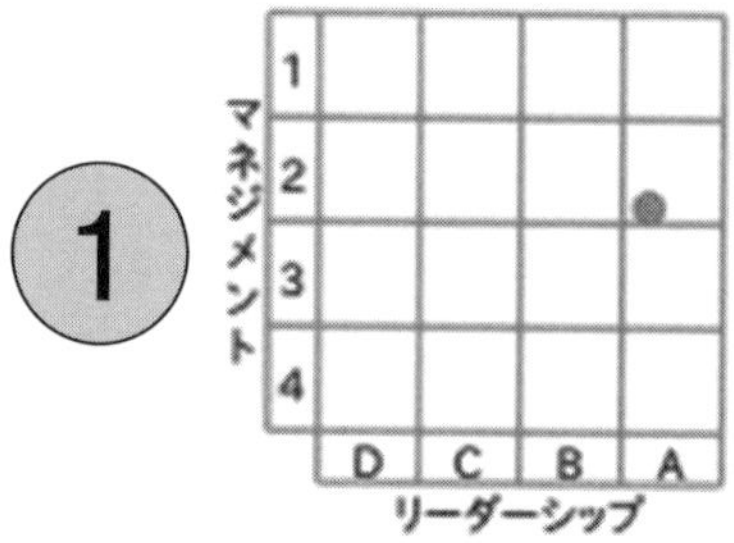

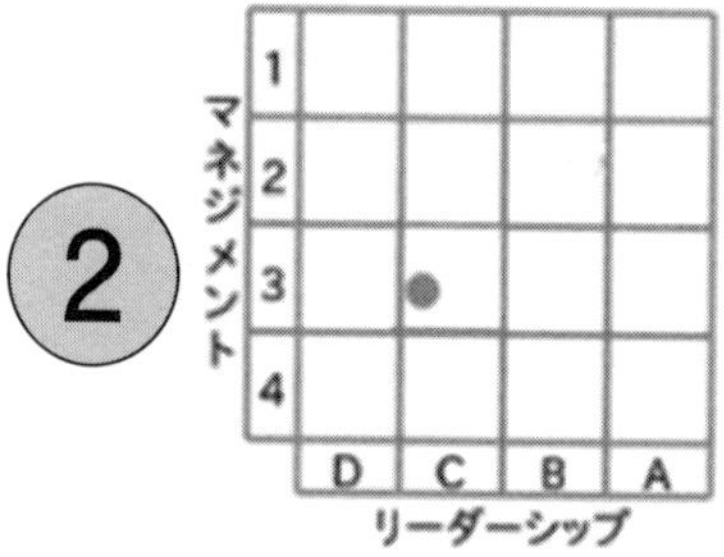

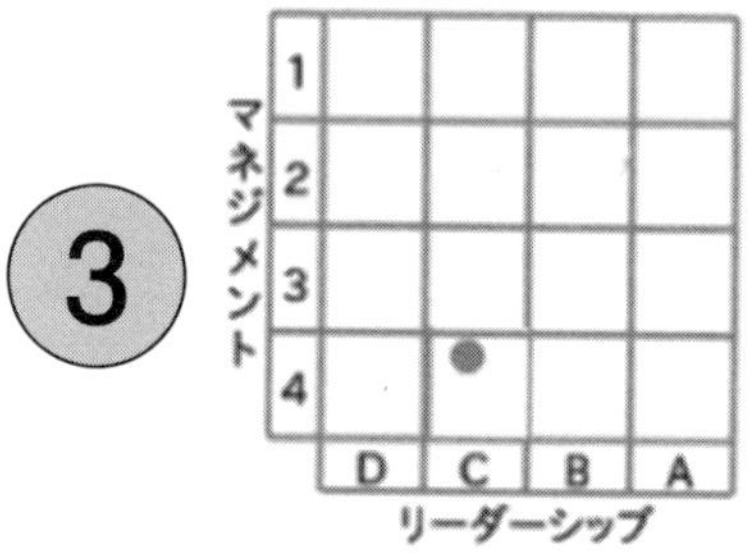

❶の答え：① A　② C　③ D　解説：あくまでデータ上の判断です。上司と近い位置にいる人が適しています。

❸ 変化することが苦手な組織のトップは誰が最適ですか?

A

1	達成動機	達成・成功に向けて努力する動機。偶然や他人に結果を任せるよりも、自分の責任でやってみたい	83
2	権力動機	権力を行使してコントロールしたい動機。競争状況を好み、信望を得たり他人に影響力を行使したい	53
3	親和動機	競争的な状況よりもコミュニケーションを大切にし、相互理解をベースに気持ちよく働きたい動機	27
4	安全動機	安心・安全を求め、失敗、挫折、困難な状況を回避しようとする動機	5

B

1	安全動機	安心・安全を求め、失敗、挫折、困難な状況を回避しようとする動機	71
2	達成動機	達成・成功に向けて努力する動機。偶然や他人に結果を任せるよりも、自分の責任でやってみたい	67
3	親和動機	競争的な状況よりもコミュニケーションを大切にし、相互理解をベースに気持ちよく働きたい動機	60
4	権力動機	権力を行使してコントロールしたい動機。競争状況を好み、信望を得たり他人に影響力を行使したい	53

C

1	安全動機	安心・安全を求め、失敗、挫折、困難な状況を回避しようとする動機	93
2	親和動機	競争的な状況よりもコミュニケーションを大切にし、相互理解をベースに気持ちよく働きたい動機	54
3	権力動機	権力を行使してコントロールしたい動機。競争状況を好み、信望を得たり他人に影響力を行使したい	9
4	達成動機	達成・成功に向けて努力する動機。偶然や他人に結果を任せるよりも、自分の責任でやってみたい	6

D

1	安全動機	安心・安全を求め、失敗、挫折、困難な状況を回避しようとする動機	88
2	権力動機	権力を行使してコントロールしたい動機。競争状況を好み、信望を得たり他人に影響力を行使したい	56
3	達成動機	達成・成功に向けて努力する動機。偶然や他人に結果を任せるよりも、自分の責任でやってみたい	53
4	親和動機	競争的な状況よりもコミュニケーションを大切にし、相互理解をベースに気持ちよく働きたい動機	37

❷の答え ① × ② ○ ③ ○ 解説:①は部下のほうが「リーダーシップ」が強いため、適していません。

❸の答え：B

解説:「変えたくない」「変わりたくない」というメンバーの気持ちに答えられます。「目標を達成したい」という意欲もうかがえます。「親和動機」も高いため、上司と部下のよい関係が築きやすくなります。

著者紹介

小山昇（こやま・のぼる）

株式会社武蔵野代表取締役社長。

1948年、山梨県生まれ。東京経済大学卒業後、1976年に日本サービスマーチャンダイザー（現・武蔵野）に入社。一時期、独立して自身の会社を経営していたが、1987年に株式会社武蔵野に復帰し、1989年より社長に就任。赤字続きだった武蔵野を増収増益、売上75億円（社長就任時の10倍）を超える優良企業に育てる。2001年から同社の経営の仕組みを紹介する「経営サポート事業」を展開。現在、700社超の会員企業をサポートし、450社が過去最高益、倒産企業ゼロとなっているほか、全国の経営者向けに年間240回以上の講演・セミナーを開催している。

1999年「電子メッセージング協議会会長賞」、2001年度「経済産業大臣賞」、2004年度、経済産業省が推進する「IT経営百選最優秀賞」をそれぞれ受賞。2000年度、2010年度には日本で初めて「日本経営品質賞」を２回受賞。2023年「DX認定制度」認定。

本書は、「勤続10年以上社員の退職者が10年で２名」「入社３年以内新卒社員の定着率93%」「内定辞退率５%」を実現する武蔵野の人財戦略の核となる仕組みの詳細を初書籍化。『１%の社長しか知らない銀行とお金の話』『成長する会社の朝礼』（以上、あさ出版）、『会社を絶対潰さない 組織の強化書』（KADOKAWA）、『「儲かる会社」の心理的安全性』（SBクリエイティブ）、『改訂３版 仕事ができる人の心得』（CCCメディアハウス）など著書多数。


人《ひと》が輝《かがや》く経営《けいえい》のすごい仕組《しく》み 〈検印省略〉

2025年 2 月 20 日 第 1 刷発行

著　者――小山 昇（こやま・のぼる）
発行者――田賀井 弘毅
発行所――株式会社あさ出版

〒171-0022 東京都豊島区南池袋 2-9-9 第一池袋ホワイトビル 6F
電　話 03 (3983) 3225 (販売)
03 (3983) 3227 (編集)
F A X 03 (3983) 3226
U R L http://www.asa21.com/
E-mail info@asa21.com

印刷・製本 文唱堂印刷株式会社

note http://note.com/asapublishing/
facebook http://www.facebook.com/asapublishing
X https://x.com/asapublishing

©Noboru Koyama 2025 Printed in Japan

ISBN978-4-86667-737-8 C2034

本書を無断で複写複製（電子化を含む）することは、著作権法上の例外を除き、禁じられています。また、本書を代行業者等の第三者に依頼してスキャンやデジタル化することは、たとえ個人や家庭内の利用であっても一切認められていません。乱丁本・落丁本はお取替え致します。

★ あさ出版好評既刊 ★

人が集まり、定着して、会社が成長する
すごい採用の教科書

株式会社武蔵野 取締役 Kimete事業担当

小嶺 淳 著

A5判　定価1,870円　⑩

新卒採用で成果があがる超具体的ノウハウ。「マルコポーロ」の採用への活用法も解説！